四時玄巧
潘魯生 金貴美

刮鍋忌

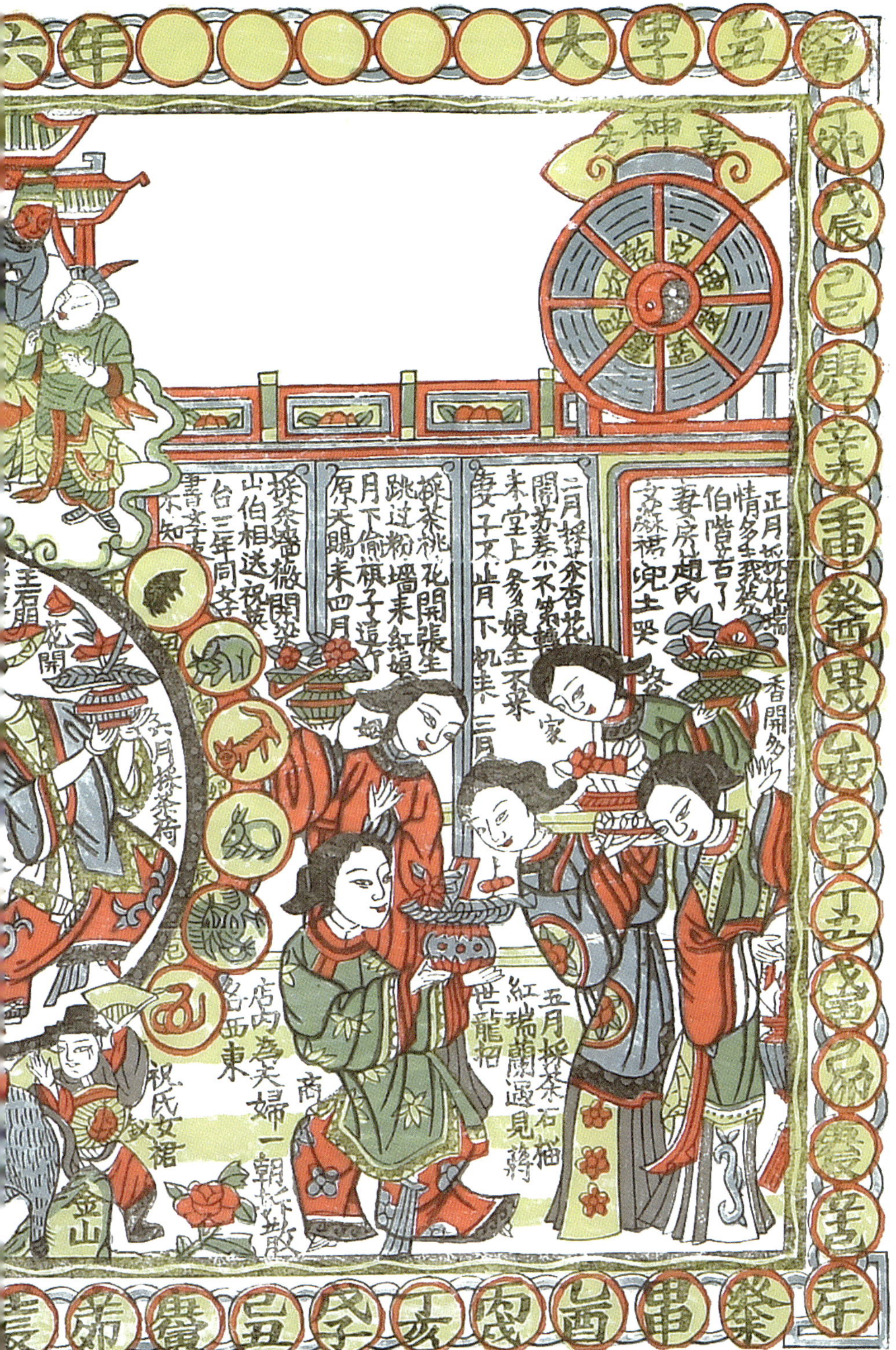
喜神方
花開
金山

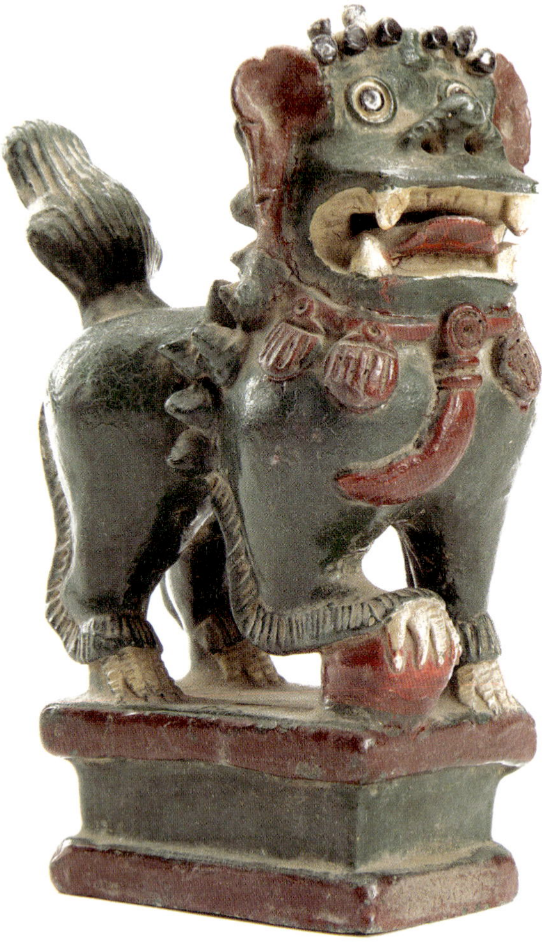

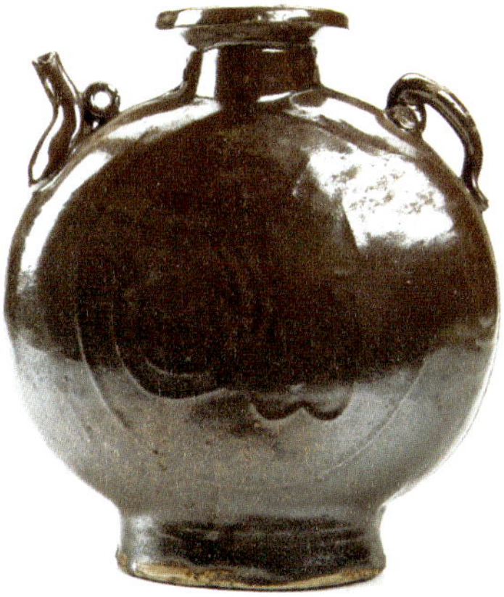

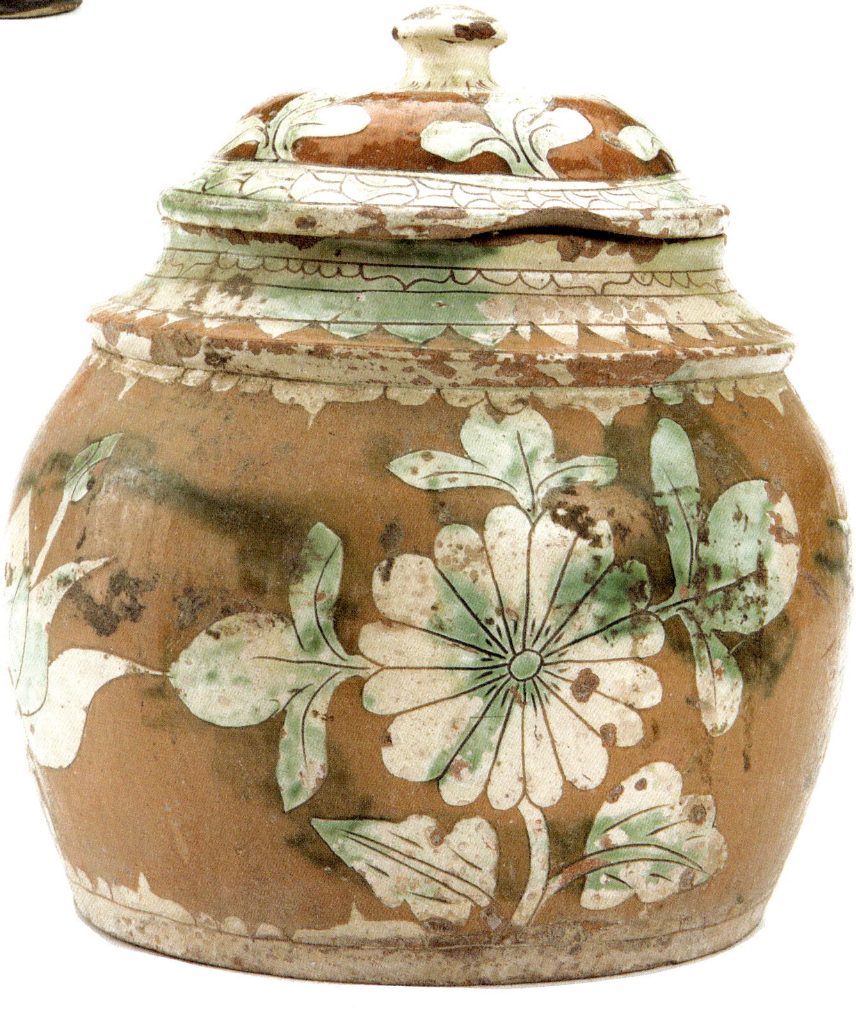

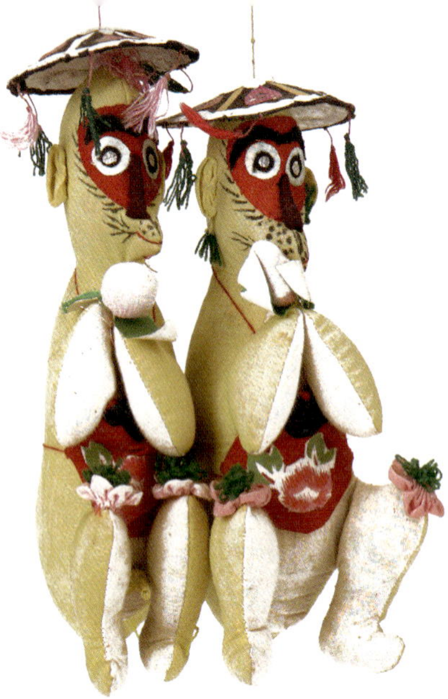

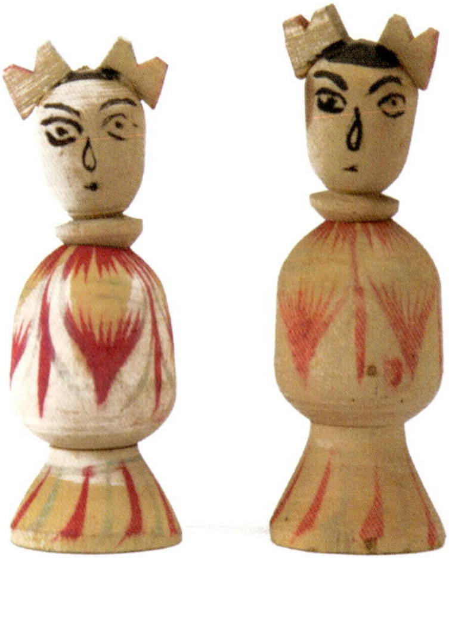

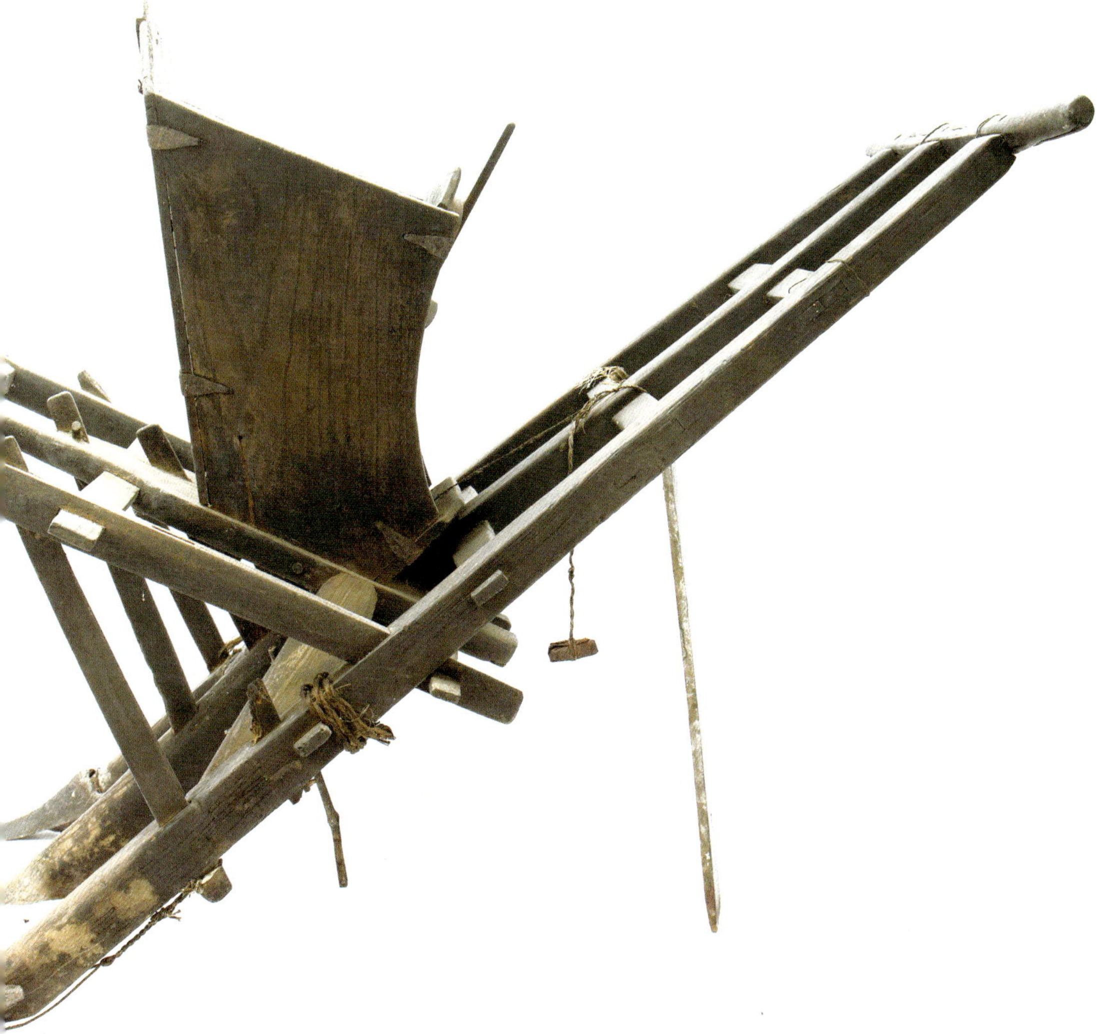

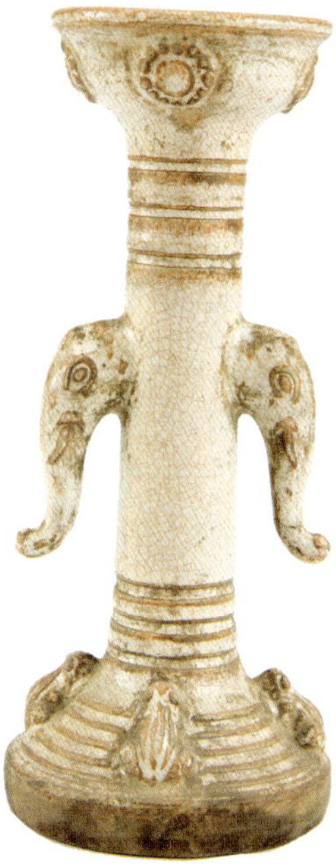

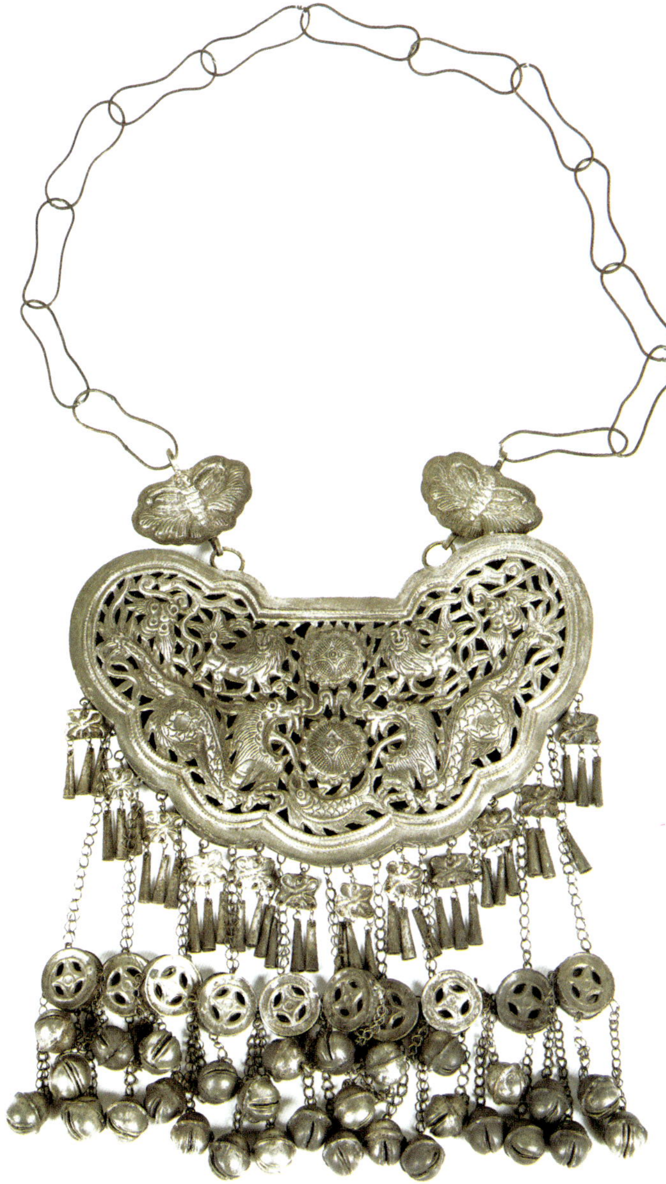

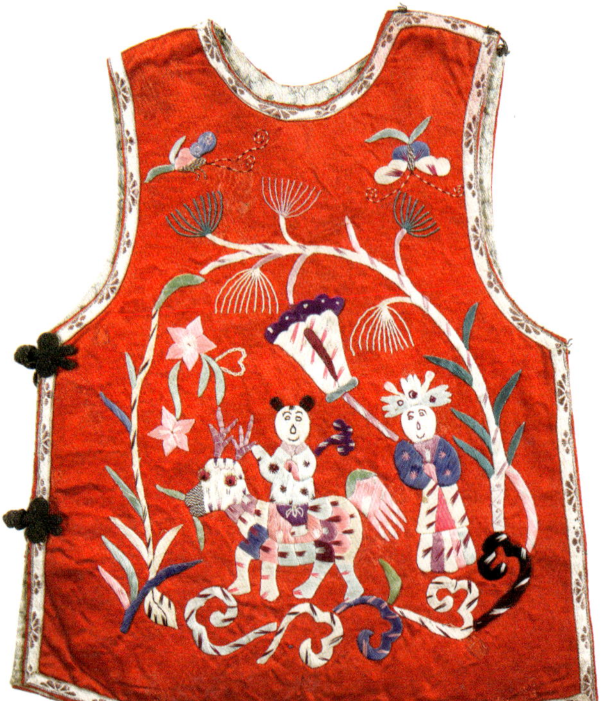

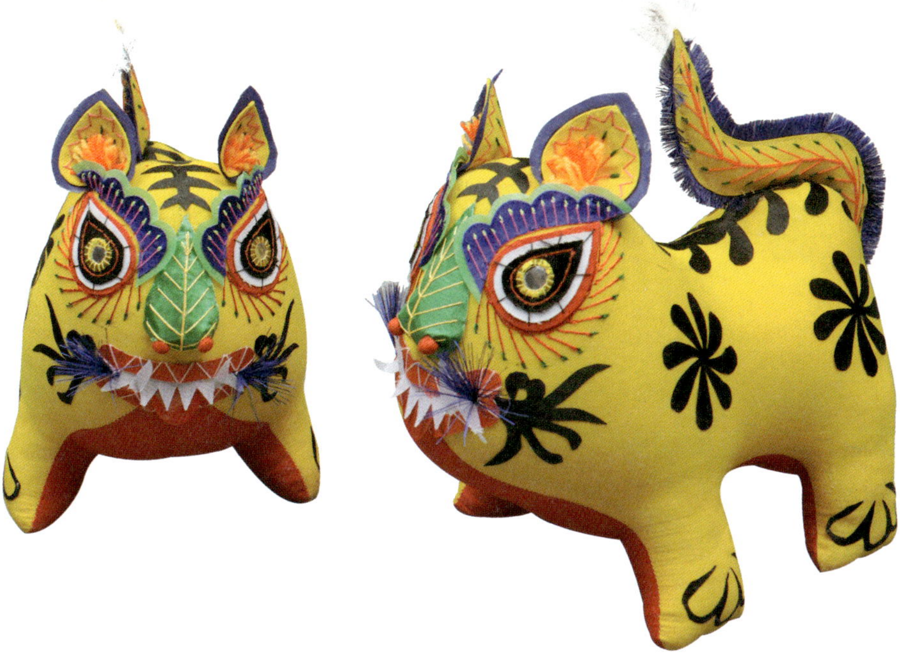

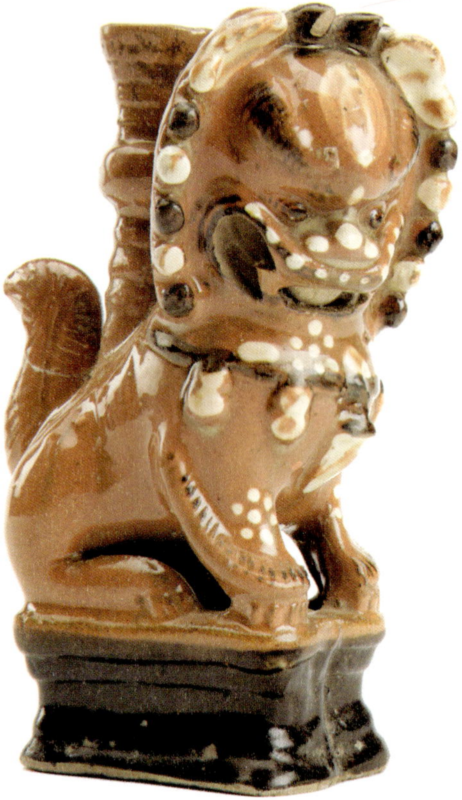
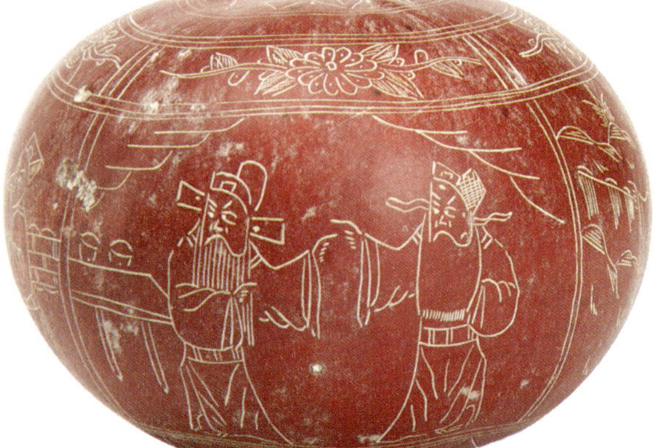

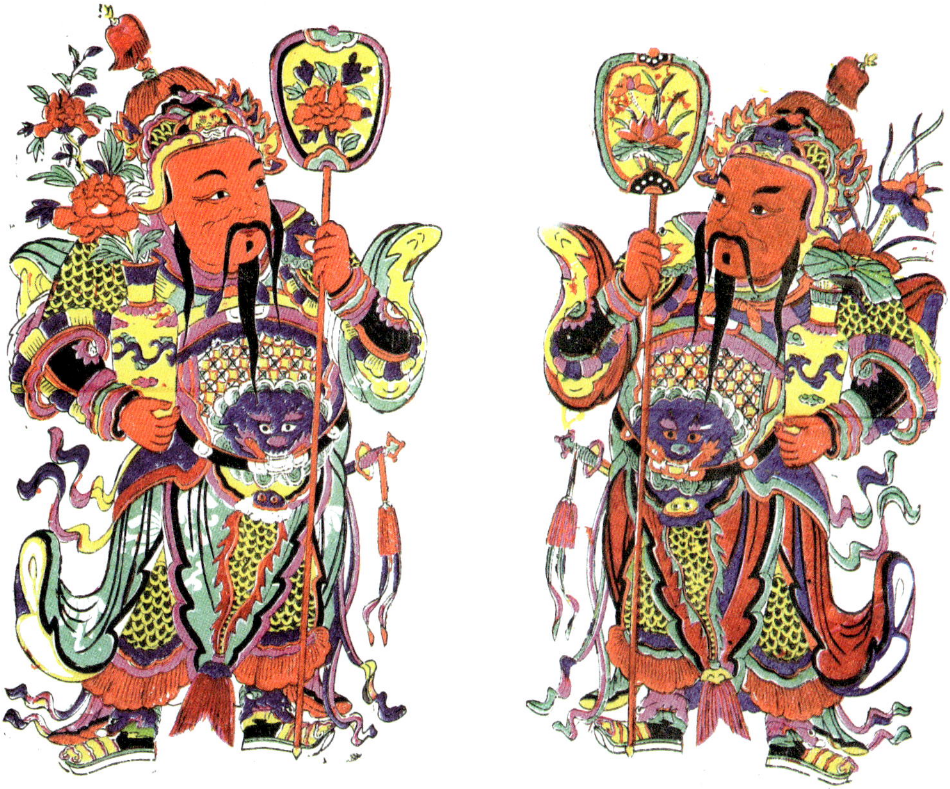

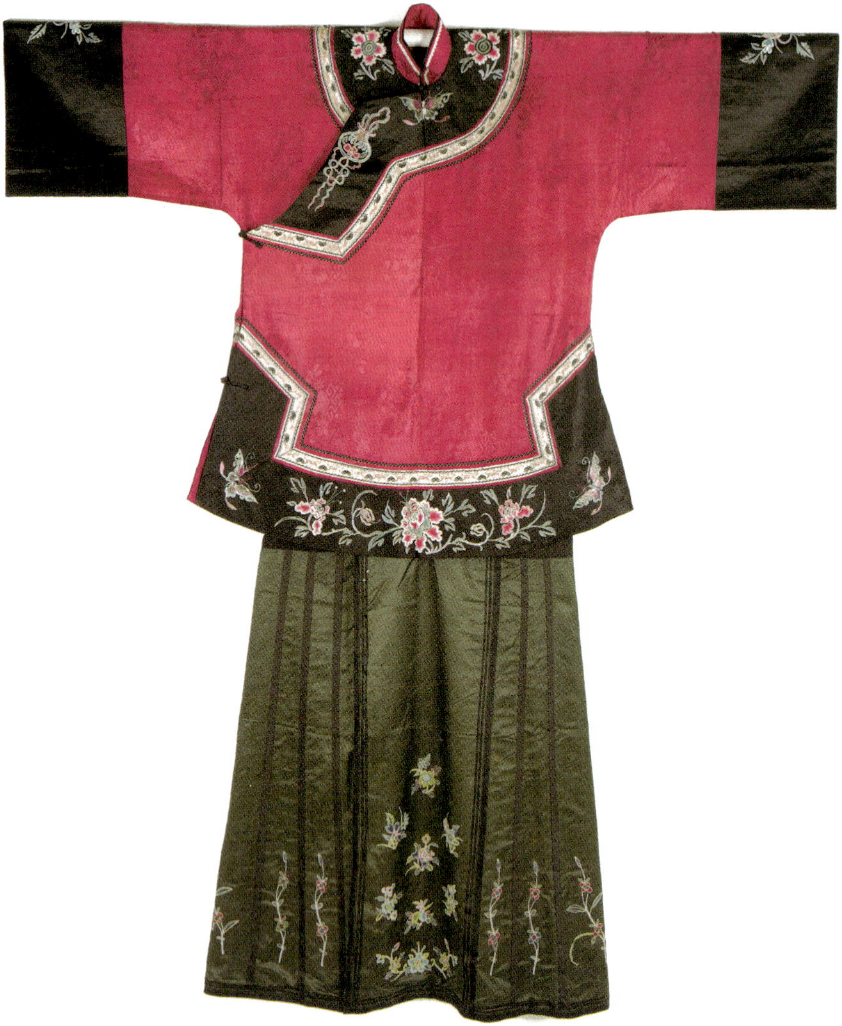

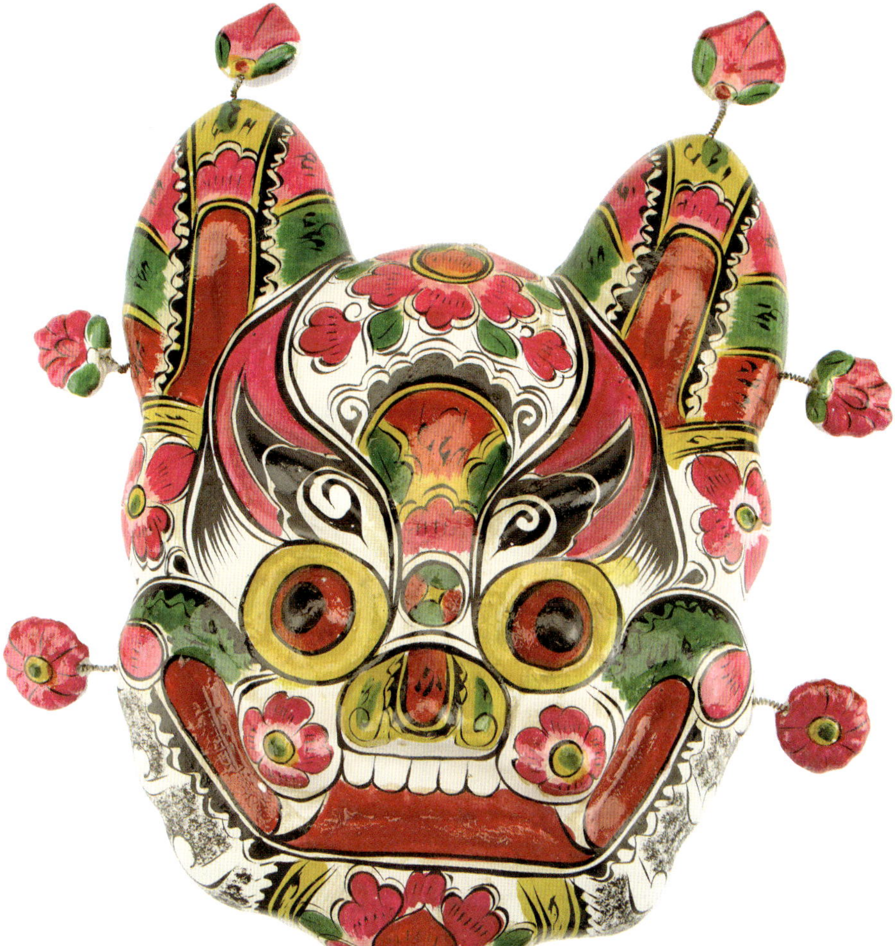

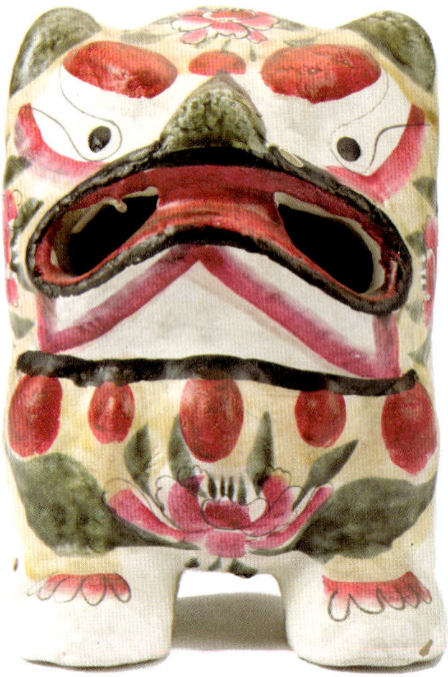

图书在版编目（CIP）数据

四时工巧：乡土中国寻美 / 潘鲁生著．— 北京：人民文学出版社，2022（2023.10重印）
ISBN 978－7－02－017481－2

Ⅰ.①四… Ⅱ.①潘… Ⅲ.①民间文化—中国—通俗读物 Ⅳ.①G122-49

中国版本图书馆CIP数据核字（2022）第169375号

责任编辑　付如初
装帧设计　陶　雷
责任印制　宋佳月

出版发行　人民文学出版社
社　　址　北京市朝内大街166号
邮政编码　100705

印　　刷　北京盛通印刷股份有限公司
经　　销　全国新华书店等

字　　数　228千字
开　　本　710毫米×1000毫米　1/16
印　　张　17　插页8
印　　数　5001—8000
版　　次　2022年11月北京第1版
印　　次　2023年10月第2次印刷

书　　号　978-7-02-017481-2
定　　价　79.00元

如有印装质量问题，请与本社图书销售中心调换。电话：010-65233595

目录

◆ 自序·民艺的关怀 / 001

◆ 春 / 001

养蚕栽棉女纺纱 / 002

遍野尽春耕 / 017

工利其器 / 031

漫野春风燕莺歌 / 051

◆ 夏 / 065

绿葱白衫纳清凉 / 066

锄禾日当午 / 086

龙舟竞渡 / 102

骄阳下的清凉 / 115

◆ 秋 / 129

盈车嘉穗,五谷飘香 / 130
忆对中秋丹桂丛 / 150
郊原望茅檐 / 170

◆ 冬 / 193

衣被棉絮暖寒冬 / 194
冰雪假暖阳 / 210
冬日狂欢 / 226
十五花灯夜如昼 / 246

◆ 后记 / 255

自序 民艺的关怀

从事民艺研究已有三十载,在这些岁月里,对民艺各方面的思考不断萦绕脑海,从未间断,对民艺的考察也从未停歇。在这三十年的时间里,可以说足迹遍及大江南北,无论是汉族乡村,还是少数民族村寨;无论是西北雄浑的黄土高坡,还是江南秀丽的水村山郭,乡村的一草一木、一坛一罐都给了我无尽启迪。那些生动的民艺、民俗、民风、民情恰似一幅丰富多彩的民间文化画卷,向我们展示了民间社会多姿多彩、深沉丰厚的文化和生活情景。

我对民艺的研究应该说有一个渐进的过程,起初是从研究民间的剪纸、年画、刺绣、皮影之类具有较强审美价值的艺术品类开始的,研究思路大多是站在造型艺术的角度,沿用的也是"民间美术""民间工艺"的概念,研究对象自然也就有所局限。普通老百姓的生活无时无处不充满智慧,一件农具、一尺布料、一个瓶罐、一扇窗户都是人们在世代生活经验的传承和总结中凝结而出的成果,这些都值得我们去探索。

"民艺"这一词汇可以更广泛地概括我的研究对象。张道一先生在1988年最先提出了"民艺学"概念,这个概念是具有前瞻性和包容性的,相比柳宗悦的"民艺",我们的民艺既包含了民间的实用艺术,也包含了以精神活动为主的民间艺术品;相比"民间艺术""工艺美术""民俗学"而言,研究对象具有差异性。建立"民艺学"的目的不仅仅是其艺术学价值,更在于它的社会作用和意义。我们要探索的是民艺聚合的物质文明与精神文明,研究其在民族文化中不可替代的作用。因此这个"民艺"是"中国式"的,是"具有中国特色"的。研究也是为找出中国民艺的特点,并解决中国的实际问题。[1]随着调查研究的深入,我们能够发现民艺作品背后的深沉文化背景和民间文化底蕴,不仅有着比艺术作品本身更深的内涵,而且更全面地反映了民间社会的文化、生活状态,能够使我们真正了解民间文化的物化形式和精神价值。对民间艺术的研究也就不仅仅是艺术学的课题,民俗学、社会学、文化人类学,以及哲学、美学、历史学、民族学等等,都是民艺学研究的重要参照和支持。这些学科与民艺学水乳交融、不可切割。因此我自觉地沿用了"民艺"这一概念,因为"民艺"能够更好地反映作为文化形态、艺术形态以及生活形态的民间艺术形式。

在诸多前辈及同行学者研究成果的基础上,笔者对民艺的概念、性质、内涵、品类、特征、传承、传播等基本问题进行了思考。考察中我不断感受到民艺作为一种生活形态而存在,这使我更深切地意识到它在民间生活中的意义。换句话说,民艺的严峻现状缘于民间文化与民间生活传统形态背景的存续与否。社会形态、社会组织结构的发展演变是历史发展的必然,对民艺的研究、保护、拯救和整理,更重要的是对历史的和现实的民间文化、民间生活的分析和研究。这使我思考的侧重点转向与民艺相关的社会问题、环境问题、民族问题、文化问题等方面,并开始着手对民间手工文化的生态性这一课题进行探讨。随着对这些问题的思考日渐明朗,我在1997年开启了"民间手工文化生态保护与调研"这一命题,并将民艺研究落脚于对民间文化生态的调研、考

---

[1] 张道一:《中国民艺学发想》//张道一:《张道一论民艺》,山东美术出版社,2008年,第10—19页。

察与保护。我所关注的"文化生态"是描述一种文化现象，是从自然生态与人的关系、文化与人的关系入手，去关注那些已经或正在被社会丢弃的人类文明，那些与自然、与人类和谐相处的文化生态，并侧重于以手工文化和民艺为重点内容。文化生态，包括有形的文化资产与无形的文化资源，涵盖着文化与自然环境的关系、民众生活方式之间的关系等方方面面，影响着人们的价值观念、生活方式和审美境界等相关的文化存在。民间手工文化既具备艺术形态，同时又是民众的社会活动的一个组成部分，与人类生存的各个领域无不发生联系，它涉及精神生活和物质生活的许多方面。我们只有将民艺还原到民众生活的环境中去，才能深入探讨民间文化的内涵。也就是说，民间的生活形态决定了民间手工文化意义的存在，它是以人为主体的存在，是以民众的生活为依托，甚至就是民众生活本身。民间文化如同一种生态环境，在这种生态环境中繁衍、生长了不同的民间文化之树和民间文化果实。如果文化生态环境遭到了破坏，文化也会凋零、失落或者畸形；即使新文化也将成为无本之木、无源之水，这正是文化的生态性。传统文化除了依靠文献典籍的记录、博物馆的收藏等来展示，另外就是生存于民间的活生生的文化。一些历史文献没有记录下来的东西，除了依靠地下发掘的文物实证，还有遗存于民间的文化形态，这不能不说民间文化有着强大的生命力和传承性。

在此之后，我又相继启动了山东农村文化产业调查研究、城镇化进程中民族传统工艺美术现状与发展研究等课题，提出农村手艺文化资源保护与设计转化命题，就我国"已完成城镇化""正在进行城镇化"和"边远少数民族"这三类地区的农村手工艺资源的设计转化问题给予解决方案。田野考察是研究民艺的基本方法，在这些课题研究过程中我走遍了中国各个省份，访问了各类传统手工艺的民间艺人。田野考察不仅具有比历史文献记载更为广泛而直接贴近研究对象的优势，同时对发掘、收集和保护传统手工文化技艺和品类也具有直接的意义。调研采风包括对传统手工文化现象的考察、调研和关注，同时还包括对手工技艺的调查记录、对手工技艺产品的收集发掘，以及对传统手工技艺的专题研究，生产生活方式的调研等。这种研究思路和方法是传统手工文化史和手工技艺理论研究的基础，它为日后的研究提供了确凿的依据和丰富的第一手资料，对深入认识传统手工文化的传承、传播及其发展演变和历史价值都有重要的意义。在这三十年的调查过程中，我深切地感受到国家现代化发展的快速步伐，也无时无刻不感觉到民艺消退甚至消亡的危机。今天重访一些乡村，人民的生活发生了翻天覆地的变化。三十年前到乡村调查，路上交通要花费大量时间，经过曲折崎岖的颠簸进入到乡村时常已是黑夜，在明朗月光的照耀下依稀能够看到几户人家点亮微弱的灯光。今天，城市通往乡村的道路宽阔平坦，很多家庭都拥有家用汽车，水、电、互联网甚至天然气都在乡村接通。

早在二十世纪九十年代考察时，我就意识到民艺作为民间文化的物化形式，其生存发展或者演变传承，受到民间社会形态发展演变的影响，民艺的消失与衰落缘于民间文化、民间生活形态的演变和发展。持续三十年的观察表明，原本以为将会逐渐式微的传统手工艺并没有完全因为生活形态的改变而退出人们视线，而是以另外一种积极生动的面貌存在。民艺除了自用，还产生了更高的商品价值。民艺以另外一种身份陪伴在老百姓身边，这一现象值得我们关注并研究。民艺成为旅游资源、成为互联网资源、成为解决乡村民众脱贫致富的金钥匙。

对于脱离民艺生存地域的人而言，随着互联网化生产与电商IP经营模式的大规模普及，为民艺的传播范围、价值范围的扩大带来无限可能。在"2018脱贫攻坚公益直播盛典"上，短短4个小时的直播就有超过千万名网友共同观看，帮助贫困县销售农产品逾千万元。2018年"双11"当天，通过电商平台从贫困县卖出的产品交易额就达到13亿元。这从根本上拓展了传统手工艺传承、传播的空间范围，民艺在现代因素的推动下积极参与着民族地区经济发展的重构。正是因为这种文化生态的新形势，使我们在田野考察中欣喜地看到，尽管新一代乡土手艺人群体比父辈有了更多职业选择的机会，但仍有一部分年轻人抱着对民艺极大的兴趣与热情投身于手艺事业，在坚守与创新中追求人生价值的实现。

2020年是我国决胜全面建成小康社会、决战脱贫攻坚之年，随着贵州宣布最后9个深度贫困县退出贫困县序列，全国832个贫困县全部脱贫摘帽，全国脱贫攻坚目标任务已经完成。手工艺在脱贫过程中发挥了不可小觑的作用。例如，青海省黄南藏族自治州同仁县隆务镇吾屯村的热贡画院对近百名贫困牧民进行5年免费的唐卡培训，在传承弘扬热贡唐卡艺术的同时帮助贫困牧民学得一技之长，实现脱贫致富。湖南省通道侗族自治县牙屯堡镇的粟田梅既是手艺传承人，又是文坡村党支部书记，通过向村民免费传授侗锦织造技艺，建成"中国侗锦传承基地"，先后带动4000多人走上侗锦织造的致富之路。加强手艺赋权，要解决民族特色文化进课堂和职业教育问题，并开展创意研发、交流培训等文化帮扶。如何因地制宜从乡村的文化资源着手，从农民的生产生活实际和需求出发，发挥乡村文化资源的创造性禀赋，将传统手工艺等具有生产性质和市场潜质的文化内容作为生态的、和谐的、幸福的发展范式，发展乡村特色文化产业，实现文化传承、产业发展和文化富民的多元作用，进一步提升村民的获得感和幸福感，是我们即民艺基础问题研究之后重点关注和调研的命题。乡村手工艺具有经济附加价值高、产业关联度高、稳定返乡就业、生态友好的优势，是乡村特色文化产业的重点发展业态。伴随脱贫攻坚及工艺振兴政策的贯彻落实，乡村工艺产业得到快速发展。传统手工艺成为助力文旅融合、产业联动的有利因素，也为文化传承、产业持续发展带来可能，手艺成为村落经济发展的新引擎。孕育于乡土之中的特色民艺，已经成为地域性的文化名片，比如山东潍坊杨家埠村的年画风筝、高密聂家庄村的泥叫虎，河南浚县杨玘屯村的泥咕咕、淮阳许楼村的泥泥狗，陕西凤翔六营村的泥塑，云南剑川狮河村的木雕、鹤庆北班榜村的瓦猫等。传统工艺项目是带活当地乡土经济的珍贵"火种"，促进了乡村文化产业的振兴。

  在传统与现代的碰撞下，学者们自觉地进入到对民艺"原真性"内容的讨论。确保文脉的延续性是所有传统文化资源价值的核心要义，是一种国际性的发展共识。村落中的传统技艺属于活态文化资源，虽然始终处于动态流变中，却也于物态的产品形式之中沉淀了造物文脉的因子，蕴蓄着民族文化得以持续健康发展的审美趣味与精神内核。这意味着村落中的新生代手艺人，需要改变"吃老本"的传统观念，以动态的、开阔的眼光，正视传统的继承与创新。由于传统工艺所具有的独特文化价值，其在新时代的价值转换，既要以良品美器回应美好生活的需要，还要承担起文脉传承、文化复兴的使命。在匠心巧作之外，新生代手艺人尚需具备自觉的文化认同，充当手艺价值的阐释者与传播者。在现代性语境下，学者也在热烈的讨论中不断明晰乡土手工艺的核心价值。传统工艺振兴的目的不是复古，而是保护传统工艺的种子。使传统民艺融入生活美学，回归工艺造物的生活价值是延续民艺之美的关键。传承民艺之美是传承饮食之美、器具之美、技艺之美、造物之美，是在回归具有中华民族特质的生活文化。

在对这些问题进行思考的基础上，我更关注民艺作为民间文化的存在，作为民间生活内容的存在，以及它在当代艺术学研究和实践上的意义。民艺是我国百姓绵延数千年的智慧成果，渗透到老百姓的衣、食、住、行等方方面面，是中华传统文化的重要组成部分。在传统乡村生活中，民艺是服务于生活日用的，这一目标在今天亦复如是，无论是传统民艺还是当代设计，都应当是服务于国计民生的。当代社会，人们的生活方式、消费观念发生巨大变化，人们对工艺的实用性层面需求有所降低，而在审美需求和精神需求方面不断提高，民众健康、时尚、民族化的审美习惯和消费习惯需要引领和培养，作为研究者、传承者、设计者，更要在文化产品的打造上思考精神消费的需求增长点。民艺所蕴含的哲学观、伦理观、美学观、手工技艺等是中国当代设计的文化基础和创意源泉，从中华传统造物艺术中汲取精华，推动现代设计创新，也是贯彻习近平总书记十九大报告中提出的"推动中华优秀传统文化创造性转化、创新性发展"的时代要求。

民艺是民族精神的生动载体，是民族的"根"文化，也是现代文化的有机组成部分，推进民艺资源的保护与传承、创造性转化与创新性发展，亟须契合民间文艺构成与内涵的人才支撑和学术支持。我试图将传统手工艺与设计学相结合，在教学过程中深挖传统手工艺与当代设计的契合点，探索中国设计的出路，探索具有中国特色、符合中国国情的设计方法。2020年，教育部新文科建设工作组，发布《新文科建设宣言》，旨在通过发展新兴学科以及推动学科之间的交叉融合，构建具有中国特色的新文科生态。在新文科建设的背景下，我提出增设"民间文艺学"学科的想法。建设"民间文艺学"学科，将中国数千年传承不断的文化遗产、民间文艺文脉提升到学科层面加以发展，既是借鉴多学科发展成果，开展系统研究和教育教学，也是从本土生活和文化出发，对具有整体性、稳定性的文化体系、话语体系、知识体系开展学术研究、教育教学并支持实践发展，从而进一步梳理并明确自身文化传承创新的基础和理路，实现民族文化的振兴发展。在专业教育方面，加强传统手工艺的职业教育和技能人才培养，培养"设计创意型""设计应用型""设计策略型"等不同类型人才。在基础教育和公众教育中，融会传统文化的智慧和情感，增强对传统手工艺的文化认同与创意设计启蒙；通过专题博物馆、传习中心、公众设计创意活动等形式，推广关注传统造物的理念和意识，营造设计创新的文化氛围。从幼儿教育、中小学、职业教育、高等教育、社会公益教育多个层面建立传统造物艺术的国民教育体系。

民艺是乡野间的温情，是普通老百姓最具情致的真实。回望这三十年的调查研究之路，一边欣喜地感慨国家进步为农民带来的高质量的幸福生活，一边时常想起那些由于生活方式改变而退出现代生活舞台的传统民艺。脑海中经常浮现出那些一字不识却能讲述动听故事的老人，那些不懂什么叫"艺术"却能一口气剪出绝妙戏曲人物的老太太，那些从种棉到纺线、到织布再到穿针引线绣出精妙绣花图案的妇女，那些谈笑间就能锻打出一把利刃钢刀的乡村铁匠……朴素的乡村民众身怀令人惊喜的才艺和智慧，这就是我们民族的财富，这就是我们的文化精神所在。三十余年的考察远不能涵盖中华民艺之九牛一毛，却次次丰富生动，从不同的角度反映了民间文化的不同内容。每一个村落、每一个艺人、每一种技艺至今都仍然鲜活地浮现在眼前，令人激动和难忘，一点一滴都让我深深地感受到民间文化的魅力，让我意识到民艺在民众生活中的价值和意义。于是，我用文字将这三十年考察过程中一些难忘的经历拼凑起来，试图还原那传统的乡村生活，写成此书。

传统乡村生活中的一些办法在今天看起来似乎是极为笨拙和低效的，但我们必须承认，这是人们在长期的生活实践中总结积累的智慧成果，并且仍可能在现代社会中具有价值。比如，在传统乡村生活中，麦收期间全家老少齐上阵，在烈日炎炎下用镰刀一把一把地割下麦子，一垛麦子中不知凝结着多少人的汗水。现在麦收都用联合收割机，大大减轻了农民的劳动负担。以2021年为例，山东省要收割5985万亩小麦，其中97%由机器收割完成。机器收割一天就能收获150多万亩小麦，一家三五亩麦子不到一上午就能收割完毕。然而，仍有3%的麦地受到种植地形等因素的限制需要人工收割，似乎"笨拙"的方法总能在现代机器面前显示出忠诚可靠的品质。比如纺布，过去几乎是家家户户女子必须掌握的生活技能，现在已不再是自织自用的时代，纺织厂中高速旋转的纺织机无须工人照看就可生产出各色高质量布匹。然而纺织机的效率再高，我们也不能忘记现代纺织机是根据传统手工织布机的原理发明的。再比如传统技艺缂丝，图案立体逼真、细腻生动，只能使用平纹织机纺织而成，至今无法实现现代机器生产。无论是缂丝还是织机，都是古人对艺术和科学进行发现和实践的产物。传统生活方式自有其智慧和奥秘，我希望通过这些平淡无奇的普通民众的生活镜像，让年轻的读者知晓传统乡村生活的模样，也为经历过的读者提供一寸回忆的空间。更重要的，希望此书能够为读者寻找中华文化的精神内核提供一些线索，为传统技艺的当代传承和创造性发展提供真实依据，也为今天的民生设计提供些许灵感。

民众的生活看上去朴素平淡，尤其乡土中国，似乎无穷无尽地重复着春种、夏耕、秋收、冬藏。过去，普通的老百姓大都不识字，却家家户户都有一个月份牌，人们看着日子算着每天该做些什么。传统社会的人们对四季的感知尤为敏感，老百姓常说"什么时候干什么事"，精心对待每一个节气节令。平淡的日子中有辛劳、有节祝，周而复始地调节乡村生活。月份牌被一张张撕掉，时间就这样日积月累。这本书以"四时工巧"为名，与其说是对田野考察片段的记录，不如说是一本回忆式的散文，涉及生产、服饰、饮食、节日、技艺、传说、谚语、信仰、礼仪等方方面面，想到哪便写到哪。意在追寻四时变化的时间线索，还原乡村民众的生活图景，在月令推移中展示乡村民众在不同季节、不同时间段的生活场景，体现民众应对自然、生存、生产、生活的智慧与思想，呈现传统乡村生活的丰富性。读者若能在我的只言片语中依稀勾勒出一幅传统农村社会生活的画面那是再好不过了，若是这般，那你定能感受传统社会生活中的意趣与智慧，你也定能知晓这三十年中国乡村社会发展之巨变。

在考察研究过程中，我不断思考传统民艺、传统文化在现代社会、现代经济、现代文化建设中的许多实际问题。社会发展变化太快，这些动态化的思考越发重要，也越发让人感觉到选择的正确性、紧迫性和艰巨性。即便如此，我会一如既往地坚持对民艺、对中华传统造物的调查研究，希望我的点滴付出能唤起人们对传统民间文化的情感和关注。如果能达此目的，我们将感到莫大的欣慰。

养蚕栽棉女纺纱

说起春日，总能令人联想到温婉的江南，似乎这温润娇柔的水乡最能配上这韶光淑气，我们不管身处何方，心头总是带有几分对"春风又绿江南岸""千里莺啼绿映红"的期许。春日画卷中，映入眼帘的想必还有温婉的江南女子，或许是身着旗袍撑着油纸伞漫步，或许头戴斗笠、身穿蓝印花衫采茶，现在，还有可能是西湖边那些身穿翩翩汉服正用手机自拍、直播的豆蔻少女。现在的社会，文化多元并存，异域的、本土的、传统的、未来的风格并行不悖，各类服饰大家都可以自信地穿着。传统社会的女子身着传统服饰，日常穿着的服饰既要便于劳动，又常凸显出地域风格。江南从春日

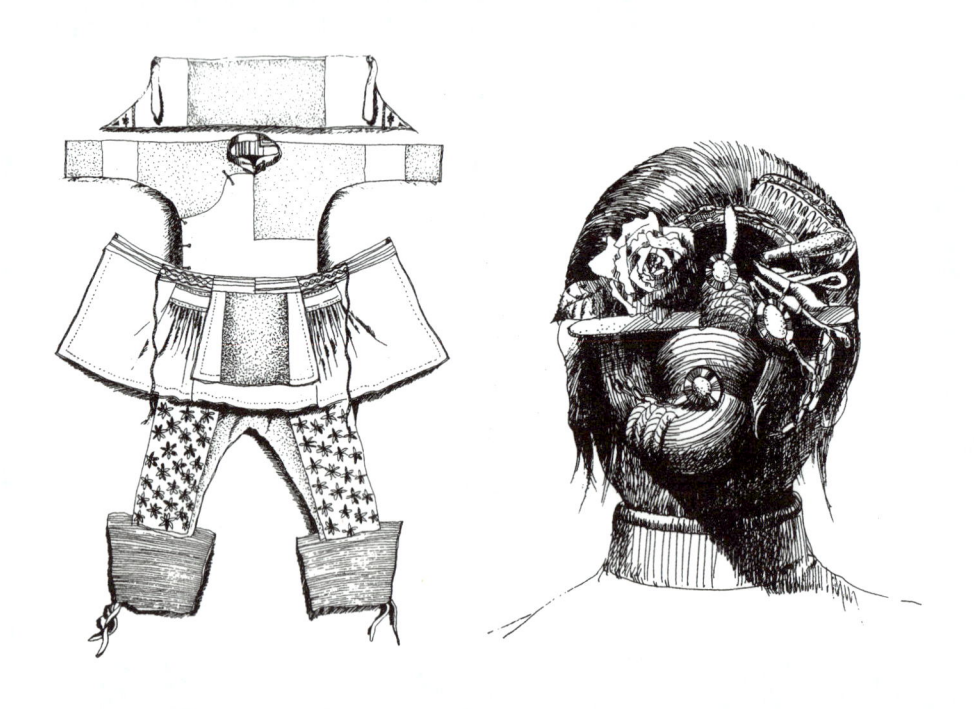

002

开始温润多雨，轻便的单衣最为实用。在江苏苏州以东，从吴县的斜塘、车坊开始，至昆山巴城、周庄、湘城，围绕阳澄湖、澄湖、吴淞江、娄江两岸，约三百六十平方公里的水乡妇女的主要装扮特征都是：梳鬏鬏头，扎包头巾，穿拼接衫裤、束褡裙，裹卷蹼，脚蹬绣花鞋。这装扮十分引人注目，往往被称作"苏州少数民族"，但实际上都是汉族。[1]这里我们重点来说她们的下裳。

苏南水乡女子服饰的裙分褡裙和褡腰两部分，配合在一起系扎在上衣的外面。褡裙是用三尺六寸宽的两片布，相互交错叠压各六寸的幕面，在腰部两侧折细裥一百至一百一十个，将一尺五寸的布缩为四寸，俗称"顺风吊栀子褶"，然后与二寸宽的裙腰相连，做成一尺五寸长的短裙，腰的两端钉两根花布缝制的长腰带，系扎时在腰间绕一周后，在腰后挽结，其带下垂至腿弯。不要说农家服饰只讲究耐用舒适而不追求美感，其实女人的裙装颜色是随季节而变化的，裙子的颜色似乎是女人对自然时节的悉心感应，也仿佛是女人对有限时空的无限遐想。春秋装的裙色俏而艳，随春风和盛开的花儿一同迎风招展；夏装的裙色淡布薄，用白夏布或黑绸做成，为炎热的夏天带来一抹清凉；冬装的布料质地厚实、色彩较深，恰与冬天凛冽素淡的景色相衬。腰头是束在裙外面的小围裙，由两种颜色的布分三块拼接而成，一般长一尺二寸，腰头两边还有两块穿腰，长六寸，宽二寸，由数层布制成，平整挺括。穿腰上一般绣满精美的花纹，是水乡服饰中重要的装饰部位。穿腰还有不可替代的实用功能。水乡劳作多为弯腰劳动，穿腰可以避免长时间弯腰的风寒侵袭，同时也使得腰部有支撑、易于发力。这漂亮小巧的穿腰其实就是一块暗藏的护腰，它温暖柔软，始终如一地保护着腰部，增加着腰部的承受能力。穿腰的两端再与彩色绒线编制的"蛇头带"相连，又为

---

1 魏采萍、屠思华：《苏南水乡妇女服饰略考》，《中国民间工艺》第12期。

服饰平添了几分色彩。[1]

　　关于苏南水乡这独特的裙裳还有一段传说呢！相传春秋时期，吴王夫差打败了越王勾践，勾践卧薪尝胆，施用美人计，将西施献于吴王。西施陪伴吴王，却整天怀念故乡、闷闷不乐，令吴王伤透了脑筋。一天，吴王陪西施到太湖赏荷，西施看见女子头顶荷叶，腰串荷花，伏在木盆上采莲，由此想到家乡，不禁嫣然笑生。吴王大喜，回宫后即令宫女用彩绸扮成采莲女的装束，以博得美人一笑。从此，这种"青莲包头藕荷兜"的服饰便盛行于江南水乡了。[2]

　　与裙裳合穿的裤也是拼接的短脚裤，长二尺五寸左右，裤口仅及膝下，习惯用蓝印花布缝制，裤裆用深浅蓝色布拼接直到裤脚，所以这种裤子还有一个很形象的名字叫做"四脚落地裤"。江南水乡的人们离不开水，或是站在水里浣洗衣物，或是踩进荷塘采莲，都要把小腿没入水中，所以裤脚必须短小，可免去挽挽卷卷的麻烦。过去时常看到她们走到水边，麻利地将襦裙卷起别在胯前，露出这"四脚落地裤"便能走入水中。现在江南的年轻女子没有穿短脚裤的了，入水前熟练又有些费力地卷起针织裤、牛仔裤，或许她们已经忘记或根本不知道，这里的女子以前穿着这样一种便利的短脚裤吧！短脚裤也有弊端：水乡蚊虫多，走上岸来容易被叮咬，所以上岸后要在裤脚之下脚踝之上配一层"卷膀"，俗称"裹腿""腿绷"。"卷膀"是用花布或色布缝制的，若是新婚妇女则用红色丝绸或锦缎缝制而成。卷膀用幅宽二尺四寸的布料从中等距斜裁成两幅，取一尺二寸长，裁剪成梯形，上下钉缀布带，系扎在小腿上。卷膀有单层、夹层之分，可满足不同季节的需要。

　　传统的农耕生活遵循着"男耕女织"的性别分工，在自给自足的小农社会中，不

---

[1] 魏采萍、屠思华：《苏南水乡妇女服饰略考》，《中国民间工艺》第12期。
[2] 徐杰舜：《汉族民间风俗》，中央民族大学出版社，1998年，第133页。

仅服装要自己裁剪制作，就连织布也都是各家自己完成，所以女子都会纺织。今天到一些村子中，无论是江南的、华北的还是少数民族的，仍能在村里找出几个会织布的女人，有的家里还保存着织机。她们大多都已是年过六旬的老者了，闲下来"温习"一下老手艺，似乎是对过去的回忆。不过也有像山东滨州等地方将粗布作为一种地方特产销售的，年轻的姑娘们拿起梭子向老人学习织布技术。她们织的布将随着便利的互联网和物流走向全国乃至世界各地。

江南民间曾经流行一首《织匠歌》，开头就是"又把织锦娘娘请，手机织布她发明……"这织锦娘娘指的就是织女。相传民间有个孝子董永，家境贫苦，卖身做机工以求葬父，日夜织绢。这件事被天上负责织锦的七仙女知道后，爱慕他的人品与勤劳，于是下凡人间私自与董永结为夫妻，帮助他织出了满是云朵、五颜六色的"云锦"，所

以江南织匠尊织女为祖师。有徒弟拜师学艺，都要先拜祖师，再拜土地菩萨，三拜师傅。拜祖师拜的便是织女的神像或画像。织布离不开织机，因此纺织行业神一般被称为"机神"。杭州地区宋代以后开始奉唐朝宰相、杭州人褚遂良的后裔褚载为机神，是他回到杭州将机杼之巧技传给乡人，使杭州城机杼之声户户相闻。从明朝开始，织匠们修建机神庙，专门供奉机神。每年春秋两季，织匠们用三牲五畜祭祀，仪式特别隆重，要宣读祭文，三拜九叩。招收徒弟的，也在这时拜机神、拜师傅。晚上同行聚餐，演敬神戏。机神庙平时还供应茶水，作为机坊主聚会、交流行情、交易买卖、切磋技艺的场所，由此我们也可以看出当时民间丝织业的繁荣景象。[1]

1　徐杰舜：《汉族民间风俗》，中央民族大学出版社，1998年，第88页。

棉和丝是我国古代纺织的基本原料，平民百姓家最常使用到的纺织原材料就是棉。棉花陪伴老百姓四季，冬季可以保暖，夏季可以吸汗。棉花在夏季开花，北方在7—8月迎来棉花的盛花期，之后便会吐絮。夏末秋初迎来采摘棉花的时节。采摘棉花需要大量人工。新疆干旱少雨，可以蒸发掉棉花的水分，结出的棉花纤维柔韧度好，所以新疆的棉花种植面积和生产总产量位居全国第一，棉花收获期间对于采棉工的需求量也大。据统计，"十一五"期间，新疆生产建设兵团引进棉田采棉工312.7万人，他们来自河南、重庆、陕西、甘肃等地，当中有十八九岁的姑娘，也有年轻的小伙；有远离孩子的母亲，也有年过花甲的老人。棉花采摘可用机器代替，成为机采棉。由于棉花收货时叶子已经晒干，机器采摘会将干脆的叶子混入棉絮，所以一些对棉花质量要求高的仍旧需要人工采摘。采棉花是个辛苦的活计，头顶着烈日在田间弯着腰、低着头采摘十个小时；每采1公斤棉花，就要伸手摘棉两百多次。这不禁让我们想起小时候唱的歌谣："小河流水哗啦啦，我和姐姐采棉花。姐姐采了二斤半，我采了一朵小红花。"

四时工巧　　007

棉花在我国广泛种植，江淮平原、江汉平原、南疆、冀中南、鲁西北、豫北平原、长江下游都有种植。棉花原产地是印度和阿拉伯地区，并不是我国的本土作物，应是南北朝时期传入我国的。在宋末元初时才开始大面积种植，在此以前我国只有木棉。木棉与棉花在植物学上是同一目下的兄弟，都能结出纤维丰富的果实。木棉的果实成熟裂开后露出白色的棉絮，古人常用它作为枕头的填充材料。但木棉的果实并不能用于纺织，因此在棉花传入我国、被大面积种植以前只能用丝或麻纺织，所以宋代以前的汉字里只有绞丝旁的"绵"字，出现木字边的"棉"字是宋代以后的事情了。

黄河流域生长着一种开紫色花、长黄色棉絮的棉花，人称"紫花棉"，用这种棉花纺织成的土布就叫"紫花布"。宋应星在介绍棉布时曾提到棉花在我国"种遍天下"，"花有白紫二色，种者白居十九，紫居十一"。意思是说我国种植的棉花有白花和紫花两种，白花品种比较常见，约占十分之九，而紫色花品种特异，只有十分之一。《松江府志》"用紫木棉织成，色赭而淡，名紫花布"。光绪《青浦县志》中也记有青浦县出产紫花布。乾隆《冀州志》称冀州"种棉有紫花"，这类棉布应是用这种紫花棉纺织而成。紫花棉纤维细长、质轻棉包大，是优良的品种，棉絮颜色呈土黄色。过去华北地区乡村民众夏天穿着的衣服多为白色、棕色或紫花棉色。可不要以为紫花棉色是紫色，紫花棉开紫色花朵，但棉果是土黄色，人们用这样的布做床单、被面，也做衣服，流行了很长一段时间。黄河两岸夏日炎热干旱，风吹起时便黄土飞扬，穿白色褂子极容易脏，这种紫花棉却恰恰迎合了黄河岸边人家的需要，穿上紫花棉制成的衣服仿佛与环境融为一体，既耐脏又结实，难怪是庄户人家喜爱的布料呢！

紫花棉是我国的本土品种，共和国成立初期，我们国家广泛种植这种棉花，后来逐渐引进国外品种。二十世纪八十年代时，这种紫花棉已很少见，品种几乎绝迹，但人们依旧喜爱这种土棕色。不知是习惯了欣赏这种色彩，还是因为这种色彩穿在身上可以使人感受到大地的温存，人们故意将白色的棉布染成紫花棉的颜色。住在黄河流

域的人们想出用河泥染色的办法，用黄河淤土沉淀出的"胶泥"染白布，穿在身上土黄土黄的，但人们偏爱这种色彩，并且仍然叫它"紫花布"。黄河泥染布做成的衣服不仅符合乡土民众的审美，并且结实耐脏，似乎为棉布增加了一层坚硬的外衣。虽说现在早已没有紫花布了，泥染白布更是无处可见，但紫花布的使用痕迹深深印在华北平原人们的内心，甚至发展成为一种地方民俗。"紫"读音同"子"，因此用紫花棉做成的棉被就别具意义，紫花棉棉被也就成为结婚时必不可少的嫁妆。至今鲁西南地区的女孩子出嫁，娘家还要为她准备一床"紫花被"。这种紫花被已不是用紫花棉做成的棉被，而是用土黄色和紫色两种颜色织成的方格图案的被面，有早生早育、多子多福的意思。

华北地区的纺织以棉纺粗布为特色，而江南纺织最具代表性的毋庸置疑是丝绸。在江南，穿丝绸并不是有钱人家的专利，只是民间百姓所着丝绸一般都没有提花或提花花纹简单。这种丝绸使用平织机织造，织时用两根经纱和两根纬纱交叉组成一个完全组织，结构紧密、坚实平整，但没有花纹。如果在经纱和纬纱上有规律地跨过几根，构成一个完全组织，经过反复之后，就会呈现简单的斜纹组织。用这种平织机还可以借助挑花棒织出花纹，汉代出土的提花织物就是用这种方法织就的。普通人家的小孩子一生下来，所穿的担襟衫裹的抱裙，几乎都是丝绸做的。当地有习俗认为给未满周岁的男孩子穿上用晚秋蚕缫的五蚕丝做成的绿衣裳，便会抵抗灾病，容易抚养成人。这身丝绸因此变成了孩子的"金钟罩"。老人做寿，儿女们也要给老人穿上绸衣、绸裤和绸面鞋子，还要用大红绸扎成彩球，高悬于寿堂之上。

我们来单独说说养蚕。自从汉代张骞开拓出从中原通往西亚的道路后，中国与世界频繁地进行贸易沟通、文化交流，丝绸、陶瓷等中国特产作为重要的商贸物资销往西方国家，西方的香料、农作物等商品也随之流入中国。这条路被德国地理学家李希霍芬在1877年出版的《中国——我的旅行成果》(China, Ergebnisse eigener Reisen) 中命名为"丝绸之路"，指两汉时期中国与中亚河中地区以及印度之间，以丝绸贸易为主的交通路线。在书中的地图上，他也初步标注了路线。后来德国历史学家赫尔曼在《中国和叙利亚之间的古丝路》一书中，在李希霍芬的基础上将路线延伸到地中海西岸和小亚细亚。历史上，陆上丝绸之路和海上丝绸之路是我国同中亚、东南亚、南亚、西亚、东非、欧洲经贸和文化交流的大通道，今天的丝绸之路不仅仅是重要的地理概念、文化概念，"一带一路"还了中国在全球经济一体化格局下深度融入世界、实现可持续发展的重要战略，这是对古丝绸之路的传承和提升。

古代农耕生活中与耕种同等重要的便是养蚕缫丝，"劝课桑农"成为古代政府鼓励督促发展自然经济的主要手段。汉族上古神话中西陵氏之女即轩辕黄帝的元妃嫘祖首创种桑养蚕之法、抽丝编绢之术，在民间被奉为蚕神。"小麦青青大麦黄，家家户户养蚕忙"，每年五月，大麦泛黄之时，江南的蚕农们就开始忙着洗涮曝晒蚕匾、蚕网，做养蚕的准备了。蚕农从游村串乡的"蚕种客人"手里买回蚕种便要催青了。将要从卵壳中孵出的卵种略带蓝色，要大面积养蚕就不能等蚕宝宝自己孵化，而要想办法通过调控温度、湿度使蚕在最短的时间集中从卵壳中孵出，所以这个人工干预孵化的过程叫作"催青"。若是白天卖蚕种要用红纸包起来，一是用红纸避光防止蚕提前孵化出来，二来是预示吉祥喜庆。幼蚕破壳而出后就要收蚕，把它吸引到蚕网上去吃桑叶。这时蚕农最怕老鼠来偷吃蚕宝宝，所以家家户户都要将"蚕猫"请到蚕室，这成为旧时浙江杭嘉湖地区一种蚕业生产习俗。清郑元庆《湖录》载："或范泥为猫，置筐中以避鼠，曰蚕猫。"[1] 蚕猫有泥塑的，有木版印制的，作用相同。有的买只泥猫放在灶台上，有的将蚕猫图贴在蚕箪上或是贴在大门上，还有的干脆用红纸剪个小猫贴在窗户上。蚕猫憨态中又透露出几分凶猛，只为吓退老鼠。

养蚕的时间虽然只有短短的一个月，但幼小娇贵的蚕宝宝需要蚕农格外悉心呵护。一般的蚕从催青出蚕到吐丝作茧要经历五次蜕变，每次蜕皮前蚕宝宝都会趴在桑叶上不食不动，仿佛在为蜕皮积聚力量，这便叫做蚕眠。作茧前的一次蚕眠称为大眠。春期的蚕经过约26日左右的蜕变体重可以增长约一万倍，这时蚕农们要相互庆贺"蚕花二十四分"以讨口彩，意思就是说，一斤大眠蚕可采二十四斤茧子。每次蚕眠后，蚕宝宝在适宜的温度下迅速生长，昼夜不停地吃桑叶，拼尽全力酝酿出更多的蚕丝，等到嘴变尖也就接近大眠了，就快要吐丝了。这时蚕农铺开麻秆编的蚕帘，放上稻草束做成的伞状簇蓬，将蚕撒在帘上，让它爬上去吐丝作茧。蚕作茧吐丝大约在小满前后，这时蚕农终于可以长舒一口气了，江浙一带有"望蚕讯"（也称"望山头"）的习俗，一般是娘家人到女儿家串门，亲戚们提着软糕、枇杷、鸭蛋、黄鱼、粽子等食品到婆家看望，相互慰问一个月来养蚕的辛劳，同时预祝蚕茧丰收。尤其是女儿出嫁后的第一年的"望蚕讯"格外隆重，既是娘家人对女儿养蚕技术的检验，也是试探女儿在婆家生活情况的一个契机。直到现在江浙一带的一些乡村还保留这"望蚕讯"的习俗。

1　叶大兵、乌丙安：《中国风俗辞典》，上海辞书出版社，1990年，第538页。

传说蚕乡曾有一个叫阿三的老头,家中没有女人,养不来蚕。直到儿子娶来新媳妇才看到希望。勤快聪慧的儿媳妇虽没有养过蚕但仿照别家学起了养蚕。亲家阿爹听说女儿养蚕,特意提着礼品前来探望。这天阿三到蚕房查看蚕宝宝后却没有将边窗封好,被风吹了一天必会影响作茧,阿三甚是担心。可到采茧那天却发现蚕茧又大又实,来了个大丰收。人们都说这与亲家的看望有关,于是人们纷纷效仿,便有了"望蚕讯"的习俗。蚕乡的民谣唱道:"黄鱼软糕肉,梅子加枇杷。望侬山头高,贺侬蚕花熟"。[1]

　　蚕作好茧就要开始缫丝了,史前时代我们的祖先发现经雨水长期浸泡的野蚕茧,用手指或树枝一搅拨就会抽拉出丝缕,后来逐渐地在生产实践中发明了煮茧缫丝的方

1　徐杰舜:《汉族民间风俗》,中央民族大学出版社,1998年,第46页。

法。可以想象早期缫丝的生产效率是非常低的，从现存的历史文献中可以看到，各诸侯间相互赠送的丝织品最多也只有三十匹。那时就是手持小箸在盆中搅动，用箸端把丝头挑起，再将几根丝绪系在一起，就可开缫。到隋唐时已经开始使用比较完善的手摇缫丝车了。到了宋代，缫车进一步成熟。宋人秦观作农书《蚕书》，总结了兖州地区的养蚕缫丝经验，尤其对缫车的结构形制进行了论述。《蚕书》记载缫车的结构如下：在煮茧的小锅上装一个铜钱，将茧丝穿过铜钱的眼儿，使得丝缕粘并在一起，然后再往上"升缫于星"（鼓轮）过"添梯"（络绞装置），最后绕到"辘轳"（丝框）上。这时，还出现了脚踏缫丝车，可以腾出两手进行索绪、添茧等操作，大大提高了生产效率。元代出现的南缫车改变了边煮茧边缫丝的煮缫联合作业方式，将煮好的茧盛在加有少量温水的盆中再进行缫丝。这种冷盆缫丝法缫出的丝煮茧适度，丝胶膨润恰到好处，丝缕拉引出来，丝胶仍包在丝纤维外面，一经干燥，丝缕坚韧有力，既便于纺织，又保证了丝绸质量。为使缫出的生丝立即干燥，有的还在缫丝框下放置炭火数盆。进一步提高了作业效率和蚕丝质量，是蚕丝生产中的一大进步。二十世纪初期在我国江南蚕乡依然流行着这种缫丝方式。[1]

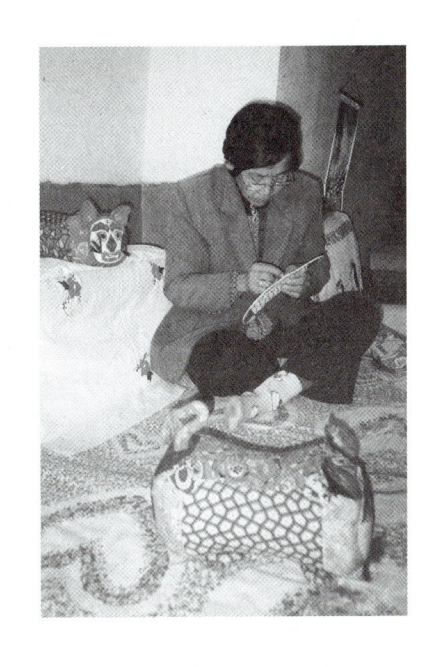

---

[1] 上海市纺织科学研究院《纺织史话》编写组：《纺织史话》，上海科学技术出版社，1979年，第56—58页。

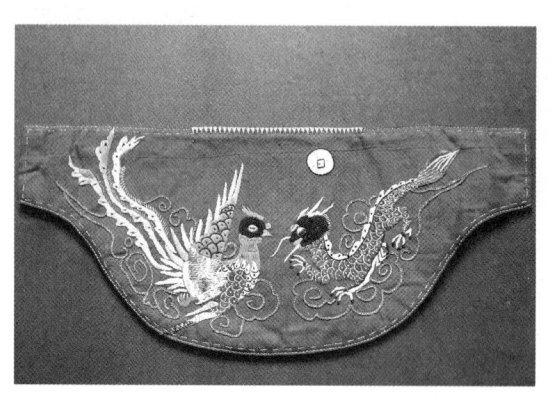

蚕丝是干净洁白的，爱美的人们要为它染上颜色使其色彩丰富多变。距今约五六千年前，史前人类就开始使用天然矿物质作为染料进行染色了，我国西北地区出土的旧石器时期、新石器时期的陶罐上已有彩色装饰，只是色彩较为单一。马家窑彩陶以红色和黑色最为常见，主要依靠锰元素和铁元素显色。在纺织物品中用的染色剂相对温和，人们发现原野上到处盛开的红花、紫花、黄花色彩丰富，甚至它们的叶子、根茎也都带有特殊颜色，所以植物成为纺织物最常使用的染色媒介。大约在周代，人们完全掌握了用蓝草染蓝、茜草染红、紫草染紫的技术，并专门设有官员掌管植物染料。自商周以来，我国的服饰文化也开始形成自己特殊的含义，用以遮身蔽体的服装开始承担起明高下、辨君臣的伦理重担，迈入了"衣冠礼乐"之属。历代统治阶级对服色都有明确的限定，以别贵贱、等级。民间百姓最常穿着的颜色就应该算是靛蓝色了。

装饰服饰的办法有很多，染色是其一，后面还会专门介绍。还有一种最普遍的办

法便是刺绣。刺绣在全世界都是常用的布艺装饰方法，中国的刺绣方法十分精妙，不同地区、不同民族都呈现出不同的技巧和风格。我国汉族有传统的蜀绣、粤绣、苏绣、湘绣、汴绣等地方绣法，针法细密、形象逼真，颇显皇贵气息；我国少数民族的刺绣配色明亮、针法多变、风格独特，仅贵州一地的民族刺绣针法就有两百余种。在西南刺绣针法中，挑花可谓是独树一帜。挑花也称架子花、十字花，很多民族都掌握这种针法，以湖北黄梅地区的黄梅挑花最为出色。姑娘出嫁前，挑花是必备的嫁妆，而且一定要挑制一块精美方巾送给男方。"挑花手巾四方方，打个疙瘩甩过墙。千年不见疙瘩散，万年不见姐丢郎。"每年三月三，四里八乡的姑娘们都戴着最美的挑花头巾，揣着最美的挑花手巾，来赶蔡山的庙会。美丽的姑娘赛过春日盛开的鲜花。与其说是庙会，倒不如说是一场相互观摩挑花作品、争奇斗艳的挑花比赛更为恰当，因为姑娘们要比拼谁绣的方巾更美、手艺更巧。小伙子要通过方巾判断姑娘的手艺，从而选择自己未来的新娘。除了年轻男女求爱时用到挑花，在诞生礼、婚礼、丧礼上都要用到挑花。妇女"有喜"要在母亲的指导下亲手为婴儿挑绣衣帽；姑娘婚礼上的绣花鞋、红盖头、围腰、被面等都用挑花装饰；女性逝者入殓要将她生前心爱的挑花绣品作为陪葬物；老者去世要在头上搭绣有"福寿双桃"的挑花头巾。可以说挑花伴随着黄梅女人的一生。

黄梅挑花图案整体布局十分严谨，对称中求变化，创造出了多种形式的构图，有端庄的中轴对称结构、新奇的菱形结构、对角线结构，还有散点结构和正梯形结构。图案纹样主要包括戏曲小说人物、花卉动物、文字诗词、吉祥纹样等，内容十分繁杂。像其他的刺绣品一样，黄梅挑花对技术要求非常高，主要体现在针法上。黄梅挑花的针法主要分十字针、双面针、直线针、空针、牵针等五种。挑花的妇女善于根据不同的实用要求、结构特点、视觉形象，变换或综合多种针法。[1]

---

1 余绍青：《黄梅挑花与黄梅礼仪习俗》，《中国民间工艺》第9期。

遍野尽春耕

"二月二，龙抬头，大家小户使耕牛。"不仅是过去，直到现在人们也习惯于把春节归于冬天的节日，出了正月看到跃跃欲试的柳树抽芽才从心理上迎来春天。尤其在寒冷的北方，春节是配着白花花、软绵绵的雪，眼看着这一层白渐渐退去才是迎接春天的开始。人们有时说，"不过二月二，天天都是年"，过去人们往往习惯于出了正月才正式开启新一年的劳动，二月二便是开始新一年劳作的节日提醒。二月二是冬春之交的节日，经历一个冬天的修整人们对新一年的收获充满期待。有一种年画叫《鞭春牛》，在各地年画中都是常出现的题材，细节各有不同，但大致都是有一男性挥鞭赶牛前行。有一种说法认为画上的男子是春神句芒。有些地方将这种春牛图和年历排布在一起，印刷成一张年画，这便是新年指导农民耕作的依据，在靠天吃饭的农耕社会作用很是重要。这种年画很有说道：句芒在牛前，意为立春在春节之先；句芒在牛后，意为立春在春节之后；句芒赤足意为旱年，着履意为水年，一足赤一足履则为风调雨顺之年。画中往往还绘有三人吃饼的情形，并附"三人九饼"的文字，这是谐音"三壬九丙"。这样的历时排列据说是丰年之兆，当然老百姓也有自己的说法："三人吃九饼够吃的，九人吃三饼不就不够吃了嘛！"年画的上首有时还印有历时、二十四节气和"几龙几水"。俗话说，"人多乱，龙多旱，媳妇多了婆婆做饭。"意思是相互之间有了指望，谁也不干活。所以历画上如果印着"一龙之水"或"二龙之水"的字样，就表明今年雨水丰盛。谁也不企望"九龙之水"这样的旱灾出现，这是饥馑之兆。二月二龙抬头，万物复苏春雷动。这时候，老人们看着这幅年画就会说，"泥水活了，该犁地了。"各地剪纸纹样也常以此为题，一般是一个抡着鞭子、头戴草帽的男性正在鞭打一头壮牛，壮牛身后拉犁，正在卖力前行，背景还会剪些朝气蓬勃的花草或大树，以展现旺盛的生命力。民间砖雕、木刻同样会表现鞭春牛题材。对于农民来说，这是一年

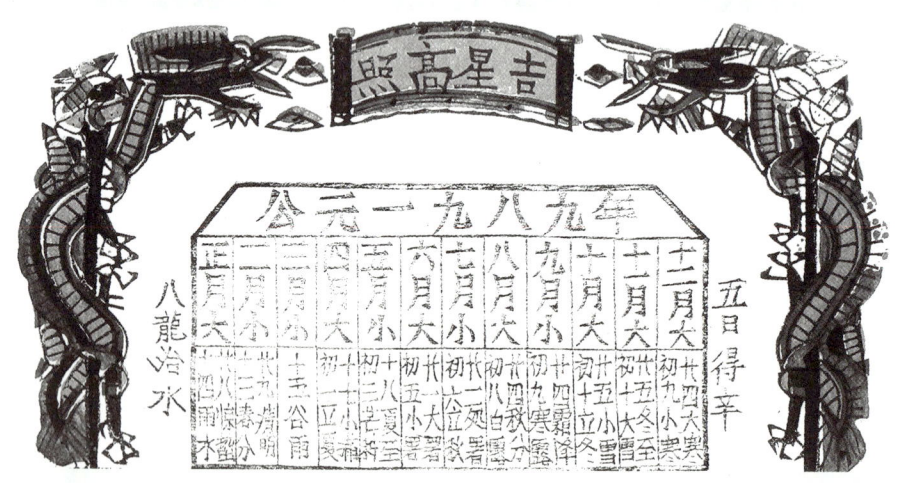

此年立春在除夕之前，因而此图中无立春节气

开始的好兆头，是勤劳丰收的预示。

"土中生万物，地内出黄金。"为了让庄稼长得更好，农民在开犁前就早早为作物生长做好了准备。耕地先撒粪，把头一年秋收后攒下的农家肥从圈栏中铲出，用小推车送到地里，每隔十几步放一车，一车一堆，用泥土将粪堆封住，垒成宝塔形的圆台，防止粪肥走味，降低肥效。犁地前用大镢、三齿耙将粪堆扒开、搅拌、叉碎，用铁锨向四周扬洒开来。农人们心里都有数，一天能犁多少地，就撒多少肥，这时候就可以开犁耕地了。

新的一年第一次犁地，大家希望能在新一年中获得好收成，因此耕地前要举行开犁仪式，农人们称之为"开犁"。过去很少人家有犁、牛齐全的，耕地时都相互合作，各出所有，配成几牛一犁的为一套，称"一犋"。开犁这天搭成犋的几户人家在地头上敬香焚纸跪拜，燃放鞭炮，祈祷新的一年风调雨顺，五谷丰登。这其实是一种原始春祭仪式的遗存。依赖农耕而存的古代社会极其看重农业，五谷是人们重要的生活资料，收成的好坏关系到百姓的生存和社会的稳定，所以专设祭坛祭祀稷神。《孝经·援神契》："稷者，五谷之长，谷众多不可遍敬，故立稷而祭之。"《吕览》中还记载有"耕帝藉田"的说法，即每年孟春之月，天子选好时辰，用车新载犁铧，率领三公、九卿、大夫，到帝藉田（供养皇家祭祀的农田）去亲自耕作。我们在现在的电视剧中可以看到，皇帝亲耕会布置高规格的仪仗，到皇宫附近的田地耕种。社稷坛是明清两代皇帝祭祀土地神和五谷神的地方，始建于明永乐十八年（1420年），今天成为历史遗留下来的文化遗产，就在今天的北京中山公园内。天子亲耕的做法最直接的目的是引起天下人仿效，意为节气已到，实行春耕，为百姓做出耕作示范。耕作时，天子推犁三下，三公推犁五下，其他诸官推犁九下。这种在天子那里象征性很强的仪式流传到民间，遗存到现在，已经演变成了一种比较注重实效的具体行为，所以很多地区开犁这天不在于耕地的多少，主要在于调试。一方面经过漫长的冬闲，犁手都觉得手生，拉开把

式找找感觉,似乎在唤醒身心准备投入到一年的劳动中;另一方面,牲口长期待在圈内,也需要适应田地里的劳动,这就需要牲口之间相互适应和配合。当然最重要的还是调试耕犁。犁地的深浅与牲口的距离、犁铧入不入地,这些情况一开犁就都知道了。有经验的老农都说要看"犁子泛不泛",就是看犁后翻过的土块是不是成形。土块挺拔、整状叫"泛",松散、没有劲道叫"不泛",这就需要调试犁铧和犁壁的角度。所以开耕的这一天,大家边耕边调,全村的男女老少聚在一起,笑闹着,逐渐投入到农业劳动中。春日里,似乎连牛也迫不及待走向田野吸收和煦的阳光,上套之前满地撒欢,劲头十足。在初春的朝阳中,农家迎来了新的一年。

  农家的劳动极其辛苦,种植庄稼如同抚养小孩,每个生长环节都要精心照料,每一株庄稼都倾注着农人丰收的心愿。现在农民工进城务工是普遍的,甚至很多村子都难以见到青壮年劳力,他们舍家弃田走入城市谋求高薪职业。而在经济不发达、交通不便利的传统社会，田地是农民的唯一指望，将土地比喻成母亲不仅因为人们生于斯长于斯，更因为土地能向人们慷慨献出粮食，所以农人与土地是相互依存、相互陪伴的。让我们看看土地是如何向人们奉献的，农民又是如何照料土地的。

开耕前要"收拾"土地，也就是犁地，这样可使土壤松软，适宜耕种。犁地的方法颇有讲究，不仅不同形状的地使用不同的方法耕种，同一块地每年的耕种方法也不同。常见的耕地方法有两种：第一种是从地边起料。从地的一边开始耕，第一犁紧贴地边，开沟到头，翻出的泥土都倒向右方。第二犁将犁铧插入第一犁翻出的浮土之下，开沟返回，则翻出的泥土将第一犁所开墒沟填平。这时，将牲口赶到地的另一边，与地边让出一犁的距离，开沟到头（第三犁）。耕第四犁时，也将犁铧插入第三犁翻出的浮土之下，开沟返回。比较特殊的是第五犁，它重复第三犁所走过的位置，将第四犁翻填过来的泥土重新开沟，这叫"倒沟"。然后，再将牲口赶回第二犁的位置，紧挨着它耕第六犁，再回到第三、第五犁处耕第七犁。如此，按逆时针方向循环耕犁。最后一犁所开墒沟在地的正中央，因再无翻土将其填盖，就赶着牲口来回多踩几趟，将沟填平。这种方法耕出的田地，两头高，中间低。第二种方法是从中央起料。第一犁从地中央开沟，到地头。第二犁插入第一犁翻出的泥土之下，返回。第三犁紧挨第一犁另侧开沟，到地头后，再绕到第二犁的边上开耕第四犁返回。如此，按顺时针方向循环耕地。这种犁地方式带来的结果是土地中间高，两边低。无论哪种耕作方式，如果常年延续，都会导致地平失控，农田灌溉旱涝不均，这是耕田大忌。所以农家的好把式一般都在一块土地上轮流使用这两种方式，一年一换，所走线路正好相反，今年往外翻，明年往里翻，以保证地平。"整地看两头"，耕犁过的土地从这头看着那头高，从那头看着这头高，就说明地整平了。犁地时，有经验的扶犁手往往把领墒牛放在右边，让它走墒沟，脚下是新翻出的软土，拉犁向前格外费力。另外，领墒牛顺着地沟走，好像有了行进中的参照，地才会犁得笔直。

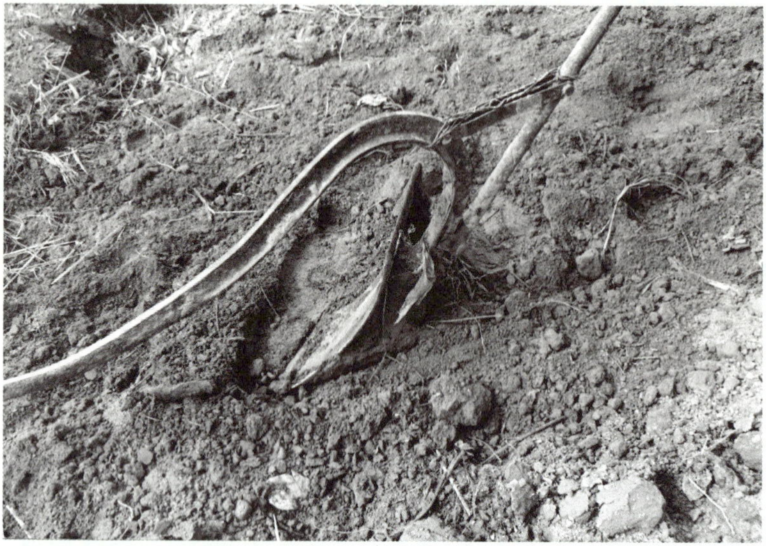

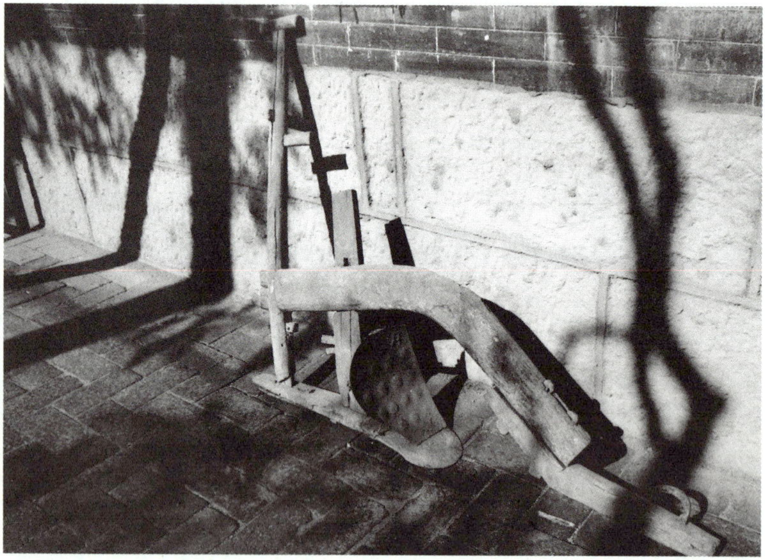

犁后整理工作十分重要。农人深知土细而实，禾苗的根才会壮而预，且不易生病患。种庄稼讲求精耕细作，正如古语云"耕而不耢，不如作暴"。意思是说，如果犁耕以后不将土壤耙平耢细，还不如让它晒着不耕。因此犁耕后的土地往往被反复耙耢。犁地的目的是松土、碎土、灭草，耙地的目的是将翻过的土地进一步耙细、耙平，犁过的土地难免坑坑洼洼。耙的底部为一个平面，耙地过程中可起到整平地面的作用，以使土地肥熟，促使禾苗苗壮。精耕过的土地一可保持住土壤里的水分不蒸发，形成适合种子发芽和作物生长的湿度（这称作"保墒"），二因土层结构松散，更加有利于农作物的根系发育。农人们常说，"麦苗不怕水，就怕坷垃咬"，"坷垃"是指大土块，板结的土块将影响麦苗扎根和出芽，还容易使土壤丢失水分。将威胁小麦生长的"坷垃"打散，为种子提供松软的土壤便是"耙"的意义。

中国传统社会的农民大多是不识字的，经验的传递依靠口口相授，所以老人的经验在农田耕作中非常重要，一代一代农民都是在老人的传授中接受庄稼苗壮成长的秘诀，也在口诀中应对农作物将有可能遇到的灾害。掌握口传技巧还要在实践中探索，就拿"先耕后耙"为例，说起来很轻松，但做起来就没有那么容易了。怎么耙？耙几遍？什么时候耙？这些都是技术要点。如果泥土湿润，就要犁完后晾晾再耙。耙早了，土壤黏结，种庄稼不旺；耙晚了，土里水分跑掉了，土坷垃不碎，种庄稼也不长苗。干湿适宜的田地耙两遍就差不多了，山东的庄稼人讲，"耙过的地细得跟'面甏'似的。"你看这里面凝聚了多少成就感！这是多少天忙碌的成果！耙地最怕的是下雨，如果耕后没来得及耙突然下雨，这就叫"让雨给钻了"，这种地种庄稼"两季子不长"。老庄稼把式耕地时遇到变天的情况都不再继续耕，赶着先把耕过的地耙完再说。与耙相似的还有一种农具叫做"耢"，耢的结构、功能与使用都和耙极为相似，只是耙齿换成了耢条。耢条一般采用榿木条、桑木条、蜡木条来制作，取其柔韧的特性。耢的功能和耙类似，由于与土地接触的木条平整，所以相比耙而言，耢省去了尖锐的耙齿将

土块碾碎的力量，可以直接使土地平整。耙与耢相互配合，适用于不同季节、不同土质的土地。往往春天耕地使用耢较多，因为冬天泥土经过冻结十分坚硬，到春天阳气上升，万物复苏，土粒似乎也随着春天萌动生长，土质自然就会变得异常疏松，所以无须使用到耙。但春雨贵如油，地下水分有限，耕地的同时还必须及时保墒，防止水分蒸发。这时农家人就用耢来耢地，前面犁一段，后面耢一段，把新翻出的泥土耢细耢平。

刨地一般先从地头刨起，刨至一至二米处，用镢的侧面来回荡土，将新翻出的高低不平的土荡平。老百姓说，这叫"整地头"。然后，转过身向另一边地头刨土推进。每个人都有一个刨地的活动范围，是以人脚为定点，以镢柄长为半径的扇面。随着扇面定点的不断推移，最后才能形成一个带状，宽度大约在六尺左右。刨地时，人双脚的活动范围不能太大，防止把新刨松的土再踩结实。既然脚不能有太大变动，就需要

换手抡镢，即所谓"左右开弓"，这样才能保证一个循环工作面的完成。一般人刨地都习惯从左向右再由右至左，在这个扇形工作面中，刨左边时，左手在前，刨右边时，右手在前，中间倒手。老庄稼把式换手非常自然，刨到扇面的中间，趁镢由半空落下时，后手顺势抄住镢柄的前段，前手随之倒向后端，与此同时，后脚前提，镢入地，双手随即一拉一拽，坚实的泥土就被扒翻松动了，手脚极其麻利。也有两人结伴刨地的，两人必须并肩齐行，配合默契，刨左边时都刨左边，刨右边时都刨右边，这样两只镢才能保持一种近乎平行的运动状态，防止两人一前一后，或者两镢相交发生危险。

耕种要打畦。打畦就是将大田按一定尺度分割成若干条带状的小单元。畦与畦之间是畦埂，畦埂上可以走人，便于农田管理，有时还可套种其他作物。用土培起畦埂就叫做起垄。起垄时用镢的方法与刨地不同，刨地时，抡镢下地，镢在地下的走向以下切为主，将土松动翻出；起垄时，是将埂两边的土挖起堆聚，所以要用"抄镢"。起

垄时先将畦埂的范围用畦线划定，用板锨在畦线两侧开沟，不需要太深，所以无须高高抡锨。锨在地下的走向也趋平，将土抄起兜在畦埂上即可。

梳理平整的土地为种子生长提供了良好的基质，如何将种子下到土地里是门技术活。单凭人力弯腰在田里撒种是极其辛苦的劳动，试想，一整天弯着腰后退，一一向种穴播种的工作是多么艰辛，于是能够将人们适当解脱出来的农具就产生了——耧，大面积农田耙平起垄后需要用耧播种。播种时几人在前拉耧，一人在后扶耧点种，种子通过种仓、种管掉入土中。在农民的眼中，耧麦下种是家庭中的大事，马虎不得，不仅是因为播种是决定作物生长密度、生长状况的重要环节，还因为耧种并不是仅凭一人两人可以完成的工作，而需要全家齐上阵、团结协作才能完成。两脚耧一般由二三人牵引，驾辕人拉主绳，其他人拉偏绳。三脚耧须多人牵引，有的人家甚至"老少爷们齐上阵"，很有一番热闹景象。耧向前行进的方向和力量主要由前面的人决定，这个人既要年富力强又要经验老到。他负责走在两根耧辕之间拉动主绳，背向前微弓，

双手自然下垂（耧辕不得上提），行耧的方向完全在于他走的线路，所以驾辕人必须保持行走方向笔直，因此拉耧的大多是青壮年。拉耧主要靠肩绳，肩绳一头套在拉耧人的肩膀上，一头牢牢地系在耧盘上。耧盘和耧辕结合在一起形成一个框架平面，保证了底盘工作平面的稳定性。但它与耧提把的平面却不是垂直相交，而是存在一定的倾斜角度。木匠说，耧辕与引种管的最佳角度应该是六十度至六十五度，这样才有利于耧脚入地开沟。在行耧过程中，耧辕的功能在于掌握耧的方向，耧辕很长，约二米。为了保证平衡，耧辕和燕翅耙类似，也由一块木料对剖制成，而且可以拆装，便于搬运和保管。耧辕拆卸后，往往将两根绑在一起，由于长期使用难免磨损，虽说不上严丝合缝，但也颇为妥帖，俨然一个整体。

  种仓在耧盘上，由大仓和小仓组成，均呈斗形。种仓不仅有盛放种子的作用，其实还是一个精巧的机关装置，耧"自动"撒种的秘密正在于此。大仓封底，小仓下接引种管，两仓连在一起，中间以一壁相隔，隔壁中心开一道仓门，可调整开合的大小。

大仓盛放种子，种子通过仓门流入小仓，再经引种管落入耧脚开出的沟槽。小仓里有一个悬挂着的方形木块（有的是铁块或铁条），是从扶手横杆处用绳垂吊下来的，老百姓称它为"耧斗锤"。别看耧斗锤小，它可是种仓下种的关键。耧斗锤上系有一根铁丝，铁丝另一端插入大仓仓门，向上弯曲，所以不会滑出。行耧过程中，扶耧手必须边推耧前行，边左右摇晃扶手，耧斗锤这时就会发生相应的摆动，不断敲击小仓仓壁，使仓体发生震动。同时耧斗锤上的铁丝也会不停地拨动，在大仓内搅动种子。在震动与搅动的双重作用下，又干又轻的种子就会源源不断地由大仓进入小仓，再由小仓落入地下。随着震动发出"钢当钢当钢"有节奏的声响，种子落入土地，通达流畅，一气呵成，不会发生任何堵塞。山东莱州一带农民还将耧播种的声音演绎成动听的儿歌，如"钢当钢当耧麦子，从南来了个'百岁子'。钢当钢当耧谷，从南来了个老虎。钢当钢当耧豆子，从南来了个老猴子……"借此哄逗小孩子。因为耧的下种全凭耧体摆动、震动做功，所以讲究的老木匠都特别强调做耧不能用木塞，必须使用传统的榫卯技术处理结构穿插，防止耧体因不停晃动而导致松散解体。在用料上，除种仓使用桐木制作，其他构件必须选用硬木，防止变形。

耕种结束后，农活进入到田间管理阶段。所谓"管理"，主要指间苗、中耕和灌溉。锄是田间管理的主要农具，常用的有大锄、麦锄和剜锄。锄是将土翻起，看似和用镢刨地相似，实则不同。北方老百姓一般把锄地称作"耪地"，刨地是向土的纵向深层扎入，以翻土为目的，尤其要将大土块镢碎，是播种前对土壤的处理；耪地则是在作物生长的过程中进行，所以也称作"中耕"。中耕是精耕细作的要素，农民对于锄的使用有多方面认识，很多俗语道出了用锄管理农田的秘籍，如"耕不厌熟"，"早锄早获"，"务到深细"，"锄不厌数"，"多锄草，籽粒饱"，"千锄生银，万锄生金，一锄不动生草根"，"苗怕草欺，草怕锄犁"，"锄头底下三分水"，"无雨不要怕，紧握锄杠把"，"浇水不锄地，出了傻力气"，等等。中耕的作用一是间苗，二是对土壤进行表浅层疏松，增加土壤通气性。若遇到灌溉、降雨导致土壤结块，也要用锄松动，还有就是清除杂草的作用。一季作物在成长过程中约中耕三至四次，要根据不同作物的生长特点和田间情况而定，主要目的是保证土壤疏松、没有杂草，从而使农作物有效地从土中吸收充足的养分和水分，确保成长发育的空间。不同的作物有不同的要求，并不是锄得越多越好，农谚中也有"豆子耪八遍，入锅煮不烂"的说法。

幼苗钻出地面后，用不了多久就需要间苗了。间苗就是将弱小的秧苗用锄耪掉，留下长势旺盛的秧苗，防止相互之间争夺养分，这便是大自然"去劣存优"的规律。间苗不但是个细致活，也需要做出果断的抉择。间苗不能用大锄，苗密而且小，一簇簇一蓬蓬，只能用小剜锄蹲在地上仔仔细细地间。所以人们常形容谷子、玉米的间苗是"头遍像跑马，二遍如绣花"。不同的作物间苗方法也不同，高粱是留出合适的株距，剩下单株，其余全部间掉；谷子要留成单排的一墩，每墩三至五棵；玉米长到二十厘米时先粗略地间一遍苗，与锄草同步进行，看见长势太弱的，顺手就拔了，等长到三十厘米时，才能定苗，这时一窝里只能留下一个长势最好的，其余的全部间除。间苗时的秧苗已经长得绿油油、滋润润了，这些苗都是自己亲手栽下的"娃"，说不上哪个好哪个不好，虽然有些长得大小差不多，但必须坚决果断地铲除健康的幼苗，以便将所有肥力集中到一株上。有些"爱苗"的人这时最作难，间去哪个都不舍得，想想心疼便都留着吧，结果却导致所有的庄稼都长不好，遗恨不已却也晚矣。

麦子无须间苗，但中耕阶段需要不断松土和锄草，因麦子间距较小，所以麦田里耪地用麦锄。麦锄锄板窄，锄板与锄钩为一体，没有接头。三月份，田里的杂草开始发芽，也恰巧是麦子越冬后开始生长的时期。绿油油的颜色一出现，老百姓就说"麦子返青了"，这时就要浇水，叫"返青水"。"返青水"非常重要，这是为麦子分蘖生长提供充足的水分，这遍水必须浇透，按庄稼人的说法要浇"一犁半"。在足够的温度与湿度作用下，杂草也开始茁壮生长。俗话说"一场雨一批草"，杂草也跟着长起来，所以浇完水每隔四五天就要耪一遍地。锄草并不是唯一目的,《齐民要术》里《种谷第三篇》中就提到:"苗出垄则深锄,锄不厌数,周而复始。勿以无草而暂停。锄者非只除草,乃地熟而实多,糠薄米息,锄得十遍,便得'八米'也。"

春风干燥,锄草之外保墒也同样重要。浇水之后两三天地干了,不粘锄了,就开始耪地。将表层的土皮划破,用锄板压碎、压细,再均匀地铺就在地表,这样就覆盖住了地表的出气孔,减少了地下水分的蒸发,起到保墒的作用。同理,越是天旱的时候也越要耪地。但如果雨水过大,地涝了,也同样需要耪地,这等于是将地表土层豁开,加快了地下水分的蒸发,减轻涝情。这就是庄稼人常说的"锄头有水,锄头有火"。

工利其器

犁，据说是一种由耒耜发展而来的耕地农具，以牛牵引的犁耕代表了传统农业耕作技术发展的最高水平。大量考古资料表明，早在新石器时代，史前的华夏人种就使用过三角形石犁，春秋战国时期出现了关于铁犁耕作的记载，并驯化牛作为耕作的牵引力，结束了人挽石犁的原始犁耕历史。汉代是犁耕技术得到重大改良和推广的时期，汉犁已基本定型，并产生了犁壁这样重要的装置。到唐代，陆龟蒙在《耒耜经》中详细介绍了江东犁各个部件的名称、尺寸、结构和功能，和二十世纪我国华东、华中地区使用的耕犁已极为相似。宋代以后，我国耕犁开始向多样化的方向发展，出现了一些专门的耕犁，如水田用犁镜、旱地用犁铧、草莽用犁镑、荒地用犁刀等。我国大部分地区使用的犁都是一种传统的大四角框架长犁底曲辕犁，各地基本框架相同，但在个别构件上也小有差异，如犁铧的形状、有无可调整犁地深浅的装置、犁辕的长短

等。这些不同主要是由各地不同的地质结构、土壤条件和文化背景所造成。农家犁一般都请村里的木匠定做，打制好犁架后，安装上铁匠打制的犁铧和犁壁就可以使用了。二十世纪七十年代出现了新型曲辕小铁犁，因其轻巧、操作灵便，逐渐普及开来，用于机械化作业无法实现的边角土地，尤其适用于山区。今天到南方的山地民族村寨，由于田地面积小，加之山路运输不便，仍有一些人习惯使用传统农具耕作，这种小铁犁便十分常见。中国人对犁的使用时间漫长，但这并不意味着犁的落后，相反犁的稳定流传恰恰说明由于犁的设计极为合理，以至于长期没有出现能够取代它的工具。这是古代先民在劳作当中对造物原理的总结和运用，使劳动农具能够配合人体工学达到最巧妙的利用。我们不妨看看犁的造物结构，一起来分享古人智慧的高明。

　　犁由犁把、犁辕、犁箭、犁壁、犁铧、搭梢等部件组成。犁把的高度为一米左右，把上有扶手，便于操作者两手执扶，控制犁的走向。扶手下有横档和提手两个部件。横档用于拴系牵引耕牛的撇绳，有利于掌握牛行进的方向。犁把上的提手主要是为了扶犁手提犁方便。犁地时都需要遵循一定的方向，当犁到地头时，就要从提手处提起犁头赶着耕牛转向另一个方向或另一条路线。犁辕由天然生成的曲木制成，材料多选择枣木、榆木、槐木等硬木，结实耐用。其一端嵌入犁把，另一端与另一弯曲的搭梢相叠接，一直伸向地面。在静止状态下，犁把的底端与犁铧的刃端、搭梢的顶点应该是在同一条水平线上，这样才能保证在行进过程中不产生力的分解，相对也就减少了行进的阻力，促成犁的前行和推进过程中的稳定性，在犁辕嵌入犁把的一端，犁把形成了一个较长的插口。犁辕在中央，上下各置一长条状木塞将犁辕销住，防止它上下活动，这一构件可以调节出犁铧犁地的三种深浅度。犁辕在中间，是一种较适中的程度。如果想要加大犁地深度，就将上面的木塞取下，犁辕上抬，再用木塞销住下面的空当。在这种情况下，犁箭成为一个支点，则搭梢必然下移，但犁前面牛的拉力及力的方向是固定不变的，这种斜前方的牵引力可以分解为水平牵引力和向上提升力两种作用力，搭梢越低，向上的提升力就越大。由于犁辕与犁把的结合处是固定不动的，所以提升力的反作用力就必然作用在犁箭上，顺着犁箭产生一个向下的压力，致使犁铧向下深入。同时，犁底也必然构造成为一个面状结构，从而降低了压强，以抵消一部分向下的压力，使犁底在达到一定深度时不再继续下陷，不至于为求得犁地的深度而影响了前行之力。当需要将犁地深度调整得浅一点时，就将犁辕下移，将木塞在上面销住，则犁铧也必然上移，其原理亦同上。为了便于调节犁辕，它与犁箭的接合部被处理成为一种近弧形，以不影响它的上下移动。木匠在制作犁具时，还特别强调犁辕与犁壁之间的距离不得小于五厘米，否则影响翻土。

犁壁呈一种不规则涡线曲面，由生铁翻砂铸造而成，厚度达二厘米左右，壁面有十五个圆形凸起，下端与犁铧相接，构成非连续性曲面。犁铧呈圆刃铲形，由熟铁打制而成，由于犁壁的接合形成前后两个部分。因前部工作时入地铲土强度较大，所以在打制过程中内部加钢，以增强硬度，有利于铲断草根、树根等牵连性杂物。后部由纯熟铁制成，这样可以节约资源。因犁铧的作用是深入土地铲土，所以它与地面形成十度至十五度的倾斜角，刃口极薄，便于深入。这样的构造可以保证在同样的力的作用下，产生较大压强，入地效果明显。犁壁的作用是翻土和碎土，它与犁铧构成的非连续性曲面更易于碎土，也便于形成窜垡。犁壁在构造上可前后调整角度，它支点的所在是犁箭上的一根小木棍，与犁壁后面的插头形成接口，翻土时根据泥土的干湿度和土质情况对它进行调节。土湿时，将犁箭上的木销夹在木棍的下方，则犁壁角度向前，加大了翻土力度；土干时，就将木销夹在木棍的上方，则犁壁角度向后。犁壁上的铁疙瘩更加强了碎土的功能，一方面，犁壁与土的接触面粗糙，导致摩擦力增大，易于碎土；另一方面，因疙瘩的存在，犁壁与土的接触面中产生了空隙，还可防止土的粘挂。另外，犁壁不规则涡线曲面的形态也决定了翻土的方向，犁铧铲出的土沿犁壁的曲面向上堆积，越向上面积越大，再沿着曲面的弧度向外翻出，便形成地垄。

为犁提供牵引动力的是牲畜，一般来说都选择牛。农家人非常重视犁，它属于家族农具中的重器，算是一个大件。在二十世纪五十年代以前，经济条件不太好的家庭一般是没有犁的。牛也并不是家家都有的牲畜，并且耕作时很少有用一头牛拉犁的，一般是两头甚至三头。所以犁地其实是一项村落内多户合作完成的工作，一般是几家几户搭成一犋，有出牛的，有出犁的，耕地时大家轮流来。开犁这一天，一犋的户主们往往要凑在一起吃个团圆饭，喝个开心酒，以增进感情，加强团结，耕作时互相帮工，防止出现你前我后，相互计较的现象。

两头或三头牛拉犁的情况比较多见，它们各有分工。为首的叫"领墒牛"，由特别强壮而且富有领墒经验的犍牛充当，它力气最大，富有号召力，能够准确地领会犁手给予的方向和速度性指令，什么时候拐弯，向什么方向拐弯，只要扶犁手拉一下拴在横档上的撇绳，它就能够迅速作出反应。"配墒牛"由母牛充当，它在力量上逊于领墒牛，但如果是三头牛同拉，它的角色也非常重要。一方面它要配合领墒牛的领导，另一方面它还要负责带领"拉单牛"学习拉犁，协调整体，让大家有劲往一块使，所以"配墒牛"和"拉单牛"一般是母子关系，易于凝聚。过去犁地时，黄牛替人们承担主要体力，牛是大半个家底子，扶犁手一般由它的主人担当，对牛的驾驭得心应手，也不舍得往牛身上抽鞭子。黄牛拉着犁一步步缓慢向前移动，翻起松软湿润的土壤，为种子准备好巢穴。黄牛自古陪伴人们创造农业奇迹，在很多地方，尤其是少数民族地区都有不食黄牛的习俗，也正是因为这个原因，我们习惯用"老黄牛"形容吃苦耐劳、默默奉献的精神。

出于对耕作效率的经验探索，也出于对动物伙伴的爱惜，犁与牛连接的部位也格外讲究，既要考虑到犁在土地上的力量分配，又要适合牲畜的身量。搭杠是连接犁和牲畜的工具，在搭梢的前端钉一个铁钩便可与搭杠相连。构造极其简单，一根硬木圆棍两头铁环相扣，分接两根短棍。可千万不能小看了这几根粗粗细细的木棍，在犁地过程中它所起到的作用决不仅仅是"连接"那么简单。首先，它改变了畜力的方向。因畜力是一个斜上方向的力，如果没有搭杠，直接将犁与牲畜相连接，则不能保证犁在水平方向上的前行。而搭杠的存在，使得它与牲畜身上代表牵引力的耕绳、地面共同形成了一个角度。我们知道，耕绳越长，角度就会越小。当耕绳长到一定程度时，角度几乎消解，那么水平方向的力就几乎趋近于牲畜斜上方向的牵引力了。现在我们才明白，为什么牲畜身上的耕绳总是一大堆，原来是有着极其科学的依据的。同时，长长的耕绳也消解了两边牲畜高低错落和行进速度不一对牵引力的影响，避免了许多不同的、小的力的分解。其次，搭杠平衡了不同的畜力。不同的牲畜会产生不同的引力，因此对搭杠也进行了处理。它没将与犁相接的铁环安置在横杆的中心，而是偏于一侧，力气大的牲畜放在短臂的一端，力气小的放在长臂的一端。根据杠杆原理，所取得的前行之力是相对平衡的，所以避免了犁在行进过程中发生的方向性摇摆。

除耕绳、搭杠外，牲畜牵引拉犁还有一套完整的行头，主要有牛轭、笼嘴和皮鞭。

牛轭是牛拉犁的专用工具，常见的有两种，一种开槽，将耕绳嵌入；另一种不开槽，用细绳将耕绳与牛轭捆绑固定。牛轭卡在牛脖子与牛肩之间，犁通过搭杠与耕绳连接在一起。牛的牵引力全是通过牛轭和耕绳传递给犁的，牛肩在拉犁过程中是全身受力最大的部分。制作牛轭只能选取天然生成的"人"字形枝丫，如果人工拼接其形，在受力过程中各部分必会分崩离析。最好的牛轭是楢木制成的。楢木属灌木，枝条繁密，其材质异常柔韧，所以人们常以其枝条编制各种农用筐篮，结实耐用。用楢木做牛轭，则需专门修剪，将楢木根部不断冒出的新枝砍断，培养粗壮的主干，一般需要七八年才可成材。楢木能成为牛轭的上佳之材，不仅因为轻巧结实，最重要的原因是它不会磨破牛肩。也许因为这种神奇的楢木牛轭并不常见，人们惯常使用的多是柳木与杨木。如果使用骡子、马、驴拉犁，因肩背结构与牛不同，就要改用牛轭为"套包子"和"夹板子"。夹板子也是木制，虽造型与牛轭不同，但功能一样。将粗如拇指般的耕绳从牲口身体的两侧分别穿过夹板的一个镂孔，再由另一镂孔引回，与牲口搭背上的绳索、耕绳系在一起，牲口的牵引力通过夹板由耕绳传导至犁。套包子主要起到保护缓冲的作用，它卡在颈与肩、腿之间，既防止夹板磨损牲口皮肉，又可托住夹板，使它有了着力点，方便牲口牵引用力。过去富裕人家使用的套包子都以猪皮缝制，塞入毛毡、稻草等软物，结实耐磨。一般人家则用麻袋、布缝制，只在与夹板的摩擦处钉缀车带皮子（橡胶轮胎）防止磨损。

　　农家常见的笼嘴多由稻草、桑条编制，后来出现了铁丝笼嘴，但大伙都说这种笼嘴不好用，"牲畜使着磨嘴"。犁地时给牲畜套上笼嘴主要为了防止它们偷食庄稼（套种时地里有庄稼）和青草而耽误干活。会编笼嘴的农家人很多，闲来无事坐在门槛上，三言两语搭着闲话，蜷缩着腿，以膝盖为模型，一会儿工夫就编出来了。牛耕地时需要使用鞭子抽打，鞭子一般用牛皮制作，先将牛皮削成窄条，再拧成股，一般由三股编成。新编制的皮鞭质硬，需用鸡油涂抹数遍才适用。犁地与耙地的鞭身都很长，鞭杆却粗短，因为扶犁手与牲畜之间距离较远，这样的皮鞭才能"鞭长可及"。与苘麻等其他材料相比，皮质鞭不仅韧性强而且耐磨损，一根普通牛皮鞭用上十几年是不成问题的。但扶犁手一般不舍得往牛身上抽鞭子，牛是农家之宝，亦通晓人性，吃的是草，但出的是力。在乡村，形容一个人心狠往往会说，"这个人连杀老牛的心都有"，农人与牛之间的感情深厚由此可见一斑。好把式对牛的熟练驾驭更多是来自于对它生活习性与性情的把握，这鞭子只为起到"震慑"之意，不到万不得已不会轻易动用。所以农人耕地时在农田上空回荡的往往是高昂的吆喝声，牛听到主人有力的口号，就像通晓了主人的心情，也都提起精神铆足了劲往前拉。

与犁的功能相类似，南方松散土块的农器多为"耖"，更加适应南方的地形和耕作习惯。耖的上端为一尺左右的横柄，便于手握，下端连着一若干铁齿组成的"铁齿耙"，前面驾牛车挽行。耖田时，一人在前面牵引畜力，另一人在后面双手按住横柄，令密且长的铁齿深插于泥中熟土，反复数次，以此耙碎土块，疏通土壤。均细土壤的农器叫"砺"，有的地方俗称为"木滚子"。木滚子为木制桶形，前后皆装有脚踏用的"踏板"，中间安装多个木叶组成的"米"字形"滚柱"，前面用畜力拉行。工作时，一个牵牲口，一人双脚站在踏板上，随着"滚柱"的翻转上下移动。连续翻转的"木滚子"在重力的作用下极易均细土壤。滚完田，最后则可拉"楼梯"平整土壤。"楼梯"即爬高用的"木梯子"，使用时在"楼梯"中间放一畚箕，内装石块，用于压制固定。两头拴绳，另一端套在拉"楼梯"者的腰上，边退边行。

北方农村使用的耙主要有两种：燕翅耙和梯形耙。照常理，土地耕作都是先耕后耙，但燕翅耙的使用却非如此。农家人常说它是耙"生茬"的——"生茬"就是指没有耕犁过的土地。这种耙更多使用在秋耕之时。秋耕之前，如果大田因管理不善荒草丛生，还有大豆、玉米等作物收割后根茎也余留在田里，这时无法直接犁地，因为它们的阻挡，行犁势必磕磕绊绊，所以必须先用燕翅耙将地来回耙几遍，清除杂草和根

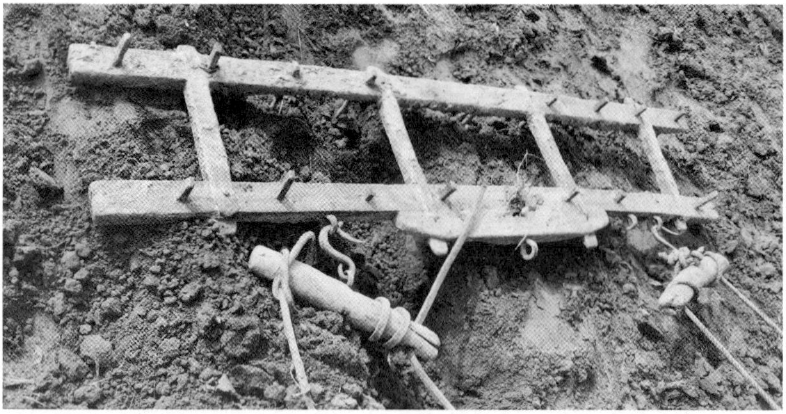

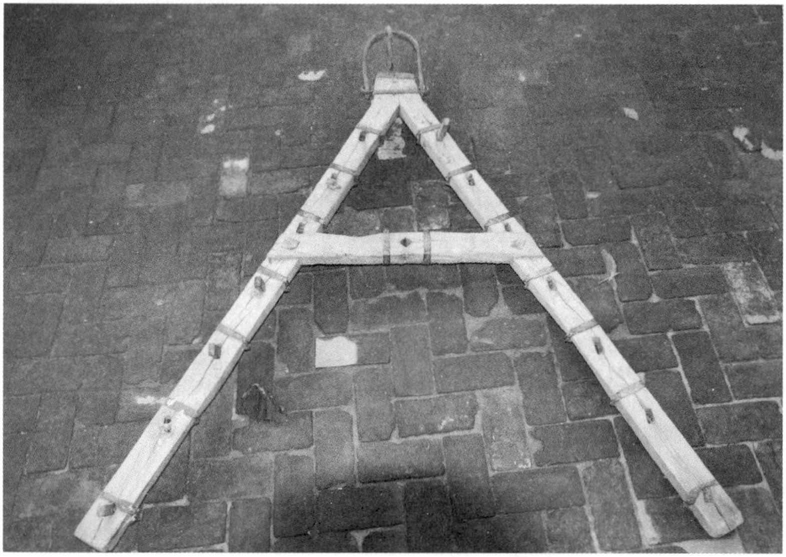

茎，为犁地扫清障碍。遇到干旱时节，也要先耙后耕，因为常年灌溉的农田经过干旱后地表土质密实坚硬，像一层厚厚的"盖子"，直接犁地不"走犁"，也必须先用燕翅耙将这层"盖子"破开。梯形耙是耙"熟茬"的，就是经过耕犁过的田地，再用梯形耙。耙这种地时阻力相对减小，所以梯形耙采用了近似方形的结构，和燕翅耙相比，它在碎土、平地方面的功能更强。

耙地的方法很有特色，耙地者要站在耙上操纵，仿佛在驾驶一台灵活又可靠的机器。如果是梯形耙，两脚一前一后，一左一右，将身体的重心放在后梁上，这样行进起来比较稳妥，易于掌握平衡。为了防止耙地者被绊倒，耙后梁中心的耙齿也几乎不超出梁的平面，避免意外事故的发生。耙地之前扶犁手先要将搭杠和耕绳重新调整一番，农具换了，重心也就发生了变化。一般在耙的前梁与后梁之间还要拴系一根绳子，拴系方法因人而异，因地区而异，连同驾驭牲畜的撇绳，都被耙地者抓在同一只手中。当耙体运动、颠簸时他在上面的相应摇摆就有了一个软性的支点，有利于稳定和平衡身体。耙地时，耙地者在耙上左右两腿交替用力，重心也左右转换，所以行耙并不走直线，而是走"之"字形线路，这是耙地的重要要诀。为什么要这样行耙呢？农家人说，一是为了减小阻力，耙如果直线向前运动，特别是梯形耙，不似燕翅耙有流线的造型，运动前端是横向的耙梁，很容易将翻过后松动的泥土都堆在耙前，影响继续行耙。两腿交替用力，用力轻的一端就会先向前移动，用力重的一端施压碎土，这样无形中就将完整的耙体分割成了两部分，阻力也就消解了一半；二是按"之"字形行耙可以最大面积地实现碎土功能。走直线，因耙齿之间有十厘米左右的空当，土坷垃容易漏空，要想将整块田地耙细，就像用梳子梳头一样，需要反复数遍才行，耗力费工。而走"之"字形，耙体在地面上搓动，土块就等于是被"揉"碎的。

耙的结构看起来简单很多，操作起来也不像犁那样复杂。即便是这样看似简单的农具，在选材、制作、养护方面也是有讲究的。集市上鲜有销售成品耙的，人们都是

四时工巧　039

去集市上买来木料自己加工，或请木匠加工。耙一般采用榆木、槐木、枣木等硬木料制作，以枣木为最佳，取其结实耐用而且重。甚至更多的人自己种树，他们称之为"养"树，等树成了材就砍掉，拿去找木匠制作。木匠修正木材的工作完成后再找铁匠安上耙齿。相比较而言，燕翅耙的制作更加复杂一些。首先，燕翅耙选料独特，因"双翅"独特的造型，必须选取天然生成且前端略带有弧度的木料，这样才能保证"两翅"完全是由一块木料对剖制成，接头处也才能拼接得严丝合缝，以保证对称和平衡。耙的前端与搭杠相连接，使用时和犁一样也由一犋牲畜牵引向前，人站立在耙上向下施压，所以在行进过程中掌握平衡最重要。如果两翅的木料材质、厚薄甚至纹理的走向不同，都会影响到耙体的平衡和长久使用。

谁说农具是庄户人使用的笨拙的工具，内在机制精密巧妙着呢！燕翅耙的前内框近似一个等边三角形，由两翅和横掌共同组成。横掌看似随意，但对其位置的选择与长度的定数却很有讲究。首先，这根短木掌并不是可有可无，其功能也不仅仅限于踏脚（耙地者立于其上），在结构上它必不可少。如果没有这根木掌，不仅耙地者立足不稳，还会带来结构上的一个致命问题：燕翅耙向前行进过程中会遇到与之相反的阻力，耙两翅的阻力经过力的分解会形成两个向耙中心挤压的力，久而久之，这种挤压力必然会导致耙体开裂。正是这根简单的小横掌消解了由两翅传递过来的挤压力，从而稳定了耙的整体结构。另外，横掌的长度一般确定在六十五厘米左右，基本等同于一个成年男子的肩宽，也是两腿自然叉开的最佳尺度。当耙地者两脚落在横掌与两翅的交接点时，也最大限度地保证了耙地者的稳定性和最佳用力效果。而由横掌、两翅所组成的等边三角形又是三角形中最稳定的结构。

耙齿是耙最尖锐的组成部分，正是耙齿实现了碎土、除草的功能。无论燕翅耙还是梯形耙，耙齿都是一样的，它们是略带扁方的四棱锥。锥尖并不过于锋利，长度在三十厘米左右，安装在耙梁上，梁下一般露出十厘米左右。我们所见过的燕翅耙一般两翅各设耙齿七枚，中间横掌一枚，共十五枚。梯形耙耙齿稍多一些，以加强碎土和除草功能，一般前梁十枚，后梁九枚。但老人们都说，耙没有固定的尺寸，大小宽窄要看木匠手头的材料和自家牲口的脚力来定。梯形耙的长度一般在一百七十厘米至二百厘米，宽度在六十厘米至八十厘米，耙梁的厚度在五厘米左右。燕翅耙两翅长度一般在一百七十厘米至二百厘米，翅尾相连一般在一百六十厘米至一百八十厘米，厚度在六至七厘米，所以耙齿的多少也就没有了定数。有意思的是耙齿没有双数，全是单数。燕翅耙的齿孔沿两翅的中线斜向安置，但在运动中每一齿孔（耙齿）都是相互之间平行前进的，横掌上的耙齿弥补了中间的空白，各耙齿在运动中保持间距十厘米左右。梯形耙的齿孔也沿前后梁的中线安置，但前后齿孔并不对齐，而是交错插空排列，在行进过程中也保持平行前进，彼此间距也在十厘米左右。

有经验的老木匠一说到耙的制作都会提起一句口诀，"墨前墨后，墨左墨右。"这句看似神秘、拗口的口诀，实际上却道出了耙齿齿孔的设置要诀。墨，指的是墨线。我国木匠取直线的传统手法是用墨斗的墨线来弹绷。设置燕翅耙的齿孔时，因耙齿都是沿两翅的中线斜向排列，所以首先要用墨线划定两翅的中线，翅的上下两面都需要划定。翅上面的齿孔设定在中线的里面，翅下面与之相对应的齿孔就设定在中线的外面，而后由上下分别向中间开凿，将齿孔打通。需要注意的是，所有齿孔都以锥尖朝向翅的前方，这样有利于减小运动阻力。这样的齿孔钉入耙齿后必然倾斜，这就是"墨左墨右"。所谓的"上孔在里，下孔在外"，就是一翅向左斜，一翅向右斜。同样的，燕翅耙的横掌和梯形耙的齿孔就是按照"墨前墨后"的原则来处理了。燕翅耙横掌顶面的齿孔是"墨后"，在中线之后；底面的齿孔就是"墨前"了，在中线之前。梯形耙的耙齿全向后斜，所以顶面都是"墨前"，底面都是"墨后"。如果仔细观察就会发现，燕翅耙和梯形耙的所有耙齿都不是垂直钉入耙体的，都稍作倾斜。梯形耙的耙齿向后斜，这是为了减少运动阻力，另外也不粘土。燕翅耙的耙齿则向前、向外斜，"墨前墨后，墨左墨右"解决的就是这个问题。

耧的主体结构主要分为耧提把、耧盘、耧杆（耧辕）、种仓、耧斗锤、引种管几个部分。耧提把和耧盘相似，是一个框架平面结构，上有扶手，能够为人们提供双手执扶的便利。下有横木二三层，和提把相接加强稳定性，每当播完一行种子走至地头时，扶犁手手提横木掉转方向，再朝回行耧。两根提把的下端是引种管和铁质耧脚，引种管中空，种子经此落入土中。为了便于开沟，耧脚被打造成三角形铁铧，和引种管结合在一起。耧脚的后面往往还用绳联系拖挂一块横木，前面撒下种子后面立即覆盖泥土，颇有一条龙流水线作业的味道。

常见的耧是两脚，"钢当钢当钢，两只小脚往前戗"，这个谜语谜底正是耧。也有使用独脚耧的，主要用于套种作物，后来又增添了三脚耧，耧脚的数量取决于栽种行距。因为耧脚的功能不仅仅是开沟，也有确定行距之功。耧的宽度可以起到固定行距的作用，否则行距大了，农田产量有限；行距小了，不利于农作物的生长发育，庄稼刚刚长出幼苗时，远远望去一排排一列列整齐笔直，这正是耧的功劳。两脚耧的行距相对较大，这主要是考虑到套种的需要，比如每行小麦之间灌浆时套种两行玉米，春高粱之间套种大豆。近年来农作物多有改良，减少了套种，所以出现了行距相对较小的三脚耧。不需要套种的作物有时也用两脚耧耩种。不同脚数的耧使用方法会有些不同，一来一去行耧时让两只耧脚相互叠交起来，则播撒的四行种子实际只占用了一只半耧脚的宽度，缩减了庄稼之间的行距。

过去的农耕生活是简单的，也是单调的。耕种是人们的生活重心，家里的器物也都是围绕着农田。别说现在的电视机、冰箱还有手机这些现代化设备，就连拥有农具都是奢望。犁、耙、耧都属于大件农具，不是家家都有，大型工具齐全的人家在庄户里算得上富裕之家了，毕竟工具的优良直接决定了生产速度。人们将犁、耙和能够付出劳力的牲畜等同，经常说，"谁谁家日子过得好，家里有犁有耙，养活两个大骡子！"

四时工巧　043

语气里煞是羡慕。犁、耙的原理相对复杂，体型较大，制作难度随之增加，费时费工费料，所以不是家家都有。像锹等一些不需要各零部件配合的单体农具是家家户户都有的，别看它们不起眼，在不同环节可具有大件农具不可替代的重要作用。

锹小巧轻便，用来刨地、碎土，专门针对边角土地或者无法动用犁、耙这样重器的小块菜地使用，家家都有，而且还不止一把。锹立靠墙边不占地儿，可随意移动位置，似乎天然有着小户人家的禀赋。若是将犁、耙这些大型农具展出，恐怕没有农田劳动经验的人难以猜出它们的功能，而看到锹，恐怕没有人不认得。我们在影视剧中常看到农人肩扛一把锹行走的画面，也足以见得锹的普遍，最易使人们把它和土地联系在一起。锹的造型颇多，长短不一、大小不一，锹身有宽有窄，有细长、宽厚之分，刃口弧形有深有浅，銎（指锹的金属部分和木杆连接的孔）也有大小之别。不同型制的锹其功用大不一样。长锹形体狭长，銎口与锹身之间形成六十度的拐角，刃口呈弯月形，銎体坚固厚重，特别适于刨翻与敲打坚硬的土质；面宽体短、锹身厚重、没有斜角的锹在赣南地区被叫作"草锈"。"草锈"不仅适于大面积疏松土质的挖、掘、刨、碎等工作，而且还可以充当锄的功能，担当着甘蔗、番薯等农作物生长过程中的锄草重任；陕北绥德一带使用的锹刃口呈三角形，其锥状造型特别适于硬质土壤的翻掘。

北方平原地区的农家常用三种锹：板锹、沟子锹、玉米锹。板锹的功能和犁相似，用于刨地、起垄，它由锹身、锹襻、锹柄三个主要部分组成。与其他锹相比，板锹形体大、重量大，入地也深。刃部呈月牙形，有两个刃尖，加强了它入地的效果，刃脚宽，可使它刨地的面积较大。锹身从侧面看，有由厚到薄的渐变，最薄处在刃尖，有利于入地。一般农家的板锹不止一把，家庭主要劳力一人一把，并且每一把锹都各有主人，并不是随便拿起一把就用，常言说"换锹如换手"、"个人马个人骑"，"谁的物事谁用着顺手"。常年使用的农具似乎已经顺从了主人的力气变得乖巧听话，每个人的使用农具的姿势、习惯痕迹都烙印在上面，别人拿起来便觉得不好用。女人抡不

起来成年男子的大镢，她们一般使用自己男人磨短了的旧镢，到铁匠铺子里重新夹钢开刃，这么"钢一钢"就算是一把小一号的新镢了。有的人家还爱给自己家的小男孩量身定做一把小镢。小巧的镢身，短小的镢柄，看见孩子趾高气扬地扛着它，煞有介事地抢着它，谁都会觉得好笑，免不了过来逗乐一番。谁能想到农具也能成为农家孩子的玩具？其实这也是他们启蒙教育的"教具"，中国人视土地如生命，生下来便要学会与土地相处。做父母的总担心孩子将来身无长物，但从小长在田间地头的孩子有哪个耍起这些家什来不"带架"？

用镢刨地时一手握镢柄的末端，一手握镢末端约三分之一处，身体侧向，手与腿

四时工巧　　045

顺向运动，即右手在前时，右腿在前；左手在前时，左腿在前。从物理学的角度来说，镢的制造利用了杠杆省力原理，镢柄越长越省力，但限度是必须能够将其抡起。抡起来时，实施的是一个费力杠杆，后手是支点，前手是动力，握柄末端的手稍向下压，握前端的手向上提柄，所以用镢特别讲究"抡"。只有抡起镢来，使它达到越过头顶的高度，才使得上力。抡得越高地才能刨得越深，这是一个重力做功的过程，所以刨地是需要相当力量的。镢落下来时势能转化成了动能，使镢有力地坠入土地，按老百姓的话来说就是"下地"。一把镢"下不下地"，从镢自身来讲主要是由镢身的重量和镢柄与镢身的角度来决定的，但在使用过程中则是由使用者能否"抡"起来所决定的。农忙季节，家家户户的媳妇也会格外疼惜自己的男人，每天早早就挑着热乎乎的可口饭菜送到地头，还让男人喝几盅解解乏。

过去每个村里都有铁匠铺。开春前大家开始来订镢，一般镢头有四斤、四斤半、

046

五斤等，需要多重铁匠就给打多重的。中国没有钢厂以前，镢的原材料来自于旧刀、旧镰等废铁，采用土炼的方法，把它们一股脑都放到火焰上烧，熔化后就融合在一起了。经这一烧，废铁里的渣子、铁砂子等杂质也全都爆成铁皮掉下来，然后再用锤反复敲打，然后再烧再打，一遍又一遍，最后成形，正所谓"千锤百炼"。二十世纪五六十年代，人们就不再使用这种"土"办法提取原材料了，而是直接改用铁板，也就是加工过的铁原料打制，铁匠习惯称之为"钢板"，一直沿用至今。用铁板打镢要按重量下料，先称出铁板的重量，再根据镢的重量计算一张板可以打出几只镢，在板上平均分割出来，实现原材料的最大利用率。虽然铁匠说"农具没有固定的尺寸"，其实他们心里都有一杆秤，打制出的农具大概在一定的标准范围内。在平原地区，板镢一般长八九寸、宽四五寸，所谓没有固定的尺寸就是在这个范围内没有绝对的标准。但下料时铁匠心里都有数，他们说"我要做什么，大体下料时就知道是要什么样，这样省工省火"，所以农具在整个打制过程中外形上没有太大的改变，只是逐渐修整出自己的尺度。下料后，将铁板放在火中烧，等火候到了，取出铁板在砧子上趁热用锤打。打铁，"看火候"是关键，就是要通过看火的颜色判断铁的温度从而确定打制程度。火光"先发红，后发白，冒火星子就打锤"；当火焰中发出白光，迸射出火星时，马上要将铁板取出；铁受热后发红，当红光中冒出白光时说明铁也达到熔化的临界点；火星迸射说明铁已开始熔化，必须马上将铁取出，这时的铁最软，最适宜打造，温度再高，铁的流失过大，镢的分量就不足了。所以"打铁不看火候"是铁匠行中的大忌，这句话也已经成了生活中的俗语，嘲笑那些不会察言观色，言行有失恰当的人。所有的农具刃部都夹钢，这样坚硬不易卷刃，也锋利耐用。把铁板打造得厚一点，趁热用热截子将铁板的刃剖开，塞入钢。"青钢亮铁"，是说两种不同的金属从颜色上就可以判定出来，钢的颜色发青，铁的颜色发亮。镢刃加钢后再进行反复锻炼，烧烧打打，使它们彻底融在一起。镢身并不是单纯的平面，有厚薄起伏，铁匠说，中间、两边要

四时工巧

厚，要像三个脊梁骨，"和咱房子的大梁似的，有三根筋"，"这样结实，抓地（刨地）不变形；如果是一个平板，一抓（刨）就向后翘"。

镢身打好后就要打镢襻。这时重新从铁板上下料，约一斤半重，七寸半长，一寸多宽。相比较而言，镢襻的长度要求比较严格，因为它是与镢柄的接合处，长度不够，影响内径尺寸，塞不进柄，"宁可大点不能小点"。每个镢襻都反复锻造，而后用截子砸出两头的豁口，在砧子边的异形器上趁热弯成圆弧，经过烧制将热的镢襻与冷的镢身粘在一起，再锻造，增强牢固性。有了电焊机以后便改用电焊机焊接，但铁匠依然习惯用土法先粘再焊，据说这样既可减少成本（因为电焊机所用焊条太贵），又可防止铁的氧化，而后继续冷锻锻造。最后用砂轮打磨开刃，"钢在里铁在外，你不磨，它不快"。最后的成品再次烧红，将刃部放入冷水中激，这叫淬火，有利于增强钢的硬度和韧性。技术好的铁匠打制的大镢刃口不崩不卷，全在于对淬火的掌握。

铁匠只负责打制镢身，从铁匠铺里买来的只是半成品，回家还要自己安装镢柄。镢柄有的从木匠处买，有的自己制作。制作镢柄的材料最好用楸木，不变形，韧性极佳，其次是桦木、椴木。镢柄可并不是越硬越好，木头硬了太沉重，平白增加了抡镢的力量。安装镢柄需要几样构件：镢垫、镢扎和镢脑。镢垫一般使用帆布、皮革之类摩擦力较大的布类，手感厚度半厘米左右，宽度十厘米左右，长度六七厘米。镢扎是由柞木、槐木等硬木制作的楔形木块。镢脑是个豁形木块，由它和镢扎、镢柄三者之间形成摩擦力、挤压力。上柄时，先将镢身的刃部朝上，把镢垫放在镢襻里，将柄插入，以一脚踩住，把镢脑卡入镢襻与镢身的相接处，将镢扎用锤砸入镢柄与镢脑之间的空当。上完镢先要在院里院外刨刨试试，如果镢身与镢柄之间夹角过大镢不下地，这时就将镢扎取出，把镢垫近人的一面垫高，多加几层布料。如果夹角过小，就将远人的一面垫高，一直调整到合适为止。这样的调整都属微调，如果铁匠打制的镢襻与镢身之间角度（最佳角度六十五度左右）存在问题，微调就无济于事了，这时需要切刻镢柄，切刻角度与调整镢垫同理。农家人都有一个习惯，用镢的时节，每天清早起床，首先把它放在泔水桶里浸一浸，充分吸收水分，膨胀，以增加摩擦力。也有偷懒忘记的，上山干活"掉镢头了"，难免遭到众人的嘲笑："还不撒泡尿浸浸你的镢头！"

二十世纪六十年代以前，乡村的木匠、铁匠最主要的经济来源就是制作农具和修理农具。在乡村，铁匠、木匠这样的手艺人是备受村民尊重的，"工欲善其事必先利其器"，只要有他们在，便可保证农具万无一失。每年春耕、秋耕之后，人们会请木匠、

铁匠修理、养护农具，有的农具个别木件毁坏了，木匠会在旧木上修补新件，绝不放弃任何可持续使用的材料，因陋就简地再组装起来，农具活跃在田间地头的雄风是丝毫不减当年的。闲置收藏时再用棉籽油细细擦抹铁器，防止铁器氧化，然后高挂到墙上。大部分农具并非是易耗的农具，所用木材本就坚硬，加之人们悉心保养，很少出现损坏废弃的现象，使用个五六十年也并不鲜见。所以农人们常说的"这家什用了一辈子"，并不算夸张，就算说"用了几辈子"，也绝不是虚言。可能正是因为这个原因，在乡村想找到一位做农具的好手也不是一件易事。

漫野春风燕莺歌

春季比较重要而特殊的节日是清明，说它特殊是因为唯有清明节是兼具节日和节气功能的民俗大节。冬至虽在历史上有相当的地位，但现今的影响远不及古代，不同地方庆祝方式不同，甚至有的地方不太庆祝冬至，而清明节则是各地普遍要过的节日。[1]清明节是杜甫笔下的"三月三日天气新，长安水边多丽人""十年蹴鞠将雏远，万里秋千习俗同"；是宋代程颢笔下的"况是清明好天气，不妨游衍莫忘归"；也是清人潘荣陛笔下的"天下太平新样巧，一行飞上碧云端"。从2008年开始，清明节成为我们国家的法定节假日，三天的小长假为忙碌的城市人腾出扫墓祭奠、近郊游玩的闲暇。随着网络技术的发达，网上祭奠又为人们带来更为环保、便捷的思亲方式。

作为二十四节气之一，素有"清明前后，种瓜点豆"的农谚。作为节日，清明节有两个主要目的：一是要祭奠祖先，以保佑后代平安；二来是借扫墓来到郊外踏青舒活筋骨，感受阳气的萌动。古时以农历三月三为踏青日，这天人们纷纷出城采蓬叶，备牲醴纸爆竹，为土地神庆寿行祭礼。蹴鞠、拔河、放风筝、荡秋千、斗蛋等是清明踏青常见的户外活动。今天山东一些地方的孩子们在清明这天要用柳条做成口哨，仰脸大力吹响，以泄内火。[2]浙江绍兴等地有一种专门用于清明上坟、探亲访友、游山玩水的游船，名曰"明瓦船"。船上有拱篷，篷上嵌几道用"蚌片"做的"明瓦"为装饰，有"三明瓦""四明瓦""五明瓦""六明瓦"之分。中舱设八仙桌，四面围以"瓷墩"，铺着绣花垫，后壁有"藤床"，并备有枕席卧具之类。后舱为厨房，两边船舷设有雕窗，

1　萧放：《岁时：传统中国民众的时间生活》，中华书局，2008年，第149页。
2　徐寒：《中国历史百科全书（民族民俗卷）》，吉林大学出版社，吉林音像出版社，2005年，第518页。

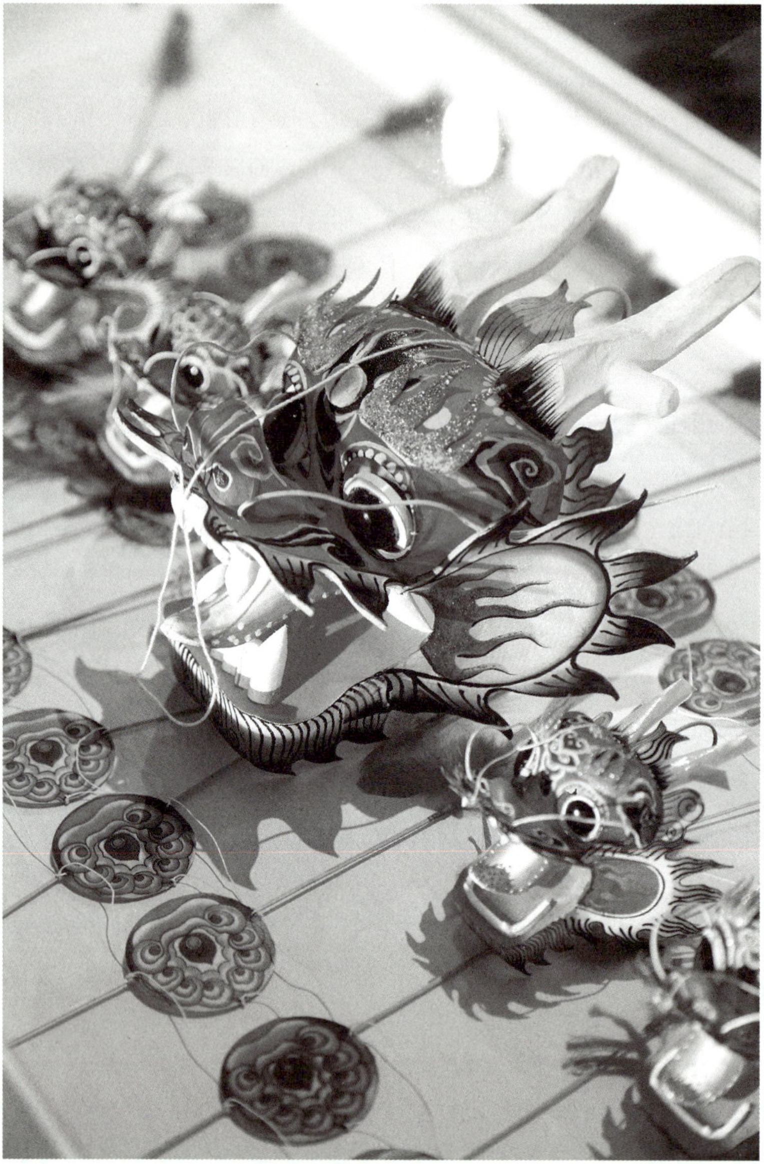

刻些八仙过海、貂蝉拜月、西子浣纱等戏文故事，有的挂上花窗帘。船头常摆放青石狮子或大理石墩；船上还装有明瓦灯，夜幕来临，灯火通明，甚为壮观。坐在这样精巧的船中赏玩，这春天定又增添了几分姿色。

　　清明也叫寒食节，有制作面花"子推燕"以祭介子推、祭祖先的习俗。孟元老的《东京梦华录》早有详细记载：用面造个飞燕，柳条串之，插于门楣，谓之"子推燕"。至今山西、陕西、山东等地依然流传清明做"面燕"的习俗。山西忻州地区民众在清明时节捏塑不点染彩色的"寒燕"，系缀在枣枝上，并且衬上剪纸作绿叶，悬挂室内和窗旁。山西代县的寒燕则五颜六色、造型多样。这些寒燕用发面做成，体积较小，大

都一寸大小，蒸熟后用毛笔点染品色细致描绘，色彩鲜艳生动，形象圆润质朴，富有趣味而惹人喜爱。做成石榴、牡丹、菊花、佛手、十二生肖、八仙、童子戏耍等等形态，精巧可爱，惟妙惟肖。面燕还是祈子的灵物，在山东胶东地区，清明节要捏春燕供奉，俗称"做春燕，捏龙凤，描花画叶欢吉庆。"山东烟台地区在姑娘结婚后的第一个三月三，要从娘家带一篮春燕面花回婆家，面塑春燕表示燕子归巢，并有白头偕老、家庭安乐的吉庆意思，同时也有娘家期望女儿早日怀孕生子的寓意。

春日是生长的季节，动植物快速成长，人们同样怀揣着明媚的心情到郊外舒活筋骨、散心郊游。立春是四时之始终，标志着冬季的结束和春季的开始，所以在古时是一个重要的节日。《礼记·月令》记载："迎春祭青帝勾芒，百官衣皆青。郡国县官，下至令史，服青帻。"至今这种古风古俗仍在某些地区流行。山东德州地区，这一天人们三五成群，出了村庄往东走，不拘多远，只要遇到穿红衣，戴红帽，披红围巾或者提红包袱的人，就算是迎着春了，预示着一年之中喜气盈动。

在万物复苏的春季外出游玩、舒展身心是古人顺应生长规律的身心调节方式。春日的户外活动除了清明踏青，还有一项热闹的活动——庙会。尤其在古代，女性不

能随意出门，许多节日都会同期举办庙会，庙会则成为女性外出活动、参与社交活动的正当契机。庙会一般融合敬神、娱乐、集市多种目的，在以前单调的乡村生活中为人们增添了几分期待。乡村的庙会一年到头大大小小不断，但春季最为集中，想必这也是人们在冬藏后迎接春天的方式。庙会现在仍然普遍，有民间的庙会，多在乡村，人们延续传统的敬神习俗自发组织；也有政府筹备的大型庙会，一般在城市中，以娱乐表演、商品销售为主，为市民带来春节的喜乐气氛。

　　庙会是村落中较为重大的民俗活动。胶东沿海渔民在谷雨前后，即春季鱼汛到来之前有祭海神的风俗。与庙会类似，届时全村老少齐参与，场面好不热闹！山东即墨田横镇周戈庄祭海又叫"上网节"。渔民在海边立龙王庙,以海龙王为海神,祈求风调雨顺、出海平安。祭海前一两天,周戈庄的渔民家家户户都在忙碌,有的杀猪,有的蒸大花馍,海滩上还要搭戏台、扎牌坊、贴对联,演戏酬神,人手不够的请亲朋好友来帮忙。祭海这一天清晨,出海的渔民在海滩上摆出一排八仙桌,上面摆满了各种供品,除了鸡鸭鱼肉、烟酒糖茶,也有各种面馍,如大饽饽、大圣虫,重达四五斤,饽饽上有凤凰戏牡丹、梅兰竹菊。莱州金城、朱由、三山岛等地的祭海神(每年正月三十)仪式上,除了供奉龙王和海神娘娘,还有人首水族身躯的鱼、虾、蟹、贝等海鲜形状的面花,极具海洋特色。供桌前要摆活公鸡和一头披红挂彩的大肥猪,公鸡取其谐音大吉大利,肥猪象征着渔民可以捕到肥猪一般的大鱼。海祭开始,鞭炮齐鸣,焚香化纸,渔民则把准备好的食品、渔网等各种渔具抬上渔船,吉时一到,就开船下海。海祭时,海边人涌如潮,锣鼓喧天,龙灯、旱船、鞭炮、秧歌一起上阵。上网仪式完毕后,大戏开台,连唱三天三夜。

　　传统乡村生活没有丰富的娱乐活动,庙会成为人们欣赏歌舞表演、参与游艺的主要机会,场面热闹喜庆,极具吸引力和观赏性。不同地区也有各不相同的内容和形式,民众十分熟悉亲切的各种车、舟、轿、牛、马等生产出行工具成为游艺竞技活动中的主角。庙会上最为常见的一种表演活动是"跑旱船",又叫"荡湖船""采莲船""出车心"。旱船多用竹、木或高粱秸扎架,外饰彩布或彩纸,套系在舞者的腰间,另做假腿于船面,整个舞者在视觉上如坐船状;另一人则手持木桨,作划桨状或撑船状。船时快时慢、时稳时颠、忽左忽右、或顺或逆、左拐右转,与舞者配合默契,步调随节奏变化,极具观赏性。陕南地区还在船的左右配上手执棒槌的"胖婆娘"、手拿拂尘的"和尚"和摇着拨浪鼓的"货郎子",他们相互嬉闹,逗得人哈哈大笑。除了独只船表演外,场面稍大的还有三只船、五只船,甚至还有九只船的大场面。多船表演的阵容较大,队形的穿插变化较为复杂多样,各种"船步"穿插游弋,拐转自如,或表现

喜闻乐见的戏文故事和民间传说，或再现生产劳动的现实场面。船行进时配合高、低、快、缓的锣鼓点，再混进唢呐和海笛的高亢音，有时掺糅具有地方特色的花鼓戏唱，整个表演场地欢声雷动、气势恢宏，洋溢着一派喜闹的气氛。

　　盛行于北京地区的"小车会"又称"太平车""车盘灯""推彩车""老汉推车"，一般在春日庙会上精彩上演。小车会与跑旱船形式类似，只不过是将"船"换成"车"。小车用竹、木、秫秸和布扎制成独轮车形，车上方支一个彩绣布质车篷，四周缀流苏缨络，车盘下面围以黄色绸布，两侧各绘车轮。出场的人物一般七至九人，一人推行一辆，却扮演成不同乘车场景的人物，有推车老汉、坐车小姐、拉车车夫、扶车丫鬟、随行的丑公子，还有瘸僧、盲人和老妪等，不同年龄和性格的人物姿态各异，对比鲜明，扮相俏皮，颇具喜剧色彩。表演最有趣的部分是丑公子欲调戏车上的小姐，众人与之戏斗，使其无法接近小姐，戏斗过程中做种种幽默表演，插科打诨，诙谐生动，令人捧腹。"小车会"的精彩之处是扮演者模拟小车经过各种路况时的情景，将推车人、坐车人、拉车人及随从的不同动作表现得淋漓尽致，如将走平路时的顺畅、走弯路时的斜倾、走坎坷路时的颠簸、走泥泞路时的滑荡以及上坡的迟缓、下坡的急速、快行的舒顺、慢走的顿挫等等形态，全都通过演员的步履、身段和舞姿动作展现出来，虽是无实物的模拟表演，却让观众感觉到翻越千山万水。表演过程以鼓、锣、钹等打击乐器伴奏，和着"什不闲"唱调，远远看去，那彩车应和着韵律一颠一晃、前翘后压、左摇右荡的，精彩热闹，甚是令人欢喜。[1]

  一些乡村表演者的"驾驶工具"不是船不是车，而是马或驴，便叫做"跳竹马""跑驴"，在南方、北方的庙会上都十分普遍。驴是协助农民劳动的牲畜，相比马，驴多了几分幽默诙谐，由驴引发出的民间戏文故事相当丰富也十分有趣，诸如《王小赶脚》《傻柱子接媳妇》等等。跑驴多模仿骑驴上山、下坡、过桥、蹚水时滑稽可爱的动作，既形象生动，又热闹有趣，深受观众欢迎。这些表演都是在模仿现实生活中出行动作的基础上注入一些戏文故事或风俗民情的表演形式，地方打击乐为其伴奏，是重要的地方传统戏剧形式，一些地方政府已将其列入非物质文化遗产名录。植根于广大民众生产劳动和生活实践中的各种游艺和竞技活动，在民间是流传最普遍、参与最广泛、场面最热闹、内容最有趣的娱乐休闲活动。百姓熟悉的客观物象或场面一经艺术的想象和升华，就极易演绎成民众喜闻乐见、易于接受和广泛参与的有意义的活动。经常开展民间游艺与竞技活动，不仅能通过个体自娱化解因繁重的生产劳动和枯燥的生活状态引发的生理疲劳，而且能在嬉戏、竞赛的过程当中自觉增强集体的情感认同性和一致性。

  物资交换是庙会的重要功能，庙会越大集市也就越大。庙会集市上销售的物品无所不纳，甚至比一般的市集规模要大得多，有的商贩不惜驱车千里来到人流拥挤的庙会上，希望能有个好收益。庙会上不能少的是玩具，玩具总能吸引住庙会上的小孩子，

---

[1] 徐杰舜:《汉族民间风俗》，中央民族大学出版社，1998年，第319页。

四时工巧 059

家中有小孩的妇女也会忍不住带两个哄家中的孩子们。每个地方都有特色民间玩具，如高密叫虎、浚县泥咕咕、郯城棒棒人、无锡大阿福、玉田扳不倒等等。这些玩具没有先进的马达机关，没有轻便鲜艳的彩色塑料，巧手工匠将面、泥、木块这些唾手可得的材料改造一番，就将它们变成可爱玩具，哨子、木车、面人、泥人这些最为常见。山东惠民县皂户李乡河南张村是有名的"泥玩"之乡，村里有名的泥玩艺人张炳敖和老伴、儿子、儿媳一年四季都要做"棒棒人""不倒翁""大肚佛""小对哨""小燕子"，这些都是庙会上小儿们喜爱的玩具，也有一些是神人神像。河南张村附近比较大的庙会有二月二的"火把李"庙会、二月十八的"高上"庙会、三月十八的"大桑"庙会以及四月十八的"大庙"庙会，这些庙会上都能见到老人家的身影。每逢庙会，老人家一大早就将做好的花花绿绿的玩具装上"胶皮大车"去赶会。过了赶庙会的销售旺季，张炳敖也并不为销售犯愁，他把大车赶到惠民大集和济南商河的龙桑祠大集上，销售情况依然很好。现在生活便利了，不像以前，人们购买物品只能靠定时的集市、庙会，

错过便要等待好久才能购买到称心的商品。而现在，人们足不出户便能够得到世界各地的商品，这为买家和卖家提供了便利。平日里有不少找张炳敖进货的商家，邻近的阳信、无棣、乐陵、沾化、泰安、章丘等地都有人前来订货，较远的有河北、河南，甚至连中国香港、日本、新加坡的商家也开始将目光投向这里。

春日里，无论是赶庙会还是郊游都会遇到出行问题。原来没有如今便利的交通，行走是最简单、最省钱也是最费力气的办法，人们常常为了赶个庙会要走上一两天的时间。为了解决出行问题，不同地方的民众根据地理特殊性，智慧地创造出各种交通工具。江南地区河流湖泊密如蛛网，农村几乎家家有船，人人会划。捕鱼、采莲、养鸭、进城、赶集、走亲访友、送孩子上学、婚丧嫁娶，样样事情离不开船，每天总要划上几回，船只成为民众生活中的重要组成部分。"香船"是流行于苏南及浙南等地区的水上交通工具，供村落中的香客来往于杭州烧香拜神。每年从正月底开始到清明节期间，香客由当地香头组织本乡本村的妇女集体乘香船赴杭进香。香船多时

千余只，少时亦有五六百只。香汛期间，人烟辐辏，摩肩接踵，香船云集，热闹非凡。庙会上少不了唱戏，戏班一行至少十几人，加上乐器、道具、生活用品，必要找一便利的交通工具承载。江南的"戏班船"是专为地方戏班送戏下乡用的船，船有大有小，一般都设前、中、后三舱，每舱都有舱板枕席，可以睡觉。船肚里放"行头箱"以及实用家具，刀、枪、剑、戟则放在船头的木架子上。庙会期间，常见这种戏班船穿行于各乡村之间。

东北地区的少数民族生活在高寒地带，他们更加期待春天到来。每到春暖花开，河冰开化，各种鱼类成群结队逆水而上，这时鄂伦春人便将自制的"桦木船""鹿皮船"以及"小木筏"扛到江里，开始一年一度的网鱼作业。鄂伦春族生活在中国最北部兴安岭林区中，他们很早便掌握了用树皮制舟造船的技术。桦皮船长约四至五米，宽约八十厘米，两头尖且上翘。船的骨架用硬质的杉木做成，外面包上一层桦树皮，接头处用柳条或鹿筋作线缝合而成，缝合处涂上松脂，既不漏水又能防腐。桦皮船很轻，一个人便可扛运，但载重量却很大，一次可乘坐两三个人或载四五百斤重的东西。撑船人习惯盘腿坐在船中央，双手执一根两米长、端头似铲状的单桨划水运行，这种桨既可当舵，又能作撑杆用，十分方便。乘坐此船可任意穿行于江河湖泊之中，叉鱼、钓鱼或撒网都在船上完成。鹿皮船的制作是先要处理皮毛，将新猎获的鹿皮剥下，毛朝外做成船形，然后晾晒，晒干至不易变形时便可下水使用了。但这种船在水中作业的时间不能超过半天，否则鹿皮会因受浸泡而变软走形。鄂伦春人称木筏为"散儿"，制作方法也很简单。先将几根圆木摆放在两对横木之间，再将拇指粗细的十几根柳条用火烧烤，柔韧后捆绑在两对横木上即可。一般用于载人载物，是猎人们常用的水上运载工具。

传统社会交通工具的不发达为人们的远行增添了几分神秘色彩，于是便产生了与远行相关的习俗。江浙及广东一带，正月初一清晨有"出行"或"行大运"的习俗。各

家男主人要带上祭品，择定时辰，选好喜神方向，或到郊外走一遭，或沿着村边，或围绕田园巡行，其间烧些香烛纸钱，认为这样可保证一年中平安吉利，万事如意。临朐农民祭路时，除设菜置酒、烧香焚纸外，还要供上猪头、公鸡、鲤鱼形的面花，以求行人安全，车马平安。山东莒县正月十六这一天男女老少要到野外走一走，谓之"走老貌"，据说此行可葆青春不老。鄄城的民众甚至要骑上牛马驴骡在大路

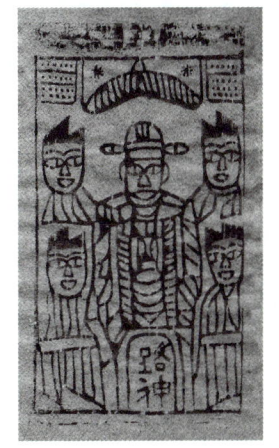

上跑一跑，谓之"跑百令"，据说"跑一跑，不见老"。[1]传统社会对待远行既充满期待又带有几分畏惧，人们总结出"冬走十里不明，夏走十里不黑""能走十步远，不走一步险"，这些经验通过口口相传的方式减少人们对远行的担忧。也正是因为出行的艰辛，人们总要小心翼翼地呵护身边的交通工具，甚至还产生了专门庇护道路的神灵，希望能够保佑远行的人们。陆路和水路（包括桥梁）也便成为负载吉祥与希望的精神之路。旧俗认为，人在途中的安全是由"路神"掌管的，故许多民族都有出门先敬"路神"以求吉避邪的习俗。河北内丘一带春节要贴神码，车神路神是少不了的，花花绿绿的神码贴在路口、牛车、马车等各处，以求来年出入平安。传统的车神神码上一般画一驾马车，或是一人推着小推车前进，随着时代的发展，自行车、拖拉机、小轿车都步入寻常百姓家，神码便产生了拖拉机、自行车、摩托车、小轿车等各式各样的款式，充分体现出交通工具与人相知相亲的关系，也体现出民艺随生活不断变化的时代特色。

1　山曼：《山东民俗》，山东友谊出版社，1988年，第18页。

绿葱白衫纳清凉

现在人们对穿着的要求不仅限于保暖和蔽体，更是讲究身份、美观、时尚。现代纺织技术不断更新面料，夏天穿在身上可吸汗，能够保持清爽。加之家用电器的普及，电风扇、空调为我们带来清凉，夏季变得也并不难挨。中华民族的传统服饰款式相对保守，少见短袖衣服，即便是夏天，人们也都穿着长衫长裙，女人至少还要穿两件大襟衣服，不过颜色大多是白色、月白色这样的浅淡素色，清爽透亮，给人带来一抹清凉。女子外衣之内穿着肚兜。肚兜又称"抹胸"，是过去青年女子贴身穿着的内衣。肚兜在我国服饰中很常见，但形制略有差异。北方地区的抹胸一般是用边长约一米的正方形裁剪，上角裁去，成凹状浅半豁形，于豁形的两角处系带挂于颈上，下角或尖或圆，两侧每角各系一带，系扎于背后腰间。女人会精心装扮肚兜，很少素面，多为印花或绣花。印花最流行的是蓝印花，绣花则丰富多彩，有的刺绣纹样精致，多是花鸟图案，色彩鲜艳；有的朴素淡雅，色彩简约有趣味。由于肚兜紧贴肌肤，故也有将此作为信物送给情人，传递爱情。过去女子夏天穿的贴身内衣除肚兜之外还有一种叫"紧身"，主要功能是为了遮掩女性性征，把前胸勒平。女孩发育后，做娘的就用致密的原色白布做一个对襟紧身齐腰的小背心，开青果领，前身对襟处密密麻麻缝十多个扣，其形状如同多足爬行的虫子"草鞋底"，所以这种扣子也被称作"草鞋底扣"。肚兜不是女人的专属衣物，也是小孩子夏季常穿着的服饰。炎炎夏日，只给小孩子身上戴上一个肚兜，遮至下身。小孩子火力旺，怕热，穿肚兜主要是为了防止肚脐着风着凉。小孩子穿上肚兜玩耍起来便没了束缚，舒适自如。宋代古画《婴戏图》、杨柳青年画《娃娃图》中的小孩子都是头扎发髻、身穿肚兜的形象；肚兜映衬出婴孩莲藕般的胳膊和肉乎乎的小腿，憨态可掬惹人爱。

在十里荷花、荷叶蔽天的白洋淀，烈日可以被接天莲叶遮蔽出阴凉，乘小船钻进莲塘，身边守着一片绿，内心瞬间清凉。船上姑娘也穿得清凉，"葱绿的裤子漂白的衫，妹是淀中一朵莲。我愿变只小翠鸟，展翅落在妹身边"。姑娘们灵秀中透着含蓄，手巧心细，穿的都是自纺自织自做的衣服。姑娘衣服的颜色随季节变化，夏季穿浅色小白条薄布小褂，脚下踩一双轻盈的绣花鞋，入秋就换上了夹袄。夹袄是重色方格，下身配深色长裤，这也是中国人在时节变化中感知世界的一种方式吧！

水乡妇女夏季上衣主要有肚兜、接衫。夏季苏南地区气候异常炎热，妇女在家劳动、休息或纳凉时上身只穿肚兜。肚兜上绣出各种吉祥花卉图案，肚兜两边钉银襻或纽扣，用红线或银白链条将其系在颈上，挂在胸腹部，腰部的两条带子束在背后，和其他地区的肚兜没有差别。接衫是水乡妇女春夏秋三季常穿的贴身短衫，用蓝布拼接，袖子用两种以上颜色的布缝制。水乡拼接衫的制作裁剪方法与劳动生活习惯有关。江南水乡早期均用家织土布缝制衣裳，土布幅面较窄，上衣衣摆两边就需要用三角布料拼接，有时布料不够，人们就用不同颜色的布料来凑。由于肩背、袖肘、领口等部位最易破损，人们就买几块新布将这几部分替换掉，所谓"新三年、旧三年、缝缝补补

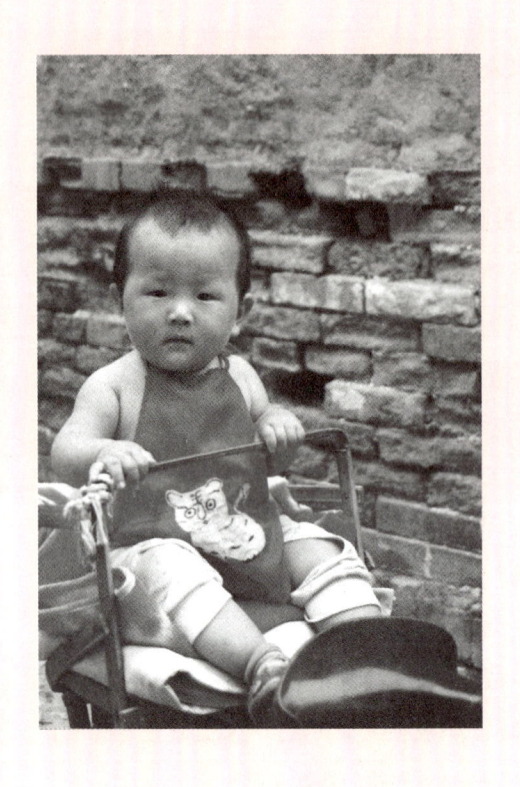

又三年"，这样省了布料，也省了做新衣服的时间。久而久之，人们觉得这种衣衫色彩对比鲜明，形式别致，干脆就专门制作这种拼接布料款式的拼接衫了，这也就成了水乡服饰的独特风格。

平日里干活的女人穿裙子多有不便，飘裳的罗裙是富贵人家的装扮，对普通人家的女人来说，单裤是最常见的夏装。单裤其实与冬季所穿的棉裤是一样的形制，只是布料单薄。这种裤子做起来很简单，没有精确的尺寸，也不分前后片，只约莫个大概的肥瘦长短，用四幅同样长的布料剪裁连缀起来，再上一条半尺宽的腰。老百姓都说"一晌午做条裤"，可见速度之快。这种裤子穿上后非常宽大，腰部需要打褶后再用腰带束紧，脚踝处还要用扎腿带子绑紧，这样收拾妥帖后，看似肥大的单裤反而流露出一股子精干劲儿，所以夏天只要不是酷热难当，人们还是习惯于绑腿，一方面是为了避免蚊虫钻进裤腿叮咬皮肤，另一方面还是习惯使然。绑腿成为一种固定的装束，大家都觉得扎上腿带子人才显得利索能干，也增加了几分成熟和稳重，尤其对于年轻妇女而言，不扎腿被认为有伤风化，别人是要说闲话的。

华北平原的男子夏日里常穿的是"夏布衫"。衫一般是指单层上衣，清代流传下

来的时尚有大襟和对襟两种。大襟指纽扣偏在一侧的款式，对襟则是两襟相对、纽扣在胸前正中的款式。大襟款式的上衣是老人们夏季经常穿着的服饰，一般为蓝色。青年男子则流行对襟衫，在前襟两侧各添加一口袋，这种款式俗称"对门小褂"，是在民间流行很久的夏装。小褂扣子一般为五对或者七对，因为民间有"四六不成才"的俗语，所以服饰忌讳使用四对或者六对扣子。[1] 大襟衫和对襟衫一般用麻布或棉布做成，款式肥大宽松，穿上后能够吸收身上的汗液，夏风一吹格外清爽舒适。直到现在一些乡村仍有老人喜爱穿这种款式的夏装。

陕北人的服饰装扮在北方较有特色，红肚兜、白外衣、白头巾配黑色阔腿裤，在一篇荒凉干枯的黄土高原上映衬出陕北人的热情与自信。夕阳西下，漫漫黄土坡，一个头扎白羊肚毛巾、身穿短羊皮袄、腰间紧束的老羊倌挥动着枣木皮鞭，一路唱着火

---

[1] 陈光林:《山东省志80：民俗志》，山东人民出版社，1996年，第137页。

辣辣的信天游,赶着羊群走来了:"东山上那个点灯哎,西山上得个明,四十里那个平川瞭也瞭不见人。你在你家里得病哎,我在我家里哭,秤上的那个梨儿哟,送也不上门。"这是最具有陕北地方风情的图景,老羊倌的一身打扮也是最具有陕北地方特色的服饰。陕北男女老少上衣多为清爽的白色,男的上衣为对襟,女的为大襟,都是立领盘扣,这和大多数北方汉族的传统服饰一样。陕北的汉子总是在头上包裹着白羊肚毛巾,这是陕北汉族农民祖祖辈辈流传下来的一种特有的头饰风格。陕北农家人一年四季、一天到晚几乎都离不开这条白毛巾。春秋把毛巾往脑门子上一扎,遮风挡尘;天凉了,把毛巾往下一拉,能暖和着耳朵;夏天人们在烈日底下干活,在前额拧成股、扎成结的毛巾成了遮阳的凉棚,也能及时吸收夏日里渗出的汗液。农活收工时、拦羊回家时经历了奔波,身上落了不少灰尘,这时把毛巾解下来,浑身上下拍拍打打,去尘扫沙,人便觉得干净、清爽了许多。

据老一辈人讲,在解放战争时期白羊肚毛巾还起到过掩护自己、迷惑敌人的作用:年少的后生发现了敌情,凭借着自己一身反穿的老羊皮袄和白羊肚毛巾藏匿在羊群中,竟顺利通过敌岗,送出情报!据我生于斯、长于斯的老父亲讲,他在二十世纪七十年代从北京回家乡探亲时,就选购了数十条白色毛巾带回陕北,作为礼物赠送给家中亲友。那时候能包上一条崭新的白毛巾对乡里人说是一件奢侈的事情,这陪伴人们生活、劳作的白毛巾就成了人们交换友情、增进情感的物件。正因为白毛巾在陕北人心中的特殊性,它也成为情人之间传递感情的桥梁。年轻后生的白毛巾是恋人送的,那时,年轻的姑娘要亲手织上好几条送给心上人:"织条白绒绒羊肚子毛巾哎,送给亲哥哥牧羊的人!"后生裹上爱人送的毛巾便把爱带在了身上。

在陕西,肚兜并不是女人和小孩的专属,不论男女,从生到死,一直都穿戴肚兜。红肚兜是陕北人服饰的显著特征,父母们给牙牙学语的小孩子猜谜语:敲敲器,器器敲,挊着脖项搂着腰,猜的就是肚兜。有学者推测,肚兜可能是人类最古老的服饰,

它的原始形状就是蛙自然展开的肢体。肚兜以简单的服饰结构承担起暖胸、护胃、遮羞等功用。当问起陕北人为什么要穿兜肚时，他们总是说：不穿不暖和。关中婚礼时，新娘子上花轿要有护轿符，同时也是嫁妆幌子，这护轿符和嫁妆幌子就是一对高高挑起的花肚兜，上面绣着一只大蟾蜍，这是新媳妇的"开路神"。[1]陕北的肚兜上也是满绣图案，有蛤蟆、蝙蝠、虎、花卉、彩蝶、瓜果、莲叶、鹭鸶等，还有戏曲故事、神仙传说，比如鲤鱼跳龙门、吹箫引凤、拾玉镯、武家坡、刘海戏金蟾、雷峰塔，仿佛可以把对生活的所有美好期盼全都装入肚兜。这倒是有趣，这方寸大小的贴身小衣只有自己才能得见，居然写满扬善惩恶、伦理宣教的内容，想必是要时刻提醒主人为良行善吧。

关中与陕北相隔不远，但民俗风貌差别很大。关中地区的人们喜黑色，人们常说

1　徐杰舜：《汉族民间风俗》，中央民族大学出版社，1998年，第144页。

"秦风有八怪",其中代表服饰风俗的一怪就是"老鸹满地盖",意思是说人们喜爱穿黑色服饰。陕西、山西、甘肃一带受秦文化影响较深。秦始皇统一六国之时,崇尚五德之说,认为秦属水德,周属火德,所以秦灭周,秦得水德而尚黑,有秦以来,衣服甚至旗帜都以黑色为尊贵。从染色工艺的角度来说,当时的"黑"也是至为难得的。据《周礼冬官·考工记》记述,"缁"要经过七道染色工序方可成就。"以朱湛丹秫,三月而炽之,淳而渍之。三入为纁,五入为緅,七人为缁"。前三次先把帛染成大红色,第五次染成緅,即青赤色,形成黑中带红的颜色,第六次染成"玄",玄仍有红色成分,第七次才可染成缁,缁即非常纯正的黑色。秦朝这一尚黑的服色观念绵延至今,尤其在关中地区盛行。

  关中农家妇女的服色也以黑为主,只是"帕帕头上戴",以各色手帕来点缀或提亮一身的色彩，素中见鲜，别具美感。这种手绢一尺见方，有的讲究的上面还织有花、虫、鱼、兽等图案，或点缀几何、植物纹样，一般多见于夏秋两季。这种手帕的戴法是将两角分别绕于双耳之后，使之前方齐额，尾端飘于脑后。到了寒冷的冬天，则换上二尺见方、质地较厚的头巾，戴法是先将头巾对角折合成三角形，将二角在脑后挽结，前方依然齐额，尾端飘于后背，如同鹊尾，所以这种帕帕也被称为"喜鹊尾巴"。对于讲求实用、生计艰难的关中农村家庭而言，这种价廉物美简单易制的手帕不仅是装饰品，也可以起到防晒、防风、防尘、保暖的作用，干活时汗流浃背了就取下来擦擦汗，上街赶集买的东西多了也取下来，变成了包东西用的手袋，真可谓一物多用，在朴素的农村家庭最受欢迎。小小的手帕，也体现出了关中妇女吃苦耐劳、朴素无华的品性。清代戴九灵有一首《插秧妇》的竹枝词："青袱蒙头作野妆，轻移莲步水云乡……"这"青袱"指的就是包头巾。

人们对布料审美需求的增加促使各种染色、印花技术发展起来。不论是汉族还是少数民族，不论是南方还是北方，蓝色都是我国传统服饰中最常用的色彩，主要是因为能够在自然界中轻易获取的染料均以蓝色最为常见。早在先秦时期，我们的祖先就已经发现植物中带有天然染色剂的成分。《毛诗·小雅·采绿》中记："终朝采绿，不盈一匊。予发曲局，薄言归沐。终朝采蓝，不盈一襜。五日为期，六日不詹。"此处"绿"通"菉"，菉也叫做"王刍"，这种植物在野外十分常见，可作牧草，可作药用，汁液黄色可以作为染料。"蓝"则为蓼蓝，也就是靛蓝，我们现在所说的靛蓝色其实就是指这种植物汁液的颜色，蓼蓝夏季长成，开紫色小花，是民间染色最常用的植物，也是可用于清热解毒的中草药。这句富有韵律的诗歌仿佛把我们带到艰苦而纯真的郊外：清晨便出门寻找王刍，辛苦采摘了一天，不知翻过了几座山却还没有采够一捧，头发都湿了，要早些回家沐浴呀！清晨出门采摘蓼蓝，忙碌了一天也没有装满衣兜。说好了五天就回，为何六天了也没有归家？这大概是一位盼夫归的女子吧，或许需要为夫

君亲手染制一身衣裳。中国人在与自然长期的友好共处中发现了植物的奥秘，用植物解决生活中的疾病问题，用植物装点生活中的细节，用植物传达的心意，人与自然和谐共生，互为依靠。

靛蓝染布是比较早成熟起来的染布工艺。靛蓝在夏季长成，所以农户染布一般都是在夏天。清朝《光绪通州志》记："种蓝成畦，五月刈，曰头蓝；六七月再刈，曰二蓝。"《礼记·月令》记："仲夏之月⋯⋯令民毋艾兰以染"。我国最早记载蓝靛工艺操作的文献是北魏时期贾思勰所著的《齐民要术·种蓝》，此书中专门记述了从蓝草中提取蓝靛的方法："⋯⋯七月中作坑，令受百许束，作麦䴷泥泥之，另深五寸，以苫蔽四壁。刈蓝倒竖于坑中，下水，以木石镇压令没。热时一宿，冷时再宿，漉去荄，内汁于瓮中，率十石瓮，著石灰一斗五升，急手抨之，一食顷止。澄清泻去水，别作小坑，贮蓝靛著坑中。候如强粥，还出瓮中，蓝靛成矣。"这一传统染布工艺传承很久，直至二十世纪初期，有些地方蓼蓝制靛基本还在沿袭这一方法。山东苍山县贾庄的老

染师宋常惠向我们介绍了他所掌握的制靛方法。宋师傅每年八月二十左右收割蓼蓝，要赶在开花之前收割。早晨割蓝，将割好的蓝捆成小捆，头向下，栽满大缸，缸内打满水，蓝不能栽得太紧，要留出一些空间便于搅动。伏天沤一天一夜就能使用，秋凉时要沤两天两夜。这时蓝草的颜色已经泡出来，把茎叶捞出来后在缸里加进石灰，染料和石灰是十比一的比例。接着用打靛扒子抨打水面，促进水靛分离，然后撇掉上面的清水，用布把缸底的沉淀滤去水分，就成了膏状的土靛。靛蓝色素不溶于普通的水，必须通过还原剂的作用，使它溶解在碱性水里，成为隐色体，也就是一种黄色液体，

四时工巧　075

这样才能染色。染师们把这个配方称作"碱是骨头靛是肉，石灰是脑子，离了三样不能活"。石灰的作用是保缸，碱的作用是使颜色牢固。下靛后要用棍子搅动缸水，"疏缸如遛马，一天三遍，疏欢就行了"。所谓"欢"，就是指用白瓷碗舀起缸水看是否成黄色。如果缸水呈香油黄，则染出的蓝色深，如果缸水呈姜黄色则染出的蓝色浅。

这时白布就可以下到染液中浸染了，白布浸入后要用双手在水中揉搓，或是用木棍反复搅动，保证布面均匀完整地吸收染液，大约二十分钟后便可将布取出，将布折叠起来放在担缸板上轻压挤出水分，而后摊开晾晒，此时的布还是黄色。晾晒的过程可以看到大自然带给我们的魔术表演：布先由黄变绿，然后再由绿变蓝。若是看到染出的蓝色太浅不满意，那就再次浸染，浸染次数愈多，蓝色愈浓重。

染布需要有一定的场地染制、晾晒，一般很少在家中自染，而是交给染坊处理。山东民间染坊所染制出的土布往往在边角处还系有一种"印子"，印子是长约三厘米、宽约二厘米、厚约半厘米的竹制小牌，一面用刀刻印两个编号，一面刻印一个符号，而后从中间劈开成为两块，每块上端钻孔系绳。收进白布时，就把其中无色的一块交给顾客，作为取布时的凭证，布染好后顾客依号取布。另一块拴在布头边角上，作为染不同花色的记号。印子拴在布角上，表示要染深蓝色；拴在距布角一指处，表示要染二蓝色（比蓝色少染一次）；拴在距布角二指处，表示要染月白色（比二蓝少浸染一次）；印子拴在距布角三指处，双扣鼻，表示要染蓝印花被褥面；印子拴在距布角四指处，表示要染蓝印花衣料布。这样的标记可以提醒染师们根据顾客不同的要求做相应的处理。[1]

梅、葛是中国传统染织业的祖师爷，染坊里供奉梅、葛二仙，每年农历四月初十和九月初九，染匠们还要到梅葛庙里祭祀，同饮梅葛酒以求祖师保佑，行业兴旺。关

1　叶又新：《山东民间蓝印花布》，山东美术出版社，1986年。

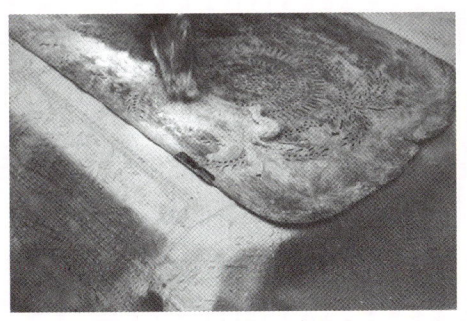

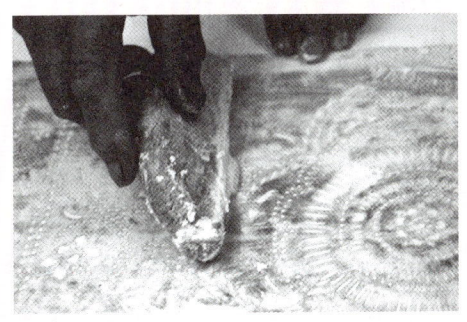

于梅、葛二仙的传说有多种说法。一种说法是以前染布要在限定的时间内完成，耽搁了时日蓝草浆水就会变成泥状沉淀，无法染布。姓梅和姓葛的两位染匠日夜忙着用蓝草染布，最后还有几池子蓝草浆水眼看就要变成泥状了，却还有好多布没染完。两人又气又急，葛师傅感到胸闷难熬，便让梅师傅去买酒。谁知葛师傅一饮而尽后胃里翻江倒海直想呕吐，趔趄之中吐到了染池里，梅师傅怕被别人发现，便拿木棍不断搅拌。第二天葛师傅醒来，看见染池里不断泛出泡来，颜色变成了黄褐色，再用木棍搅

四时工巧　077

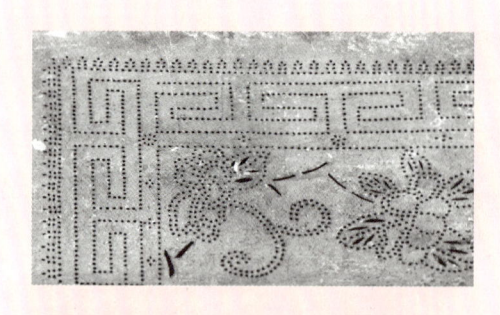

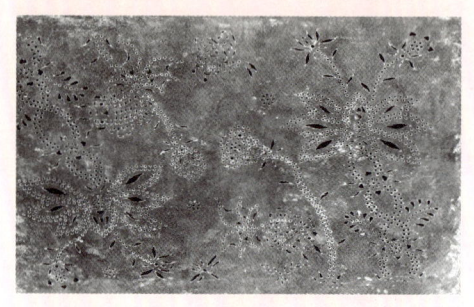

搅，原来沉淀的蓝泥也不见了，拿块白布放在池里浸泡，拧干后白布居然染成了蓝色。从此以后，染蓝作业不必抢季节赶着做了。蓼蓝收割后，都是先制成泥状的靛蓝，待染色时再发酵，这样一年四季都可以染色。还有一种说法更为有趣，认为梅葛指一果一鸟，也就是"梅子"和"葛鸟"。传说有一个皇帝认为自己和老百姓穿一样的衣服无法显示尊贵，便要让工匠做出红色的衣服。工匠想不出办法只能死在暴君手下。一位老者向皇帝献策，表示他可以造出红色的衣服，只不过需要一些时日，这其实是老人用的缓兵之计。正在老人冥思苦想之时，看到一只葛鸟正在吃梅子，嘴边流出鲜红色汁水。老人受到启发，用梅子染出了红色的布，解救了无数工匠。人们为了感谢老者，要为他修庙塑像，老者不答应，便说是一位姓梅的仙人和一位姓葛的仙人前来搭救大家的，于是染匠便奉梅葛为祖师。除此两种传说外还另有梅福葛洪说、

078

跛脚汉说等说法。[1]

民间染坊一般供奉"染布缸神"的木版画,上面刻画梅、葛二位仙师画像,贴在染缸上;还有的用一张红纸,上面书写二仙的名字,旁边贴一副对联:竿头悬翠色,缸内起金花。墙壁上往往还要贴一些"缸水调和""缸中出金""缸中取宝"的吉祥话。这是因为土靛和灰碱的质量很不稳定,再加上四季气温不同,按照固定的配方下料不一定能使缸水调和,未必能顺利地把土靛还原成隐色体,所以染师们经常说"土靛是很难用的东西","换靛换碱如换手,手艺做到老学到老",增添了缸中取宝的神秘色彩。

生活在贵州从江一带的侗族妇女穿着的民族服饰乌黑发亮,称为"亮布"。亮布虽然看上去呈现青黑色,但并不是使用黑色染料染成,如前所述,正是反复染蓝多次形成的深蓝色。侗族亮布染色使用的主要染色剂也是蓼蓝,但是制作工艺有特殊之处,制作过程中会使用到一些当地特有的原料。例如,在制靛环节会加入糯米酿的甜酒,起到发酵的作用。为了使亮布颜色呈现"黑色",一天之内要染三次,每染完一次都要到河边漂洗晾晒,这一过程要持续两天。染后晾干的布要放入牛皮和清水熬制而成的牛胶水中浸染,再次晾干后还要放入薯莨水中再染,如此反复三次,此时布料已经呈现出较深的蓝颜色了,但还没有完全成为黑色。将染好的布叠成几层,放在青石板上微微浸湿,用木槌反复捶打。捶打之后则要重新进入染蓝靛、染牛胶水、捶打的过程,如此循环四至五次,才能得到普通的侗布。即便是这样一匹普通的布染好也要花费半个月至一个月的时间。若要得到乌黑发亮的侗布则要反复重复上述步骤。使亮布发亮的奥秘就在于捶打和反复浸染,时间和功夫的积累可以让布料呈现出与众不同的色彩。由于侗族亮布制作过程复杂费时,所以侗族亮布一般用于制作盛装,在重要场

1　邱芬编:《中国俗神》,黄山书社,2012年,第163页。

合才会穿着。1

  自十九世纪末德国人发明出人工合成的"阴丹士林"靛蓝染料后,这种化学染剂在我国流行开来,人们逐渐开始改用这种进口洋靛染布。化学染法所使用的染料主要是硫化蓝、硫化碱、硫化青、硫化黑。硫化蓝是蓝色染液的主要染料,加入硫化青和硫化黑是为了使染液成色偏黑,染出的布色更加深重。硫化碱无色,只起固色作用,使布不易褪色。配制染料时,先将染锅中注入清水,在灶底点火,当水温升至40℃左右时熄火,投入硫化碱,用木棍搅拌,使其快速溶化,而后加入硫化蓝、硫化青和硫化黑。对于化学染布工艺来说,对染液温度的控制至关重要,温度太高,不易掌握布的深浅色度;温度过低,又会影响布的上色均匀,所以人们将这种染法也称之为"热染法"。二十世纪三十年代,北方种蓝业已趋凋落,植物靛蓝染法逐渐消亡。现在在鲁南、鲁西南一带偶尔得以见到的民间染坊也是使用化学染料进行染制,古法染布工艺几乎无人再使用。

  比染纯色布有更高审美追求的是在布面上印染出花纹,增加布料的美观,使用的

---

1 苏玲:《侗族亮布》,云南大学出版社,2006年,第36—40页。

染料不变，仍旧是以蓼蓝为主，但工艺的差别是面料呈现出各种花纹，最常见的是蓝印花布。我国古代文献记载中，常常将蓝印花布称作为"药斑布"，从字面意思上看，也许是因为棉布的印染花纹如同药斑，也有可能是将"药"视为动词，即用药染成斑点状的意思。蓝印花布在我国广泛存在，各地名称不同，山东称之为"猫蹄画布"，东北称为"麻花布"，湖北称为"豆染布"，福建称为"型染"，江浙还称为"老蓝画布""靛蓝画布"。因蓝印花布起源于江苏，所以有些地方还称为"苏印"。[1] 总之，这些名字要么和花布印花图案有关，要么和制作工艺相关。

蓝印花布用豆浆在印版上漏印，再将布料放入染缸浸泡，捞出后晾干，有豆浆遮盖的地方便成为白色，将豆浆刮掉便呈现出蓝白相间的图案。民间还有一种常用的机械防染方法——扎染。扎染在我国古代称为绞缬，也就是把布料打绞成结后再进行染制。染布前需要预先设计图案，有经验的师傅根据图案在白布上用棉线沿图案线条

---

[1] 吴灵姝、倪沈键、吴元新：《南通蓝印花布》，文化艺术出版社，2017年，第4页。

缝引、抽紧，如同做包纽一样，抽紧后再仔细结扎成各式各样的小绞，浸入染液后那些扎紧的地方由于染液浸透不进去而起到防染作用。布料染好晾干后拆线，就可以呈现出白色花斑。由于防染时棉线抽紧的程度不均匀，就会形成不同程度的晕色效果，色调丰富微妙，打开时充满惊喜和未知的期待。扎染对于材料、工具的要求极为简单，而且操作简便易学，所以在我国出现较早。新疆地区出土的先秦时期的文物中就有扎染残片，那时常见的花样有蝴蝶、蜡梅、海棠等。魏晋南北朝时，扎染织物已广泛用于妇女衣装了。唐朝年轻女子流行穿着"青碧缬"衣裙，便是用扎染工艺所获得的绿地白花的效果。扎染按扎结过程的工艺区别主要有两种，分别叫作"豆花布"和"撮花布"。豆花布是在扎染的时候将苞米、黄豆、绿豆、高粱等谷物包裹在包纽中，包好后会在包纽再缠绕几条线，这样便能染出辐射图案的花布。撮花布的主要纹样是蛾子，所以又叫"蛾子花布"。这种扎染方法兼用折叠和压线，把白布折叠数次，因折叠次数和折叠方向不同便会呈现出不同图案，这种折叠方式染出的白花形似蛾子，染出的蛾子还带有触须，艺术表现力很强。古代还有一种常用的夹板染布方式，称为夹缬。隋代的时候就已经产生了夹缬的染布方法。李白曾在诗中留下了"成都新夹缬，梁汉碎胭脂"的诗句。夹缬采用的是双面防染原理，将一对雕刻出图案的镂空木板夹住布料，在木板染道中注入色浆，解开后便可呈现出图案。

  江苏南通是我国蓝印花布的代表产地。南通蓝印花布的著名首先得益于南通棉纺织业的兴盛。明代时期，江苏的手纺手织土布技术由江南的松江、太仓、崇明传入，南通便成为苏北地区较早掌握这项技术的地区。南通地处冲击平原地带，土壤略带碱性，自然气候和地理因素适宜种植棉花，加之明代朝廷对棉花种植的推广，南通农户大量种植棉花，种植的品种多为鸡脚棉。鸡脚棉株矮，叶片形似鸡脚，产量好，品质高，具有较高的经济价值。南通人将棉花种植与手纺手织土布技术结合，形成了小有规模的纺织业。此时淮阴、徐州及山东地区棉纺织业并不发达，于是便促进了南通棉纺织

与外地的贸易交流，以上因素成为南通纺织印染业兴起的有利条件。[1]南通染布行业伴随着棉纺织业的兴盛而同步发展。南通当地出产的棉花织出的土布质地紧密、厚实耐用，无论从织造技术上还是纱支密度上均优于其他地方出产的布料，用这种土布印花染色，吸色性强，靛蓝色浓而深沉，蓝白鲜明，尤其是粗纱支经纬织纹结构与蓝白分明的图案形成了强烈对比，更能体现出布料自身的质地美。[2]相传在明代南通出产的靛蓝就作为贡品上贡朝廷。明代末年南通就已经有专门运送销售染料的商店，称为"靛行"。南通真正形成染料行业还是在1920年左右，由于战争等原因虽然只持续了三四十年，但短时间的兴盛却使南通在染料业内形成了不可撼动的地位。现在南通一些县镇仍有传承百余年的老染坊。[3]

■

1　吴元新、吴灵姝：《中华锦绣：南通蓝印花布》，苏州大学出版社，2011年，第89—90页。

2　江卓著：《南通蓝印花布的历史和现状》，《中国民间工艺》第三期。

3　吴元新、吴灵姝：《中华锦绣：南通蓝印花布》，苏州大学出版社，2011年，第107页。

二十世纪初，南通如皋等地有农民专种蓝草，于每年的五六月份收蓝，并制成水靛，然后用船装运到各地卖给染坊使用。染坊大多集中于农村集镇，规模大小不等。有的作坊只为用户加工染布，可把布料染成单色，有的在店内备有各种花形的印花纸版，供顾客按自己的爱好选择图案加工。一些大字号染坊前店铺、后作坊，除接受来料加工的业务外，还直接出售印制好的蓝印花布料。染坊技术的关键是染料的配比，好的染坊染出的布料颜色新鲜、不易褪色，所以染料配比是染坊的核心机密，传统社会遵循着"传男不传女"的行业模式。随着人们对印染的需求，还分化出一种简单、便捷的印染行业群体，他们频繁地活跃于乡间，称作"印花担""花担匠""秃印作"。印花担农忙时下地干活，秋冬农闲时便挑起担子走村串乡，到人们家中加工印花。这种"印花担"只负责刮浆，不负责染色，担子前面挑的是刮印工具，后面装着灰浆桶，另备有几十副印花纸版挂在梢上，以满足顾客挑选喜欢的图案。这种上门提供花版刮浆的便利服务深受农家欢迎。[1]

现在人们已经习惯直接购买布料，甚至是直接购买成品服装的生活方式，扎染工艺已难以在汉族乡村发现，许多少数民族却依然钟爱于这一古老的民间工艺，其中最具代表性的是大理白族扎染，扎染甚至成为白族的文化标志。在大理城乡的街道、店铺、摊棚、旅舍、宾馆、酒家以至居家住宅院内，随处可见它的踪迹。人们用扎染布料做上衣、裤子、裙子、马甲、领袖、凉帽、便鞋、手绢、头巾、围腰、手袋、挂包、背包……大理女子包头巾必须使用扎染；腰上的三层腰带，除两条绣花外，必须有一条扎染"蛾蛾花"。在大理，扎染不仅意味着一种传统，也意味着一种时尚。二十世纪初期，白族扎染的布料还完全是手工织的白棉布，但五六十年代以后，主要改用工业机生产白布或包装布了，但布料必须具有吸水性强、质地柔软的特点，这样才便于

---

1 吴灵姝、倪沈键、吴元新：《南通蓝印花布》，文化艺术出版社，2017年，第55—56页。

扎染。白族扎染的工艺主要分扎花、浸染、漂晾三道工序。扎花大理称"扎疙瘩"，就是按图案花纹的要求，在布料上分别使用撮皱、折叠、翻卷、挤揪等方法，使之成为一定形状，用针线缝合、缠扎。浸染时所使用的染料以植物染料为主。过去主要用板蓝根，因为其提炼的染料上色慢，所以后来改用蓝靛了。前几年也受到化学染料的冲击，但自用的扎染却常使用植物染料。这是因为人们依经验和习惯认为，植物染料色泽自然、褪色较慢，且不伤布料，经久耐用。化学染料染出的布开始看起来色泽沉艳，但经过反复洗涤和曝晒之后就会逐渐掉色。植物染料染出的布随时间的推移，颜色对比越发明丽、清晰、和谐，而且据说土靛蓝还具有消炎去毒的功效。二十世纪九十年代初期，大理周城成了扎染的重要产地。周城是一个有一千多户的小镇，全镇老小七千多人，其中三分之一的人都在从事扎染生产。这里的妇女几乎人人手上拿的、背上背的都是扎染的半成品，有的在河边漂洗，有的坐在家门口扎花。就是卖冰糕的小姑娘手里也在飞针走线扎花，周城男子的手也被靛蓝染成了蓝色，这里的家家户户都与扎染行业紧密相连。

锄禾日当午

小麦越冬后的生长期内有三次最重要的灌溉：返青水、拔节水、灌浆水。返青水前面已经提到过，是开春之后为小麦提供的第一次生长所需水分的给水。拔节水在小麦抽出第一节茎秆时浇灌，可促进植株生长和粗壮，通过肥料的配合为小麦生长提供充足养分。灌浆期是小麦从开花到结实的成熟过程。这一阶段距离小麦成熟只有一个多月的时间了，小麦通过光合作用合成淀粉，这是决定小麦产量的关键期，灌浆水可以为小麦提供充足的养分。浇灌浆水时夏天的脚步已经来到，此时气温逐渐升高，为小麦生产提供了适宜的温度。小麦灌浆期前的这段时间，每次浇灌之后都会有杂草顺势长出，需要加强田间管理，不断铲除杂草。锄草使用的工具是锄头，中国小孩张口即来的"锄禾日当午"描述的便是农民夏日锄草的艰辛。锄由锄板、锄钩、锄把几个主要部分组成。锄板、锄钩为铁质，锄把是木质。锄板和锄钩以熟铁打制，在刃口处加钢，增大坚韧度，使其耐用。大锄的锄板宽大，工作面大，所以松土效率非常高，用起来也觉得顺手。锄板薄，刃口锋利，有利于贴着地皮铲土（疏松土壤）。新打制出来的锄板呈方的涡形，中间为低槽，两边向上翘起，锄刃两端还留有刃脚，非常尖锐，这样就加强了锄的灵活度与适应性。有些边边角角或行距、株距细密的地方锄板无法施展，就可以将锄刃倾斜、缩小工作面，以刃脚锄草和松土，久而久之，两端的刃脚就磨平了，所以常年使用下来，锄板已经被磨成圆弧形，真是"面目全非"了。一把锄好不好用，最重要的要看锄板与地面形成的夹角，正常情况下应该是五度至六度，夹角大或小了，锄都不好用。夹角小了，不入土，不下地，老百姓形象地形容这种情况叫"懒"；夹角大了，下地太深，叫"馋"。这两种情况下，锄都需要调整。压一压或抬一抬锄钩，将角度调适中了即可，但调整前最好先将锄放在太阳地里晒热，以防猛然用力压坏锄钩。锄钩衔接锄板的一端呈弓形弯曲，近似四棱体，实心，长期使用不易变形。锄钩衔接锄把的一端则是圆形中空的铁棍，由细渐粗，据老百姓说，这样才能前后平衡，用起来不至于头重脚轻。锄把以枣木、国槐、橡子木为最佳，木质坚硬、耐磨，但材料难得，所以最常见的锄把都是刺槐木。平时遇见可做农具把儿的木料，老百姓遇到都习惯顺手收藏，需要时让木匠加工一下，有的自己用刨子稍加处理就派上了用场。锄把儿可粗可细，根据使用者的习惯和手掌的大小来定，没有固定的尺寸，锄把儿太粗，用起来太累；锄把儿太细，磨手不说，还有劲用不上，颇有点"英雄失意，报国无门"的意思，让人心里发急。

小麦浇过灌浆水之后，麦田就不用再锄了，这时麦子的长势已远远超过杂草，杂草已不可能再和麦子争夺养分和水分了。一直到结穗成熟的这段时间里，庄户人家称之为"挂锄"，也就是可以将锄头暂时挂起来不再使用的意思。这是夏锄后难得的一段闲暇，这样的生长规律恰为人们提供了充足的养精蓄锐的时间，只等收获时再大干一番。夏锄既劳累，又热得烦躁。于是在最忙的时候遇上不太急的事情，人们总是说"等挂锄钩时再说吧"。

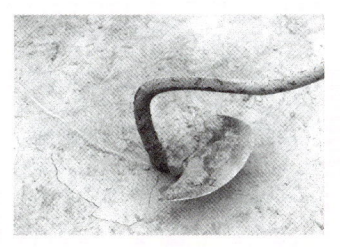

"楝子开花，小麦还家"，芒种前后，北方地区陆陆续续进入庄稼收割期，雨季也同时到来。小麦是北方主要的农作物，小麦最先收获，农历五月份前后，农田变成一片金黄。无论你是乘坐高铁，还是行驶在高速公路上，一眼望去便是连成金色海洋般的麦田，麦田之间的行道树形成田地间的间隔，这样便形成了翠绿镶嵌于金色之边的

四时工巧　087

美景。几阵热风吹过，金色麦浪摇曳翻滚，这是农民收获的喜悦。

收麦子关键在"抢收"，用老百姓的话来说就是"虎口夺粮"。这里面蕴含着两层意思：其一，麦子的成熟非常快，甚至成熟与不成熟之间只有一中午的间隔，正如俗话说"蚕老一食，麦熟一晌"，所以必须赶在这个时间节点之前抢收。如果熟大了，沉重的麦穗就会散落一地。第二个原因就是夏日阴雨为小麦收割带来不利。立夏后整个北方进入了雨季，人们常说六月的天阴晴不定，就像是小孩子的脸，刚刚头顶烈日，下一秒就是雷雨交加。若是让麦子淋了雨，不但不利于收割、延长了收获时间，还会使麦子品质发生改变。麦子遇到雨水，未收割的麦穗则会发芽，发芽时麦粒将体内糖分转化，这样小麦磨出的面粉就会发黏，吃起来口感粘牙，也失去了新麦特有的香味。麦收的时间点尤为重要，一旦没有把握好时间，那一年的辛苦劳作便付之东流。判断何时收割小麦成为收获的技术要点，所以在乡下若是有人看不惯别人做事懒懒散散、磨磨蹭蹭，便会说："麦子都掉头了，你还不着急？"

整个收割过程重在一个"抢"字，要快收、快打、快装，防止各种不利因素耽误了收成，所以麦收赶早不赶晚。农人常说"七成收，八成丢"，意思是说麦子七成熟的时候就要赶紧收割，否则就会有坏在地里的风险，没有等到麦子十足成熟才收割的，越是延后越是有不可控因素发生。难怪麦收前后老百姓总是忧心忡忡，直到捆扎完最后一棵麦穗，才算是松了一口气。麦收时进入麦田，你便能够看到这繁忙的景象：麦地里割的割，捆的捆，村子里运的运，抬的抬。人们繁忙地穿梭于田间地头，道路场

院中的大车、马车、手推车、平板车往来频繁，赶趋若狂，整个乡村都沉浸在一片紧张和兴奋的劳作当中。

  汉语中的"开"有发动、操纵、举行之意，名词与开连用时除了满足其基本含义外，也多了几分隆重的仪式感，比如开业、开工、开闸等。和开犁、开耧的说法一样，大面积收割麦子的过程将"开"字与农业工具连起来，叫作"开镰"。开镰一方面预示着一场与时间赛跑的"战斗"拉开帷幕，另一方面也预示着今年的麦收能够有个好收成，也更加凸显了工具对劳动的重要性。为了这场一年一度的大战，开镰前先要将镰磨锋利。一般各家各户都是一人一把镰。镰平日里用得少，就找个雨淋不着的犄角旮旯挂起来，一方面防止磕碰镰刃，另一方面也怕随意放在日常活动区里不小心伤及家人和孩子。磨镰是家家户户必备的技能。磨镰用磨刀石，磨刀石倒是家家都有，但好用的磨刀石少，但凡谁家有块好磨石大家都知道，挂锄后街坊邻居都来借用，没有哪家会拒绝的。俗话说得好，"家有万万，农具借人一半"，再富裕的家底子，也保不准不向他人伸手借用农具。农家活琐碎繁杂，谁能一辈子不求人呢？所谓好磨石一般都

不是购买即得，而是老百姓上山寻找上好的青石料自制而成的。常用的磨石宽十几厘米，长四五十厘米，高二十多厘米，这样的大小最适宜镰刀的尺寸。由于常年使用磨石，中间早已被磨出一个凹陷，用起来非常顺手。磨镰全凭感觉，他们坐在磨石前，一手捏住刀头与刀把相接的刀銎处，另一手轻捏镰尖，顺着磨石的弧度前后反复推动，磨一会儿，翻过来再磨，一直磨到对着镰刃"看不到一道白线"为止。若有白线存在说明刀刃还不够锋利，这时在阳光下迎刃看，会产生反光，白线正源于此；如果不见白线，说明刀刃已然磨成一个快面，甚是锋利。用的时间长了，镰把也会磨细，磨完镰还要检查一下镰把是否牢固，尤其是与镰头相交的部分很容易脱节，若是松动了就用钉子钉入别住，防止掉把。去地里割麦时人们习惯随身带上一块小磨石，收割一会儿麦镰钝了，就再磨两下。磨镰的时候男人们叼着烟卷，坐在麦地里，这也成为抢收麦子时的休息时间。

开镰割麦之前还有一项重要的工作准备便是"研场"。场是用于晾晒麦子的一整块平地。割下的麦子由田间地头直接运送到场上加工、晾晒。以前每家每户都有自己

的场，一般设在村头或巷尾，大约百八十个平方。二十世纪五十年代农业生产合作化以后，以生产队为单位设立场，一般一个生产队一个场，每个场大约五百多个平方。场平日里没有其他用途。一般提前六七天人们就要动手拾掇场，研场的目的是使场上的泥土更加密实，在这样的土层上加工麦子可防止麦粒和泥土混杂，保证麦粒的清洁，便于进一步加工。经过一冬天的风吹、雨淋和冰冻，开春进入夏季后，场地上的泥土早就喧活了；如果不研场，表层的泥土极易浮起，和麦粒掺杂在一起难以分拣，所以每年收麦之前都要先研场。研场前先用锹将场浅浅地刨一遍松土，再用粉耙耙一遍，将场耙平。然后拿大喷壶在场上均匀地洒水，水不能洒太多，微微湿润即可，否则土就会凝结成土块。之后就可以牵着棱砘在场上来回滚动了，老百姓叫"磕一磕"，这个步骤是研场的关键步骤。砘也可叫"碌碡"，为石质的圆台形，中心有木质圆轴。砘并不是绝对的圆柱体，造型都是一头大一头小，棱砘的大头直径二十五至二十八厘米，小头直径二十至二十三厘米；光砘大头直径在四十厘米左右，小头三十五厘米左右。砘的造型潜藏机巧。试想，如果砘不是一头大一头小的圆台而是等粗圆柱体，那么行进起来只能走直线，不会拐弯，沉重的砘人力搬运费劲，想把偌大的场地全压结实不容易。而一头粗一头细的砘所行走的路线必然是扇形，在人的外力作用下，哪怕是随意地牵来牵去，都可呈现为无数个连环扇面的组合，场地上所有的平面都能被压到，而且操作性极强。

砘分两种，一种带棱，叫棱砘，体积较小；一种不带棱，叫光砘，体积较大。光砘重量是棱砘的数倍。棱砘和光砘要配合使用。研场时要用棱砘先压，棱砘上的棱对研场功不可没。砘棱与地面的接触面积小了，在滚动过程中除砘自身重量压力之外还会产生棱给予地面的外力，这样棱可对地面不断碾压，更有利于加强土层的密实，这两种力量共同作用于地面加快了研场的效率。用棱砘磕场时，还要不停地在场上撒些隔年的碎麦秸草，边撒边砘，将土和草压在一起。这就像盖房时和的草泥，以草为筋，加强了土的黏合性，使土更不易浮起。用棱砘将场压结实、压硬之后，再用光砘"逛"一遍，将场压平整，光砘表面光滑，与地面的接触面积大，压强相对就小，只能靠砘自身的重量施行压力，可以将地面压平整，所以从造型上光砘比棱砘大，从功能上，棱砘的作用是磕压，光砘的作用是整平，经过这样两轮下来，场被研得既结实又平整，可以用于晾晒谷物了。如果在打场之前变天下雨，雨后还要用砘再磕一磕、逛一逛，因为研过的场子原本土层密实，下雨后吸收水分，泥土膨胀，表层重新疏松起来，所以雨后还要趁湿抓紧砘，再次把场子收拾平整。老百姓一般都习惯把砘放在场边，随手牵过来砘一砘，场地也是越研越结实。二十世纪八十年代以后，农村陆陆续续盖起了新房，以水泥覆顶，这样房顶就自成一个大的水泥平台，这是用于晾晒粮食的最佳场所。再加上农村家庭小户化的发展趋势，几世同堂已成为历史，民居生活占地不断扩张，场也变成村民的宅基地了，所以现在在乡村也少见场了，砘更是难得一见。晾晒麦子有专用的"晒凳"，平日不作他用，都闲置在厢屋与各种家什儿堆放一起。晒麦时，在院内拣一块太阳照射时间长的地方，将晒凳搬出，两条晒凳上直角相交架放两根杉杆，没有杉杆的用扁担或担杖来代替。上面铺粗苇秆编就的箔，箔上再展一领高粱篾或竹编席子，将洗净的麦粒摊晾开来。早上晾出，太阳下山时就要收起。农家人都知道，"麦子要带着热气收"，保持干燥。

一切准备就绪，人们看着天气、掐算着日子，铆足了劲等待开镰收割。过去人工收割小麦是农作大事，抢收带来的时间限制大大增加了劳动密度，每个人需要付出比平日里更多的体力。为了赶在雨季到来之前将小麦收完，也为了赶在麦穗弯头之前收获，农民在这时开启了与时间的赛跑。麦子是北方主要粮食作物，一般大面积种植，人们常将种小麦的农田称之为"大田"，所以收割量极大，农作任务极重。农家人收麦子都起大早。在山东，夏日里天亮得早，早上五点已经是明亮的天了，全家劳力已经出动，甚至勤劳的人家天还未亮就纷纷出门收割了，这时天气凉爽，可以免去一些酷热之苦；即便是这样，也要忙到夜幕降临才收工。过去对于以农业种植为唯一收入的北方农民来说，麦子收割是家中大事，麦收时节家中老少齐上阵，就连七八岁的孩子都要参与麦收，学校里还专门为此放假，每一个人口都是重要的劳动力。镰刀早已磨锋利，一家老少男女拉上架子车，带上水和干粮走进麦田就是汗如雨下的一天。有些人家早上出门时带上几个干粮，再带上一点咸菜或是大葱、咸鱼，馒头就大葱，再加上点咸鱼，那可真是麦田里难得的美味呀！午饭就在麦地里解决。有些人家中有不能从事重体力劳动的家人做饭，晌午将饭送到麦地里，总之争取一分一秒的时间抢收。在饮食不丰富的传统农村，人们的粮食来源依靠自给自足，麦收时候正是家中粮食"青黄不接"之时，去年的粮食吃尽了，新粮食尚未入仓，会打算的人家提早预留了些细粮，以备出力时吃得精细些。

一家人割麦子分工有序，一人把一畦，有时二人把一畦，怕挥镰伤人就拉开距离一前一后。一般男人在前面割，女人在后面捆，争分夺秒地往前赶。麦子割下后要顺手一把一把放整齐，摞放时朝向一致。捆麦的女人紧紧跟在后面收拾，迅速捆成"麦

个子"。麦个子的捆法也有讲究，智慧而有经验的农民似乎每一个动作都算到了下一步可能会出现的状况。捆麦个子用麦秸草，扎系在麦穗到根部的三分之一处，捆成直径约二十至二十五厘米的一把。如果扎系在中段，麦个子无法直立；若是扎在上部，根部就会自然形成散口，有利于麦个子直立存放。天气晴朗时，捆好的麦个子不用直立，一排排躺倒在田里即可；等麦子全部割完用小推车推到地头，再重新装上大车，送到场去。如果阴天，麦个子捆好后就要将麦穗朝上直立起来，这样即便是赶上阵雨，雨过天晴后，竖直的麦子很快就能吹干。如果麦个子倒伏着放在田里，赶上阴雨连绵的高温天气，潮热空气流速慢，位于麦个子中间的麦穗就会发芽，一年的劳作在最后的关口又要付之东流了。

麦子割完后，捆扎成一个一个的"麦个子"，呈线状均匀地置放于田间，等待货车一趟趟运载。麦子收获时运输量大，人们发动一切力量和智慧应对这场繁忙的劳动。运麦的方式很多，地稀人少的农家采用最传统、最简单的方式，如肩挑、人抬、牲口驮、小车推运。人们习惯用独轮小推车将麦个子从田间地头运往打麦场。田间地头路面狭窄，路况坑洼不平，牛车、马车不易调头，不好调控。即便是现在，独轮小推车在很多农村地区（包括山区与平原）依然被广泛使用，很大程度上因为独轮车对路况的灵活适应性。装车人"狠狠"地往车上压麦，生怕"轻饶"了它似的。为了尽量多装些麦子，装车的方法也和装其他物体有些不同。为了加大小车的负载量，一般要用四根长短相近的桐木或槐木连成方木框架，俗称"边挂"。装麦前先在车盘两边的边挂前后各插两根粗木棍，与车盘条相交别住，将其放到车盘上以增加其横向面积，分别用三根草绳固定于车头和车把上，这样本来用来载物的平面车盘就俨然变成了一个拥有较大容积的立式的箱体。装车时一般是两人，一人推一人拉，停下时，两人同时装，麦个子要穗朝外、根向里，从车盘开始一层层码放麦个子，摆放整齐，形成高高的一摞，呈喇叭形，下窄上宽，密密实实，层层叠叠，有经验的车把式甚至能摞起一人多高。最后，在边挂两边各固定拘牙两个，拘牙上缠系四五米长的粗麻绳，按 S 形路线的走向依次捆系在独轮车天桥中部的横掌上，两边分头扎紧，每边形成三道捆扎线。两股绳勒紧车子并系固于两车把上，这样就能上路了。

　　掌车的人一般都是家中的男主力，推这样的装麦车一年也不过仅此一回，这是对力量与技巧的挑战。推车向前时，两边还会有家人照应着，保护着麦子，吆喝着号子，大家都全神贯注地投入这一搏，增添了丰收的声威。力气大的小伙子为了能少跑两趟路，也为了向别人显示其"能耐"，往往将车装得又高又满，推车时只露出脑袋看清前路。再看田间道路上，如山似丘，大大小小的运麦车来来往往，远近相望，好一派繁荣丰收景象。每有一辆麦车推过都显得十分壮观，这是一家人撒在麦地里许久的汗水，更是一家人大半年的辛劳所得。

　　地多人众的农家便多采用牲口大车运送。将牲口车赶到收割完的田间，一边行进一边装车，一人牵引牲口控制行进路线，数人传递麦个子，另有一人站在车上专门负责装置整理。众人不断将麦个子抛上车，装车人一一接住，层层摞高，直到装足。之后，用粗绳拴在车前，分成两股揽住车上的麦垛，并同时在车后麦垛底部斜插两根粗木棒，装车人在车上提绳，车下的壮汉便握住大绳拽拉，一提一拉，一呼一应，反复数次，拉紧后分别系绳于木棒上。最后，赶车人挥鞭上路，响脆的马鞭不断甩出丰收后的喜悦，装车人头顶草帽，或坐或躺于车顶麦垛之中，哼唱着民间小曲儿，好不快活。

麦个子顺利运送到场上就可以开铡了。铡由铡刀和铡床两大部分组成。铡刀是铁质单体，刀片刃部含钢，极其锋利。铡刀的头部留一洞孔由铡针横向穿过，将铡刀与铡床连接在一起。一般北方农村使用的铡刀整个刀片长度在八十厘米左右，刀片刃部的前半部分呈圆弧形，最高处不超过十五厘米，刀的铁柄长二十厘米左右，为便于手握便制成圆柱体，柄尾圆銎直径约五厘米左右，銎中还插有一小截木把，木把约五厘米左右，延长了手柄的使用长度。铡床的构件比较复杂，由床体、铡口、铡劈、铡牙、铡针几个部位组成。铡床为木质，多由柏木、杏木等硬木制成，这些硬木坚硬、稳定、耐磨，抗腐朽性强。过去有铡刀的人家不太多，它和犁、耙、耧一样，都属于较大件的农具，但在打麦场上却是家家需要用到的工具，仍旧是相互借着用。一把好的铡刀，大家都夸赞它是"一两辈子地传"，能传给后辈人使用，这的确不是打诳语。有的铡刀废弃了，铡床仍旧硬挺无损，人们于是就在旧的铡床上再加制一个新铡床，使底盘更加稳固。铡床的正中是铡口，刚好容得下铡刀，二者有点像剑与鞘的关系，相互匹配。铡口的平面、立面均为铁质，由铡牙在两旁紧固着，乍一看上去，仿佛是一块整铁被劈出了一道裂缝，正应了老人们常说的那句"铡劈铁裂"，所以它也叫作"铡裂"。以铡刀手为参照，在铡床的右侧镂空，与铡口相通，这是"出碎口"，切割过程中的残余碎草可由此口泄出，防止堵塞铡口，影响持续的切割工作。用铡刀切割麦草时，先提手柄将铡刀抬起，在靠近铡针处与铡刀垂直方向塞入一捆麦草，向下按铡刀切割即可。这些简单又不失精巧的设计已经将铡麦的过程规划得顺理成章，那么最重要的问题是将麦草放在铡口的什么位置上，切割起来最省力、最快捷呢？农民并不知晓深奥的物理学原理，但在生活实践中却能够从容使用这些原理。我们学过物理，便知道杠杆原理公式：动力臂 × 动力 = 阻力臂 × 阻力。就铡刀而言，动力臂指的是由铡针处到铡刀手柄用力作用点的距离，阻力臂则是由铡针处到刀刃与麦草的接触点的距离。在阻力和阻力臂不变的情况下，动力臂越长，动力越小，也就是越省力。铡刀的设计就是利用了省力杠杆的原理。

  铡麦子一般需要三个人协同合作，一个掌刀的，一个塞麦子的，一个清麦头的，这样的分工搭配能够实现最佳的工作效率。掌刀人站立持刀，一脚蹬铡床便于下刀切麦用力。塞麦子的人蹲着，将麦个子一捆捆塞入铡口。铡麦草时，人们一般习惯从捆绳往下让一至二寸的位置铡下，铡下的这部分便是麦根草，可以收集起来留待烧火，前面的麦头要留出一尺左右。铡麦草时最危险的要数塞麦草的人，与掌刀的相互配合默契后才能有节奏地推进，注意力稍一分散，塞麦草人的手指就容易受到伤害，所以二人的配合极为重要。二人往往是老搭档，配合默契。清麦头的也不轻松，不停地提着捆绳向场上一扬一抖，麦头从天空纷纷散落一地，待聚集成一堆后，再用蜡木叉挑开，平铺在场上曝晒。

  割麦子的时候正是热浪悄悄登陆到北方的时候，太阳毒得很，只要不是遇上闷热或是雷雨天气，铡下的麦子散在麦场上一中午就干透了，走在上面听得见麦粒沙沙作响。晾干后的麦子再用碌碡碾轧，用连枷拍打，将麦草打得扁扁的，打完一遍用蜡木叉翻挑，再打一两遍，这样草、麦就分开了。用蜡木叉将麦草叉起轻轻抖动，麦草和麦粒便被分拣开，麦草叉到一边，留下麦粒。用木锨把抖下的麦粒收拢，收到何处也不是随意的，要视风向而定，借助风力恰好可以使麦粒脱皮。比如，刮南风就将麦粒收到麦场的东北角，以便迎风扬麦。扬麦利用扬起时的外力使麦粒在空中翻腾，顺自然风势脱粒，这样可以将麦粒与碎草进一步分离。扬麦很有技巧，好的扬手用木锨将麦粒抛向空中，在半空中麦粒会呈扇面状撒开，在空中大面积分散有助于脱粒。在风的作用下，沉实的麦粒落在近处，轻飘的麦糠、杂草落在远处。扬麦也需要两人协同

合作，扬麦的人向空中扬起麦子，此时另一人手执毛较软的干净扫帚，扫去落下的杂物以及间杂在麦粒中的碎草，落下一层扫一层。就这样，一人振臂，一人弯腰，两人默契地配合。过去普通人家都通过扬麦脱粒，富裕的人家可使用专门脱粒的扇车。农村实行合作化以后，个人财产都归了公，生产队打公粮批量化作业，人们普遍使用扇车来脱粒，减少了人工作业的压力。二十世纪八十年代土地重新实行个人承包责任制后，并不是家家户户都买得起扇车、租得起扇车，人们又开始沿用木锨扬麦的老办法。若是有少量的麦子，则可以使用簸箕簸麦，这种办法也是清拣豆、谷、麦、米中杂物的常用方法。古老的办法不见得高效但总归是有效，不依赖大机器的人工操作具备灵活性，不至于受到工具、作业条件的太大限制。因此即便是现在，麦收时走在乡间的小路上，还是会经常发现有人迎风手举簸箕分拣谷物。

　　通过扬麦，麦草分离后就可以将麦子归仓了。归仓之前要计算一下收获量，看看今年的收成怎样，做到心中有数，这也是为了便于计算向国家提交的公粮数。度量过的麦子收在麻包里，收入瓦缸内，贮藏起来，这是一年的收成，也是一家人一年的口

粮。2006年1月1日起，我国全面取消农业税，延续了2000多年的农业税制度终结。在封建社会和国家经济社会不发达的时期，农业税是支持国家工业化建设的重要来源，农业税的取消是我国数千年农业史上的重要创举，大大减轻了农民负担，这也是我国现代化建设进步、国家整体经济实力提升的力证。

  农民度量农作物的传统量器是升和斗。不同历史时期斗和升的尺度不同，每个地区使用的升和斗尺度也不同，所以规格不一。山东烟台福山一带，按传统老式秤的度量计算，一升相当于七斤，五升为一斗，一斗也就是三十五斤，十斗则为一石。升为口大底小的方形容器，木质，常使用槐木制成。福山百姓们说，过去粮店买卖粮食所用之升则正好相反，口小底大。斗的体积要大一些，所以材质与升不同，常见的为棉柳条编制，非常细密。不同地区的斗造型不一，有的口、底大小接近，仿似尊，肩部以上用柳木薄片一层层箍圈，约一寸半的高度，敦厚饱满，颇有青铜器造型的遗风。这种斗往往还加有两个铜环作耳，可提拉，肩与口使用铆丁结合，甚为坚固。有的斗形状如花瓶，口、底粗，而腰部或颈部细。

斗与升虽均为量器，但民俗场合也常被使用。升的体积小，在民俗活动中更为常见。在胶东地区，每年除夕之日年货置备齐全，中午时分各家各户便开始洒扫归置庭院，需在院中搭制一座坐南面北的"天地棚"。天地棚以晾晒粮食的芦苇箔和席围搭，用于供奉天地神灵。棚内放两个方凳，方凳上置一炕桌代表供案。供案上第一排摆放枣花馍、瓜果点心等食物，第二排香炉居中，两边供奉神虫。供案前再摆一凳，凳上置一斗，斗内盛有满满的高粱米，用糨糊黄表纸粘住斗的四边覆口，纸上书"日进斗金"四个字，期盼来年财源滚滚；高粱米也蕴含着"年年高"之意。一些地方，斗也是婚娶之俗的重要物件。婚娶当日，婆家在斗内以高粱米垫底，再填入一方蒸制的玉米糕，以红包袱布覆口，以红丝条紧扎，备于炕下。待新娘入门坐床时，新娘脚踏斗沿上炕，意为"步步登高（糕）"，预示新婚夫妻的小日子越过越好。

待麦子收拾妥当围入囤中之后，人们总算松了一口气，但这时还不能轻松下来。整理完麦子，大田里有日子顾不上了，"五月六月偷榜地"，多雨的夏季使田间杂草野蛮生长，稍不留神杂草就在整个田地中滋生蔓延开来，老百姓常说"两天不锄就看不见地皮了"。麦收过后，很快又要种玉米了，将田间杂草清除干净，深耕翻晒，为玉米播种做好准备。于是，人们顾不上停歇，又开始投入新一轮的忙碌。夏天锄草最是辛劳，地面潮湿，野草的生命力旺盛，锄过的草很容易复活，所以农家人无法避开烈日，只能在酷热的中午头锄草，因为这时可以借助火辣辣的日头把草根晒死。为了遮挡阳光，人们便头戴斗笠，身穿一种雪衣草编就的蓑衣。蓑衣惯常作雨衣使用，虽是草编，但因编结方法独具匠心，下雨时雨水顺草下流，并不渗入草内，可以挡雨；但也并不是只在下雨天穿着，它也遮风，俗话说"寸草遮丈风"，风打不透，冬天披上蓑衣不但挡风，还能将体温保在衣内，人们上山放羊、放牛时都爱穿它。同样地，它也能阻挡夏天的热气进入衣内，起到隔热作用。夏天锄草穿蓑衣不仅晒不着，随着胳膊前前后后的忙乎还能扇动些微风。烈日晒得地面滚烫，榜累了，坐在田间地头歇息的时候，将蓑衣铺在地上，能够阻隔地面热气，并且蓑衣透气，相比其他铺垫的材质更为凉爽。蓑衣与人体似乎是双向的互惠，蓑衣为人们遮蔽烈日，汗水则可以养护蓑衣。夏天光着上身穿蓑衣可以让汗水渗入草中，汗水令草湿滑，体内的盐分令草发软，让汗水浸透过的蓑衣才结实、韧性强，不会使草干燥脆断。现在，蓑衣已经是乡下难得一见的"古董"了。

最热之时，田间的玉米只有十几厘米高，正需要养分之时，也是杂草与玉米势均力敌地争夺养分之时，稍有耽搁地就荒了。这个时候大家抽空就到田间耪地，即使平日懒惰之人也不敢怠慢。到了7、8月份，耪玉米地更是艰难，这时玉米已长到近人高，人们钻到地里锄草，没有间隙再穿蓑衣，上面日头晒，脚下热气蒸，中间玉米帐子密不透风，玉米叶子还带着锯齿偷偷割人。只钻进地里锄一小会儿，浑身上下便全是汗水，像从水里捞出来似的，甚至在地里热晕中暑也屡见不鲜。

现代化的机械设备一定程度上使农民从重体力活中得以脱身，大部分都是租赁联合收割机收割小麦。山东是我国第二大小麦主产区，以2021年为例，山东省要收割5985万亩小麦，其中97%由机器收割完成。小麦收割依旧要抓住天气晴朗的日子，不过速度快了许多。在机器的轰鸣声中，一天就能收获150多万亩小麦。农民不再为收割小麦而发愁，一家三五亩麦子不到一上午就收割完毕，每亩收割费用约50元，即便是倒伏的麦子收割机也有办法应对，只需加收十几块钱便可解决。随着收割机缓步有序的前移，麦子卷进收割机，另一头，金黄饱满的麦粒被吐出，农民装载回家晾晒后便可出售，而麦田里秸秆被粉碎还田，滋养土地。即便这样的现代化作业，夏日农作依旧是不易的。没有在乡村生活过的人并不知道其中的艰辛，饭桌上夹起的每一粒米不知是多少时间和汗水的成果。

龙舟竞渡

完成麦收后,最幸福满足的便是用新磨的面蒸上一锅大馒头,体会耕种收获的香甜,这是麦收结束的喜悦,也是在迎接马上就要开始的秋收。馒头又叫馍馍、饽饽。米饭是南方人的主食,馒头则是北方人离不开的主食。尽管现在北方人也常吃米饭,但现在仍有些习惯以馒头为主食的山东大汉觉得只有吃上一口馒头肚子里才觉得踏实。馒头的形状以圆形最为常见,沂蒙山将馒头做成长条形,叫"卷子",将馒头团得高而圆,叫作"高桩馒头"。临沂费县的上冶镇有一句歇后语:"上冶的馒头——高桩的",是形容一个人在别人心目中的地位高人一等,这种形容便来源于高桩馒头。

面粉用麦粒磨制而成,和面时制作、发酵工艺的不同可使面粉蒸熟后呈现不同的口感。一般根据所做面食决定使用哪种和面方式,老百姓家中最常见的就是生面和发面这两种发酵方法。生面可用凉水调面,也可用热水调面,用热水调面称烫面。发面使用酵母、酵面引发,人们也称为引子、面肥,现在人们购买有颗粒状的袋装酵母引发,使用方便,发面时间短。物资销售不发达时,老百姓也有办法应对,人们在蒸馒头前两三天要先准备老面引子,将少量面粉加入水和好,上面蒙上一层棉布,放在温度适宜的地方醒发两天左右,这时的面会比原来稀,表面有丰富的小孔,闻起来略带酸味,这样老面引子就发好了。做馒头时将一团老面引子放入面粉中,便可得到发面。为了使用方便,主妇一般会从醒好的大面团中掐下一块保留,这便是下次做馒头的面引子。使用酵面时,如果所留的酵面未干,可以直接使用;如果已风干变硬,就碾碎放在碗里,用温水泡开即可使用。调面时水温与水量的适当与否对面食的外观、口感有很大影响,具体的度、量要根据所要调制的用量、温度与面粉的质量来决定。气温的高低、空气的干湿、面粉的新陈对吃水量都有影响;用水水温也要根据天气情况来定。夏天面粉比较干燥,热量不易散发,水温相对低些,冬季就要增高水温。和面时水不要一次加足，而是边调面边加水。面团和好后，要盖一块干布，防止风吹后出现结皮现象。北方农村一般用高粱秆穿成盖垫，用于盛放面食，和完面顺手将盖垫盖在盛面盆上，防尘保温。发面的时间也需要根据温度、面粉、面引量等因素判断。发面考验一个主妇的能力，有经验的主妇能够很好地控制诸多因素，保证发面的质量，面发得好蒸出来的馒头暄软又不失劲道，吃起来香甜可口。和面、醒面一般用瓷盆，用厚重、表面光滑的瓷盆和面可以防止面团粘盆，即使有些粘连也容易刮掉。以前家家户户都有一两个大瓷盆，专门用于和面。揉面环节也有技巧，先在面盆中把面揉捏成一大块，再将其分成小块面团，分别在面板上反复揉压。俗话说："白案靠揉功，红案靠刀功"，揉面时间长做成的面食吃起来筋道。这也是做馒头的重要环节，时间短面食口感就软。俗话说"软面饺子硬面汤"，意思是包饺子和面要软，而擀面条和面水要少、面要大力揉，这样和出的面硬，吃起来才筋道，馒头也是一样。硬面好吃但和起来费力，主妇为了做出一碗合口的面条，揉完面便是大汗淋漓。面食作坊里调硬面就不能靠蛮力了，要借助压杠和面。有些家庭也备有小型压杠，将面放在面板上双手用压杠使劲压，馍馍坊里蒸馒头

四时工巧　　103

或烧饼和面量大，就坐在压杠上压。面揉好后，一块块团成馒头的形状，上锅蒸便可。随着锅内温度的抬升，面香味从缝隙中溢出，麦子特有的清甜让人忍不住流口水，急切地等到出锅，趁热吃上一个香饽饽便是分享劳动喜悦了。

凉粉又叫调粉、团粉、寒食，主要用富含淀粉的粮食粉制成，是南北方常见的一种小吃，冬夏都很普遍，夏季尤为受欢迎，清凉解暑。在陕西、山西等地，凉粉品种最多，风味各异，有豌豆凉粉、绿豆凉粉、扁豆凉粉、红薯凉粉、洋芋凉粉等等。凉粉盛在铝盆或搪瓷盆中切成不同形状，有小块、有条形、有圆片。山西平遥的凉粉颇有名气，将凉粉水盛在盆里，凝固后倒扣在浅盆或是小案板上，用精致的铜漏勺削成条状或片状，或将漏勺轻按在倒扣的粉冻上顺时针转一圈，一碗均匀细长的凉粉条即盘旋在碗里。仅用来刮凉粉的"漏勺"就有粗孔、细孔、条形、方孔等多种不同，供你自己挑选，凉粉的形状一变似乎连口味也不同了。根据个人口味加入酱油、香醋、蒜泥、香菜及盐、味精、香油等多种调料，各种调料洒在如脂似玉的凉粉上，用筷子一搅，即可享用。凉粉摊子是南北方常见的一种小吃食摊，常摆在村头巷口。一张带笼罩的小桌上摆满了各种佐料，再摆一长条矮桌和几条长条小凳供顾客坐。夏日炎炎，凉粉摊成为人们往来光顾的常地，干完农活来一碗味道鲜美清凉的凉粉，别提有多惬意了。

农历六月六日是较为特殊的日子。数字六在中国有吉祥顺利的寓意，两六重叠的日子便更增添了几分美好。宋代假托此日天书降，称为"天贶节"。很多地区都有庆祝六月六的习俗，不过节日名字和庆祝方式各有不同。北方一些乡村认为，这天是祭祀山神和给麦王做生日的日子，海边的人则说这一天是海蜇的生日，这天如果下雨，下一个雨星就代表海里生出一个海蜇。南方民间将这一天称作"晒衣节"，这一天人们要把衣服、书籍拿出来晾晒，以赶走梅雨季节的潮气。有的地方称这日为"晒龙袍"，据说这天晒过的衣服不会生虫，"六月六，晒红绿，不怕虫咬不怕蛀"。这天家家户户翻箱倒柜，把四季的衣服都拿出来，挂在绳子上，搭在树枝上，让烈日曝晒。从科学的角度讲，在太阳最毒热的时候晾晒衣物的确可以消杀细菌——民俗习惯也蕴含一定的科学道理。

夏日里最隆重的民俗节日要数农历五月初五的端午节了，这是大江南北、汉族和部分少数民族共有的节日。端午节的起源说法不一，最普遍的说法是为了纪念战国时的伟大爱国诗人屈原。屈原投江后，楚国百姓万分哀痛，到汨罗江寻找屈原的尸体，为了不让鱼虾蟹食用屈原的身体，人们就将饭团、鸡蛋等食物抛入江中，由此就衍生出端午节吃粽子的习俗。还有一种较为普遍的传说是为纪念伍子胥。春秋时期伍子胥忠心耿耿辅助吴王，使吴国国力达到鼎盛。吴王夫差继位后伍子胥主张灭掉越国，而吴王夫差听信谗言，不但力保越国，还将伍子胥赐死，在五月初五这日将伍子胥的尸体装入皮革中投入大江。吴国百姓为怀念伍子胥，便在这天纪念伍子胥。山东东部乡村的百姓则说端午节是为了纪念秃尾巴老李的。墨县的人们传说，有一户李姓人家，夫妻二人多年无子，后来妻子怀孕，分娩时却产下一条黑色的小龙。这条小龙飞往门外，家人十分恐慌，父亲拿起一把菜刀就向门外丢去，恰好砍掉了小龙的尾巴，这条小龙便被称作秃尾巴老李。后来老李去了黑龙江，每年五月初五回家看望父母，于是便有了端午节。夏季，若是这天电闪雷鸣、下起冰雹，人们便说："是老李回来了。"直到现在当地还有下冰雹往屋外扔菜刀的习俗，据说这样冰雹就能被"吓"走，免得庄稼被祸害。

不管纪念的是谁，端午节的节俗核心都是驱邪避邪。这一天全国各地基本上都要插艾草、插桃枝或挂纸葫芦。有的地方用一束艾草抽打屋内旮旯，边打边说："今日端午节，蝎子你听着，只许墙上爬，不许把人蜇。"有的在大门上贴一对剪纸黄牛，在牛身上写道："我是天上老黄牛，来到人间不吃草，专吃五鬼和忧愁。"这个季节若阴雨连绵对麦收不利，陕北地区乡村流行在这一天让未出阁的闺女剪一个"扫晴娘"插于房檐之下，据说这样就可以保天气晴朗。小孩尚未成熟，容易受到毒邪攻击，因此小孩变成了重点保护的对象。端午节这一天要给儿童的手脖、脚脖或手指上缠五色线，各地叫法不一，有的叫长命缕，有的叫拴命线、五索，也有的地方缠七色线。从缠上之日起，到节后第一次下雨解下来扔到雨水里，据说扔下的长命缕会变成小蛇，这样就不会再有毒蛇蚊虫来叮咬小孩了。河北沧州一带的妇女、孩子有戴香布袋的习惯。花布缝制的香布袋中装有许多中草药，戴在身上既玲珑可爱、香味扑鼻，还可以驱瘟避邪。陕西、山西给小孩子戴荷包，男孩戴的荷包形状像锄头，意在引导孩子学锄地；女孩戴的荷包里插有花针，意在引导女孩子学针

106

线。端午节这天还要给娇弱的孩子穿五毒肚兜，肚兜上绣有蝎、蜈蚣、蛇、蟾蜍、壁虎[1]五种毒物，另有葫芦或剪刀，意为以葫芦收纳五毒、以剪刀祛除五毒，以保孩子平安健康。江南水乡还用五彩丝线绣成虎衫、虎兜、虎鞋给小孩穿戴。一般早在端午节前一两个月，长辈就忙着做这类针线活儿了，她们一丝不苟，庄重虔诚。据说五色代表天地四方和中央，这五种色彩汇聚在一起具有特殊的神秘力量。

植物插于门楣用以避驱鬼邪的灵物还有端午节广泛应用的艾草和菖蒲。《荆楚岁时记》中说："五月五日，四民并踏百草，又有计百草之戏，采艾以为人，悬门户上，以禳毒气。"采艾蒿和菖蒲插于门上是为了禳毒气、避病邪，届时，"艾人蒲剑，家家在门"。除了门插艾叶、菖蒲之外，不同地区还有不同的门饰附于门楣之上，如山西代县在端午这天还要挂用五色丝和粗麻束制成的"扫灾刷"。据当地人讲，五色避邪，而用五色丝绳束扎成的小刷则用于清扫门户之邪气。家中若有病者，也可通过在门上张贴符箓或挂其他灵物来消灾除疫。符箓咒语来源于民众对语言文字魔力的崇仰，符箓中的符号大都重重叠叠、似是而非、笔画怪异、难以破译；越是这样，老百姓越是觉得法力非凡。符箓在民间最广泛的用处是治病，当然，诸如调节夫妻不和、求宦求学之凡事也可通过符箓的神力实现，难怪民间门饰画符的习俗一直未断。各种内容的符箓在使用时也多和一些具体灵物相结合，以期达到"立竿见影"的目的。

可以说，中国的节日是与美食共存的，尤其在传统乡村社会中，某些美食只能在特定的日子里食用，这为食物增添了浓厚的仪式感和殷切的期待感。粽子是夏日节日里令人期待的美食。粽子用粽叶包裹糯米而成，用粽叶裹成三角形、四角形、五角形，还有小脚粽、枕头粽，包裹紧凑，捆扎结实，米香、馅香混合融入口中，口感绵软丰富。为食物包装不仅历史久远，更是有心有智之人的巧为。粽子馅有红枣、豆沙、咸

---

[1] 壁虎虽是五毒之一，本身却无毒，而且还是灭蚊高手，是益虫。

肉、火腿、鲜肉等，南方喜食咸肉粽，北方则爱吃甜粽。临近端午，大街上"江米粽子"的吆喝声清晨响得清脆，卖粽子的用竹扦插几块粽子放在车上，以实物作招幌，阵阵粽叶香气扑鼻而来。北方有童谣唱道："粽子香，香厨房。艾叶香，香满堂。桃枝插在大门上，出门一望麦儿黄。这儿端阳，那儿端阳。"南方有谜语把粽子形容得十分贴切，绘声绘色，又幽默诙谐，富有情趣："我在深山坳里坳，相公请我来看潮；我问娘子讨把米，娘子反手缚我腰"，"珍珠白姑娘，许配竹叶郎。穿衣去洗澡，脱衣上牙床"。贵州吃粽子唱着童谣还不忘屈原："端午花，红又红，摘朵鲜花送金龙。端阳端阳粽子粽，拿个粽子塞龙洞。龙戴鲜花吃粽子，吃饱粽子回龙洞，请你不要伤害屈原公公。"

龙舟竞渡是南方水乡端午节盛行的传统竞技活动。每逢这一天，人们倾家出动，争相观看。竞渡之前，要先举行"拜龙船"仪式，福建云霄县的上窖、荷步等地还要进行"献江"仪式。"献江"时，舵手边挥舞红旗，边高声领唱《龙船歌》："锣鼓一阵闹纷纷，众人齐来祭屈原。楚王无道听奸奏，陷害屈原大忠臣……屈原忠心为百姓，百姓人人忆着伊。年年思念年年祭，来到江边献纸钱。船头船尾掷落粽，掷落江中水茫茫。酒奠初巡起身来，奠落江中祭屈原。再奠三巡祭忠良，愿待屈原有灵圣。忠良

虽死名声香，庇佑龙船飞过江。"歌罢，各船下水，随着一声炮响比赛开始，条条龙船如箭齐发，桨叶飞舞、白浪阵阵，两岸观众欢呼雀跃、呐喊助威，处处都是锣鼓喧天、鞭炮轰鸣、旌旗招展、欢歌笑语的热闹场面。

　　农历七月初七是中国的传统节日七夕节，又叫女儿节、乞巧节。先秦时期就有关于牛郎织女星的记载。《诗经·小雅·大东篇》中记："维天有汉，监亦有光。跂彼织女，终日七襄。虽则七襄，不成报章。睆彼牵牛，不以服箱。"意思是说，织女星每

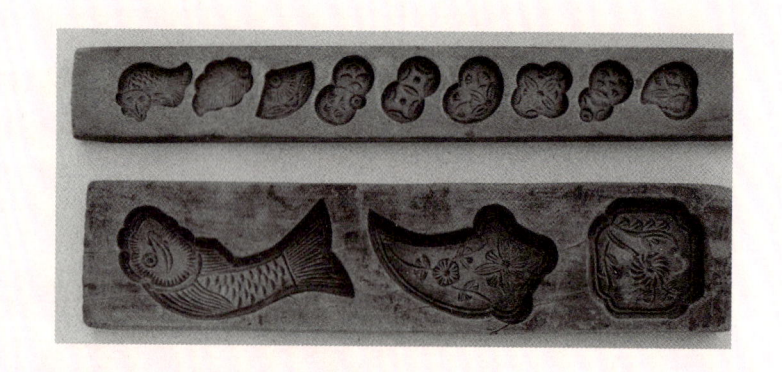

晚要移转七次，却不能像织布机一样织出布来，牵牛星虽然名中有牛，却不能拉起车厢。此时并没有形成牛郎织女的爱情故事，但织女星、牵牛星这两位故事主角已经并列，从两颗星宿的描述中似乎透露出命运的无奈，成为凄美爱情故事的序曲。魏晋时期，牛郎织女的民间故事逐渐发展为民间传统节日，古人有不少描述七夕节的诗句，大多表达恩爱二人难以相见的愁绪，如罗隐《七夕》："络角星河菡萏天，一家欢笑设红筵。应倾谢女珠玑箧，尽写檀郎锦绣篇。香帐簇成排窈窕，金针穿罢拜婵娟。铜壶漏报天将晓，惆怅佳期又一年。"杜甫《牵牛织女》："牵牛出河西，织女处其东。万古永相望，七夕谁见同。神光意难候，此事终蒙胧。"

《东京梦华录》中描写了七月初七的北宋汴梁热闹非凡的节日景象："七月七夕，潘楼街东宋门外瓦子，州西梁门外瓦子，北门外、南朱雀门外街及马行街内，皆卖磨喝乐……又以黄蜡铸为凫雁、鸳鸯、龟、鱼之类，彩画金缕，谓之水上浮。又以小板上敷土，旋种粟令生苗，置小茅屋花木，作田舍家小人物，皆村落之态，谓之谷板。又以瓜雕刻成花样，谓之花瓜。又以油面糖蜜造为笑靥儿，谓之果食……七夕前三五日，车马盈市，罗绮满街……女郎呈巧，焚香列拜，谓之乞巧。妇女望月穿针，或以小蜘蛛安合子内次日看之若网圆正谓之得巧。"直到今天，全国各地在七月初七

这一天仍然有许多传统习俗。胶东在七月七这一天有做七巧果子的习俗。果子用发面、鸡蛋、白糖制成，或烙或炸或蒸或烤，香甜酥脆，每个大约有鸡蛋大小，用饽饽榼子榼出各式画样，小巧别致，图案有很多种，常见的有花篮、桃子、荷包、八宝、十二属相等。将七巧果子串起来挂在孩子们的脖子上，如同白玉项圈，备受孩子们喜爱。[1]巧花看着可人，馍馍榼子也十分别致。馍馍榼子多为长条形，每个条形榼子上掏出三个、四个、六个榼子花样。巧果烙熟后，长辈会将巧果用红线串起来挂在小孩的脖子上，或是挂在墙上，既可以玩耍又可以欣赏，还可作为点心或主食食用。巧果在烟台、青岛、潍坊、威海等地至今仍广为流传。

莱州将这种巧果叫作巧饼子，用来乞巧，巧果在节日前几天就早已备好，七月初六这天将巧饼子、瓜果等摆放供奉姐姐、姐夫，即牛郎织女，七月七这一天撤掉，七天以后再次供奉。七月七这一天，婆家要做巧饼送给新娶进门的儿媳妇，有的还要送十个大饽饽、面鱼、包子，以此祝愿儿媳妇能在新的家庭中幸福。莱州的妇女在制作

---

[1] 莱西县政协文史资料研究委员会：《莱西文史资料第5辑》，莱西县政协文史资料研究委员会，1989年，第118页。

巧饼子时会将其涂上颜色，和面时将胭脂红、柠檬黄、果绿、日落黄等不同的几种食品颜色分别和到面里，揉成五颜六色的面团。以前巧饼子和面为七种颜色，用的都是天然的植物染剂，芸豆叶揉出的液汁作绿色，黑色用高粱上的乌米粉等。揉好的面团放在瓷盆中，从面团上各揪下一小块，在面板上揉成长条，将几种彩色的条面并排粘在一起，用刀横切成果模大小的剂子，按入果模内，用手按实后磕出便成五颜六色的巧饼面花。有的磕巧饼时在果模上涂一层花生油，以防面团粘在果模上，还有的在榼子内放一根马莲草，磕巧饼时用手一拽，这样巧饼就能不费力地取出了。巧饼磕出来要在箅帘上醒一会儿，然后进油锅炸熟，炸熟后松软膨胀，花样被撑大膨胀，图案仍旧可以依稀辨认。牟平将巧果称为果儿仔。

"七夕年年约女郎，戏将乞巧试银针。谁家独见龙梭影，绣出鸳鸯不度人。"这是一首杭州的竹枝词，描写的就是七月初七乞巧节。这一天夜里，姑娘们向天上的织女星乞求智巧。传说七月七为牛郎、织女双星相会之日，所以也称双星节。因为织女是玉皇大帝的女儿，且精于织布，所以被民间奉为机神、巧神；因为各地妇女在这一天举行各种各样妙趣横生的乞巧活动，因此也被奉为女儿节，女子在这一天举行各种活动祈求自己心灵手巧，表达美好心愿。晋代《风土记》中记："七月初七日，其夜洒扫于庭，露施几筵，设酒醴时果，散香粉于筵上，以祈河鼓、织女，言此二星神当会。"《西京杂记》中说："汉彩女常以七月七日穿七孔针于开襟楼，俱以习之。"七月七日的晚上，穿着新衣的少女们三五成群地聚在庭院中，摆上香案，陈列各种瓜果，一起祭拜天上的七姐姐，她们边拜边唱："天皇皇，地皇皇，俺请七姐姐下天堂。不图你的针，不图你的线，光学你的七十二分好手段。"然后每人从老太太手中接过一根针，七根线，借着香烛的微光穿针引线，谁最先穿上线，谁就算乞到巧了。

"漂针乞巧"是一种古老的乞巧方式，用一碗水在太阳底下晒一中午，然后大家分别将针或谷物的芽放进碗里，让它漂浮水面，此时看水底的针影。影子表示织女赐给

姑娘的灵巧的绣花针,可以织出美丽的图案。如果水底的针影成粗槌,或弯曲不成形者,就表示织女给她的是一根石杵,那么丢针的女孩是个"拙妇";影子成云成龙者为最巧。胶东地区的乞巧则是姑娘们白天到田地里去"偷"一些青秫秸,一路上不回头,不说话,回家后扎一佛龛,或在土台上搭一小棚,内供织女图。入夜后,姑娘们手持白天"偷"来的秫秸围着井台转一圈,意为请七姐姐降临,位归佛龛。然后女孩们坐在织女像前,拍着巴掌向织女乞巧,边拍边唱:"一巴掌一月一,姐姐教我纳鞋底。二巴掌二月二,姐姐教我绣花裙……"一直唱到十二月。这些习俗定是中国古代传统社会中由女红文化衍生出来的。

少数民族也有不少夏日活动,例如赛马。赛马是蒙古族、藏族、哈萨克族等游牧民族喜爱的活动。赛马之日,凡参赛者大都备名鞍、套贵辔、拴鬃绫、挂彩带、绾尾球,将马装扮得精神抖擞、威风八面,骑手也要穿上紧身漂亮的猎装或彩袍。男女老幼身着节日盛装,密集在跑道两旁,连袂摩肩,水泄不通,争相占好绝佳位置观看精

彩场面。赛马的比赛原则主要有两种：一是比速度，二是比技巧。比速度主要看在规定的距离内谁的马跑得最快。赛场平坦广阔，参赛者骑上骏马，在一端横线后排好，随着裁判员的一声号令，他们便扬鞭催马，急驰飞奔，箭一般向前冲去，一手操纵缰绳控制马的行进方向，一手挥马鞭督促马的行进速度，先到终点者为胜。此刻赛马场上尘土飞扬、马蹄阵阵、人声鼎沸，呐喊声、马蹄声不绝于耳。技巧比赛各地内容不尽相同。鄂伦春人一般要将场地选在行走艰难的路段，约十五里左右，比赛时既要爬山涉水，又要穿林越沟，因此，赛马必须具备跨越各种障碍的能力和相当的奔跑速度，而骑手也要具备高超的骑术和超人的胆量，方能取胜。藏族的技巧比赛则包括骑马射箭、骑马拾哈达等项目。两项比赛优胜者，会受到亲友和观众众星捧月般的欢迎，尚未娶亲者，也会因此得到漂亮姑娘的青睐。除了赛马之外，各地在春夏之日还会举行赛牛、赛骆驼、赛牦牛等竞技活动，活动内容及要求大体与赛马相似。

骄阳下的清凉

　　传统农村生活中没有空调、电扇、暖风机这些现代化的避暑或取暖措施，所以在房屋上做文章成了人们应对自然寒暑的重要方法。传统民居往往根据地理环境和生产需求而异，坚固耐用、遮风避雨是基本条件，在此基础之上，人们发挥才智，尽量让房屋变得冬暖夏凉。土是天然的保温媒介，以土为主要材料搭建成的房屋就能够满足人们适应季节变化的温度要求。陕北高原是基岩所构成的古地形基础上覆盖新生代红土和黄土层，再经过流水切割和土壤侵蚀而形成的地貌。塬、梁、峁、沟是黄土高原的基本地貌，也是地质学上的描述，而当地人用沟、涧、湾、台、渠、梁、川这些词语描述，人们听了能够精确地判别出此地的地理情况。黄土高原分布最广、最古老的窑洞式房屋，生活在黄土高原的人们免去了来回搬运土料的麻烦，直接依山而凿。窑洞有土窑、砖窑、石窑之分。与营造过程较为复杂的砖窑、石窑相比，土窑施工便利、就地取材、造价低廉，故成为绝大多数普通民众的首选。而砖窑、石窑就不同了，洞口、窑脸全部用雕工讲究的砖石垒砌，而且连许多屋檐、花墙、院墙、门楼等处都下尽了雕镂之功，如果再加上门窗所需的木料，整个造价比土窑就高多了，只有有钱人家才能建造。

　　窑洞营造最重要的是选窑址，土质结实、远离沟壑、光照充足、靠山背风、交通便利、吃水耕种方便且无洪水或泥石流袭击的地方为最佳。当然还有一个形成村落的重要前提，那就是要利于生产。因此自然形成的断崖或陡坡分布较为集中的地方往往就是土窑营造选址的最佳区域，也就成为陕北村落形成的必需条件。黄土高原千沟万壑，也许是在一万年前因一条宽阔的河流不舍昼夜地奔涌冲刷而成，陕北人称这样的地方叫"川"。川里可种植农作物，水量丰沛的地方甚至还可以种植水稻，所以"川"常常是形成村落的位置。陕北信天游中唱道："一道道水来哟一道道川，赶上哟骡子儿

哟我走呀哎嗨走三边"。土窑在自然垂直的断崖或陡坡的崖壁上掏挖，按山势的自然走向建成坐北朝南的正窑，一道平整的窑面上可并排掏挖窑口，一般为三口窑或五口窑，并排组成一户。如果地势宽展，家口众多，可以掏二十几口窑，多为一个家庭或一个家族集体居住。

　　黄土窑依山而造，窑顶有两米多厚的土层覆盖，冬天保暖，夏天隔热，让窑内的温度和湿度能够常年保持稳定。冬天，黄土高原极其寒冷，刺骨的北风无论如何也吹不进窑洞里，即使气温降到零度以下，窑内的温度也会保持在十至十二度之间。如果家中有老人或小孩，那么在灶里添些柴火烧烧土炕就可以更加温暖了。夏季，陕北"十年九旱"的干燥气候经常带来持续高温，但窑洞内依然保持恒温，即便在最热的中午，窑洞内的温度也不过二十多摄氏度，恰似一个没有噪音的天然空调房，一进入到窑洞

中冰冰凉凉，坐久了还要穿上长袖外套，晚上睡觉还要盖上棉被呢！窑洞时常让人忘记当下的季节，也常安静到让人恍若隔世。

　　窑洞一般由天井、穿洞式门楼、院墙及居室四部分组成。而断崖崖面坡度较陡，崖与崖之间的平坦地带，面积较小，根本无法修筑天井和院落，就只能将窑面前的狭窄空地当作走道和天井并用的公共空间了。陕北的窑洞洞体被黄土覆盖，从窑面看上去觉察不出窑洞内部的空间大小，实际上，窑洞内部的房间十分宽敞，宽度一般为三点三米，深度大约在七至十米，高度约三至四米左右，这样庞大的建筑群都隐藏在绵延不尽的高原体内。沟谷间一道道垂直的断崖经过民众的砍削琢磨，形成一面面平坦整齐的窑面。为了达到干净美观的视觉效果，当地的民众还习惯在已经平整的窑面上抹几层黄泥浆，使之更加光滑圆润。窑洞上方一般会安置一个排烟的烟囱，并沿着窑顶边缘接出瓦檐，这样既美观好看，又可保护窑脸及窗户不被雨水淋坏。当傍晚金色的阳光均匀地洒落到这些高大平滑的窑面上，本就泛黄的土窑更显得辉煌撩人，远远望去，整个塬上犹如装裹上一层层金黄色的彩带，高贵又炫目。华北地区的民居会利用院落四周的边角之地种些瓜果蔬菜，这些不起眼的"自留地"可以满足一般家庭一年四季的蔬菜供应。黄土高原村落中平坦的地面珍贵稀缺，人们便纵向拓展空间，在窑顶上种植树木草蔬，甚至放牧牛羊。

　　造型独特的窑洞是令人难忘的栖息地，现在陕北的年轻人为了工作、为了子女求学纷纷搬迁至城市中居住、生活，但住进电梯洋房的陕北人有时还是会想念家中的那口窑洞。窑洞具有优于现代住房的一些特点：一是坚固耐用，由于黄土层的直立性及较强黏性，许多窑洞可以经受上百年甚至上千年的风雨洗礼而不倒塌。土窑的洞口、内外墙、穹窿顶及炕、灶、坐具等也多为土质。由于西北地区气候常年干燥，再加上人们在窑洞内长时间烧火做饭的熏烤，使得带有黏性的黄土日趋牢固结实，所以不同于其他房屋，用的时间久了难免垮塌，窑洞是历久弥坚，免去了翻修坚固的麻烦。陕北延川乾坤湾畔的小程村古窑遗址，据专家考证已有千年的历史，至今仍完好地保存在地面上，不得不令人感到震惊和叹服！其二便是冬暖夏凉、通风敞亮。七米多长的窑体隐缩在黄土层深处，所以窑洞内部是没有窗户的，但这并不意味着窑洞内昏暗阴沉，相反人们会在窑脸的门窗上做足文章，以便保持室内采光。洞口处的砖墙或石墙砌得很矮，约有一米多高，门设在一侧，其余从上到下全部安装大小不一的各式窗户，为窑洞带来充足的光线。据统计，一口窑洞的窑脸上多则有十六至十八个大小不等的窗，最少的也有六个大窗。"天窗"是可开合的，用于通风换气，其他窗户包括门都糊满白窗纸（当然现在都是镶嵌玻璃），这样相当于硕大的洞口面向阳光开放，纵然窑洞再深，光线也会毫不吝啬地射向窑内。第三个优势便是与自然亲切相处的宁静了。窑洞内恬静安然，特别适于睡眠。我曾在陕北一个名叫福乐坪的村子里小住过一

段时间，主人的窑洞建在村里的最高处，遥远的山脚下流淌着不息的黄河。晚上睡在温暖的土坯坑上，仿佛抬起手就能摘到满天的星星，任凭洁白的月光洒满全身。窑里静极了，迷迷糊糊间睁开双眼，感觉到整个窑洞都充满了悦耳的黄河水流之音，如果不是远处几声清亮的犬吠，还真以为自己就躺在黄河母亲的怀中。宁静安然不仅是陕北窑洞优于城市楼房的特点，也是所有乡村住宅的优势，远离城市的喧哗，与自然拥抱、与山水共眠这是城市人向往的"桃花源"，也是无论身处何方的中国人对田园生活的终极向往。在我国迎来城市化建设高峰期的时候，我们越发重视人与自然的和谐相处，越发懂得像保护眼睛一样爱护生态环境。

沿山顺崖掏挖筑窑的方式极尽民众的生活智慧，但民众的智慧又远不止这些。生活在缺乏陡坡和山崖的陇东、豫西一带的民众为了能够获得冬暖夏凉的居住空间，在有限的自然条件之内发挥聪明才智，建造出独特的居住方式。他们选择一块平坦开阔的区域，然后从平地向下掏挖，挖出一个深八米、长宽各十余米的方坑，他们的家院就在这方坑之内。方坑的底部作为院子，沿坑的三面或四面墙壁向里各挖三个拱窑，东南角的窑与地面相通做窑的拱门洞，供居者出入窑洞之用，其余的窑可做卧室、厨房、仓库及饲养牲畜的棚栏，形成一个舒适的地下庭院。其组合样式也保持了北方传统四合院正房三间的格局，每个方坑通常为一个家庭单位所享用，这种营造方式在当地被称为"地坑式窑洞"，俗称"地坑院"。陌生人来到这些村子，煞是惊奇，这样开阔平坦的区域内不见一楼一院、不见一砖一瓦，何谈村落？可走入村子的道路细细观察便可发现一个一个的方坑，人们都住在"地下"呢！民众们就集体生活在他们耕种土地下面的窑洞里，与大地紧密地贴靠在一起。有些地方甚至将街道也在地面以下联通，远远望去，只见枝叶茂盛的树冠和地面上密布的庄稼及晃动的牛羊，整个民居及生命完全寓于大自然的环境之中，与地相联，与天沟通。

地形平坦地区的合院式民居中间形成天井，也就是家户中的一个小院。天井上通天、下触地，大自然中所有阴晴雨雪风月的更替变幻均给居者带来不同的心理体验。不论是平凡普通的农户百姓，还是居住讲究的文人官贵，天井都是居者联系天地自然的一个通道，也是居者调整身心、享受生活、品味人生的重要场所。平原所见居所的天井比较宽敞，特别适宜空气的吐纳、对流以及光线的采集与吸收。北方天井地面最朴素的就是夯实的土面，有的是用砖或石子砌铺的墁地面。近二十年来流行用水泥铺抹，这样地面平整干净，减少了尘土干扰，也避免阴雨时的泥泞，利于晾晒粮食和日常生活的开展。东、西厢房分列天井两旁，有的人家只设东厢或西厢，还有的人家不设厢房，只用木料、水泥、瓦、秫秸搭建一个简易的棚子，里面存放日常生产、生活中随时使用的车子、草篮子、干草、农具等杂物。厕所和栏圈一般设在天井的西南角。北方的人家喜欢在墙角处盘口锅灶，便于夏天使用，不然就连三伏天也得睡在热炕上了！天井内少不了水井，以前家家使用辘轳挽水，后来基本都使用手压"机井"，再后来有了用电的泵机，不必费力气，打开开关便有汩汩清泉。随着新农村建设的推进，农村饮水工程纳入政府工作的重点，村中通了自来水，不但能够随时方便地获得水源，饮用水的安全也有了保障。不过，现在很多居住在乡村的人们但凡村中地下水源充足，总还是喜欢在自家天井里打上一口井，机井口用水泥做一个方池子，平时可洗菜涮碗，也便于灌溉天井中种植的花草和院子周围的小菜地。尤其在夏天，井水冰凉清透，将西瓜、桃子放进井水里浸泡一会，便可以得到冰镇水果。或在闷热的夏日打一桶井水洗把脸、冲冲凉，马上消解酷热的烦躁，别提有多清凉。

农家小院除了一些附属建筑用地之外，剩下的地方大多植树、种菜、养花。人们喜爱在院子里种植果树，诸如石榴树、柿子树、苹果树、梨树、枣树等，槐树、梧桐树、香椿树等易于管理的树也受人们欢迎。种植在天井中的树不但为了装点，一年四季也给予人们惊喜。春天嫩嫩的香椿发出绿芽，主人赶忙掐下嫩尖，做成腌香椿或香椿鸡蛋，品尝春天的美味。这是大自然周而复始给人们带来的美食问候。槐树、梧桐之类的树木，枝繁叶茂，而且高大无比，直冲云霄，在屋顶上形成一个硕大的绿伞，地面斑驳的光影自然成了人们聊天喝茶的好地方。槐树春天开白花，淡淡的花香飘来，伴着茶香，令人心醉。槐花则可以打下来摊鸡蛋饼或是包包子，淡雅的花香中透露出丝丝香甜。到了夏天，纳凉时欣赏石榴树上开出的花朵，内心便在盘算着秋日里即将收获的石榴了。柿子树、石榴树等果木虽然长得不高，但其叶浓密，秋天结果，站在树底下向上看，红果绿叶，为天井增添了姿色。北方的冬天树叶纷纷落下，光秃秃的枝干一叶不留，干燥的树叶可以用于引火。院子稍大的人家在地面多辟一些土地，种植时令蔬菜或当地特有的花木。北方院子常种的蔬菜不过是白菜、菠菜、小葱、韭菜、黄瓜、豆角、丝瓜、葫芦之类，随种随吃，倒也方便。花木多数是月季、牡丹、芍药、君子兰、仙人掌、菊花、鸡冠花、向日葵等等，花季一到，姹紫嫣红，彩蝶飞舞，满

院飘香。天井内一些边角地带，根本用不着人为绿化，春风一吹，什么苦菜子、车车草、荠菜、婆婆丁、缨缕草等，连同一些叫不上名字的野菜杂草一夜间便会铺满整个院落，让人倍感自然造化的神奇力量。这些也可以成为人们春日的盘中美食，也是去除上火病灶的良药。秋收以后，北方院落最迷人的时间到了，树枝上、平台上、墙头上到处都摆满了金黄色的玉米，白色的墙壁悬吊几串火红的辣椒。抬头看，红彤彤的石榴、金灿灿的柿子在绿叶中闪现；低头瞧，满眼的红花绿草争奇斗艳，妩媚妖娆，几只麻雀突然从枝丫间飞出，惊得满地的花影乱颤。

南方的天井虽小，但每家每户的天井都是经过精心组织安排的。北方的地面以素土见多，而南方由于雨多潮湿，天井基本以砖石铺砌。有条件的人家用条石、条砖铺就，并且会精心布置出地面图案。图案形式灵活多变，什么席子纹、人字纹、八锦方、八卦锦、龟背锦、柳叶都成为地面的装点。放眼望去，整个地面星星点点，青白相间，宛如一幅平整明朗的地毯画，甚是好看。南方的天井院除了在地面上放置一些日常生产、生活时使用的农器农具外，还会掘鱼池水井，植花卉果木，设石凳石桌。基址较大、条件优者甚至叠假山，造流泉，水石间再植几竿新竹，或缘墙舒展，或临水摇曳，新枝玉立，清脆鲜碧，风姿卓然，充满诗情画意。水池中新荷婷婷，群鱼嬉戏，偶尔花落水中，群鱼争抢，忽聚忽散，或唼或跃，生动有趣。池边圳旁、厅前廊中、巷弄夹角等处多点缀些花卉果木，这些植物与北方大不相同，诸如玉簪、桂花、枇杷、琼花、芙蓉、芭蕉、玉兰、山茶、杜鹃、楝花、百合、含笑、茉莉、紫薇、合欢、幽兰等等，这些都是适于庭院生长的花木。花盛时，灿若明霞，焕若织锦，清香阵阵，随风散溢。通过透窗、隔扇，全院美景尽收眼底。站在天井内，抬头看，蓝天白云，明净爽朗；低头瞧，葱郁苍翠，波光潋滟；环顾四周，粉墙青瓦，朱栏秀窗，虽置身高墙深院，却自有一番畅然宽怀之感。

天井是皖南民居建筑的中心，一般都将天井安排在正厅前庭。天井的面积虽说不大，但却具有不可或缺的特殊功能。在高墙围垣、封闭幽深的空间内，天井不仅起到通风、换气之作用，同时又有遮阳避暑、采光排水等多种功能。如果是纵向轴多进式民居，也可在后庭设置天井，横向加接的民居中每幢均设一天井，并各有出入口相通。大户人家还在厅堂两侧的厢房外、厨房或小厅中设置小天井，以增加高幢民居的通风采风口。宏村大盐商汪定贵的宅院——承志堂是一幢前后两进三开间回廊式建筑，其内共建有大小天井九个。南方夏日多雨，天井可以有效地解决民居排水问题。天井四周的瓦头向内倾斜，檐口处置锡制水枧，水枧沿内壁而下，有排水管下伸至地下水沟并接连排水道。下雨时，雨水顺着合瓦垄与瓦头流到水枧，再由水枧送至院内"明堂"（亦即天井），俗称"四水归堂"。雨水可沿排水道流入自家菜地或后花园，这便叫做"肥水不流外人田"。因五行中水主财，雨水流入自家菜地取聚财积善之吉意。勤劳的主人会将天井精心布置一番，布置后的天井变成了休闲、纳凉之地。天井院内用麻石铺地，很多人家用青石砌筑成养鱼池，鱼池上下点缀着假山、盆景，清雅怡人。池中清水既可调节室温又可防火。喜欢敲棋品茗、赏花观草的人家往往还在天井内设

石桌石凳或在粉墙高柱间布置几点绿意，倒也清雅肃静。

我国幅员辽阔，从最北端的漠河县乌苏里卡伦浅滩至最南端的南沙群岛，纵向跨越寒温带、中温带、暖温带、亚热带、热带、赤道带六个温度带。随着气候的变化，民居的营建方式随之改变。考古学家在河姆渡遗址发现的干栏式建筑是距今最古老的干栏式建筑，这种建筑以木材为主要建筑材料，分为两层，下层圈养动物，上层供人居住。这种建筑适用于潮湿多雨的地带，通过抬高地面居住距离减少人们对梅雨季节的烦恼。干栏式建筑至今仍然大量分布在高温多雨、林木深密的贵州、云南、广西等山区，这种建筑方式尤其受到西南少数民族的青睐。西南少数民族多居住在山间，利用山坡自然倾斜的地势筑竹楼是这些民族扎根山林的必备技能，因此壮族、傣族、布依族、景颇族、德昂族、佤族、侗族、水族、苗族、怒族、拉祜族、基诺族、傈僳族、布朗族等传统村寨普遍存在干栏式建筑。干栏式竹木结构楼在不同民族有不同的称谓，傈僳族管这种建筑叫"千脚落地房"，怒族称之为"吊皮腰"，苗族、侗族称之为"吊脚楼"，傣族叫做"竹楼"。虽然各民族居所的名称、造型及功能不尽相同，但总体的居住样式仍与干栏式建筑的特征息息相关。一般都是选择几十根粗长的木柱竖立在坡下，坡上则竖较短木柱作为屋架支托，柱与柱之间相互凿木穿枋，卯榫扣合，构成屋架。在木柱上铺横木和地板，用木板或竹篾围起来作墙，屋顶苫茅草或铺杉皮、覆青瓦。门前设走廊，并有楼梯相连，楼上住人，楼下养牲畜或堆放杂物。

  傣家人将居住的房屋称之为"竹楼"。竹楼顾名思义，建造材料均采用竹子，不过现在建造的傣族竹楼大部分已改用木质结构了。与汉族以天井为中心向内封闭式庭院的结构布局不同，干栏式建筑都是开放型庭园，竹楼单幢置于院落中央，只在自家院墙外用低矮的竹篱稍作环绕，有的干脆不做区隔，竹楼周围空地种满各种竹林果木。整幢建筑开朗自由，绿荫围绕，环境幽静，居住舒适惬意。竹楼为两层，底层为架空层，由数十根木桩或粗竹为柱支撑楼上重量，底部多用于存放柴草、农具等杂物，有的也用于养鸡、鸭等小家禽。顶楼楼板和墙壁大多用剖开压平的竹板或木板铺就。居住层的分隔十分简单，堂屋与卧室各一间。堂屋为待客处，中设火塘，立架吊锅，烹饪烧茶。卧室与堂屋并列，不设床桌，只在楼板上铺垫、挂帐，席地而卧，家人数代同居一室，客人一般不得进入。屋外环绕走廊，四周无墙，仅有重檐屋面遮阳避雨，外檐处设凭

栏或铺席于其上，是日间起居、乘凉、做家务的地方。楼顶有平坦的晒台，周边有矮栏围护，女主人一般都在此盥洗、晒衣、晾晒农作物等。有的还在主房四周扩大一圈檐柱，盖成"偏厦"。"偏厦"几乎将楼层墙身全部罩入其中，起到遮挡烈日、保持室内阴凉的效果。底层与楼层之间有木制楼梯连通，楼梯每户一部，台阶九级或十一级。屋顶为轮廓鲜明的歇山顶，形似"孔明帽"，坡陡脊短，山尖高耸，屋面用厚草排盖，现在多使用小平瓦（又叫"缅瓦"）覆盖。远看竹楼，硬朗的歇山屋顶与宽敞贯通的底层柱林、鳞次栉比的屋面板墙与隐蔽羞涩的前廊阳台形成强烈的虚实对比。

独龙族流行的民居样式有一个很有趣的名字，叫"坎木妈"和"坎木爸"，翻译过来就是"母房子"与"公房子"，流行于云南贡山独龙族怒族自治县，今天靠近独龙江的中缅边境还有一些这样的房子。坎木妈和坎木爸也是干栏式竹木结构的长方形大草房，只不过母房子房间数较多，通道设在屋内中间，所有开间都以通道为中心，前后两排呈对称式设计。"公房子"只设一排，开间较少，通道设在屋内靠山地一侧。坎木妈和坎木爸的通道两侧或一侧被竹墙分隔成数间小房，每间房间通道敞开，不设墙、门，各间均有火塘，住一对夫妻及未成年的子女，老人多同未婚幼子共居中央一室。各间男主人均属亲兄弟或从兄弟关系，每个小家庭都是一个独立的经济单位，共同生产和消费。大草房中的粮食由主妇集体保管并轮流做饭，各间两壁下通常开小窗，便于彼此传送食物。[1]楼梯设在前廊两侧，楼下空间作为存粮、碓米和进行家庭副业的场所。这种由多个小家庭共居的大草房集中体现了团结、互助、热闹、喜庆、安全的民族聚居特性。德昂族、拉祜族、基诺族等族也有类似结构的大房子，遵从相似的生活方式。这些居住形式是人类远古时期以母系或父系为中心的大家庭聚居形态的延续。现在这种大型的可供集体居住的房屋已经少见，为满足年轻人的生活方式和对私密空

1　叶大兵、乌丙安：《中国风俗辞典》，上海辞书出版社，1990年，第446页。

间的需求，儿女成家以后一般在父母老房附近单独建房。这种单独建房不同于汉族的"分家"。汉族一般在儿女结婚时会搬离父母家而分家，分家后组建小家庭的夫妻要独立承担起经济、劳动、生活等各项事务。独龙族不同，只是与长辈分开居住，但劳动、用餐仍然是以大家庭为单位集体活动，仍旧保持旧时共同生活的习惯。[1]

纳西族生活在云南西北部。纳西人善营造古城，因旅游开发而红遍大江南北的丽江古城便是纳西族祖先的智慧创造。纳西先人深知山川地貌对住宅居所的影响，所有房舍均依山临水而建。放眼望去，整座古城北依蒙山、金虹山，西傍狮子山，东南和南面与平阔开朗的平坝相连，这样，既能阻止秋冬季节从玉龙雪山刮来的西北寒风，又能朝向东南光源，加强了城内民居的采光效果，而且能够巧妙利用夏季畅通的东南风驱除城内的热气和废气。从北面象山山麓流出的玉泉河水分东、西、中三股入城后，又分成无数支流穿行于古城内的大街小巷与千家万户，大街傍河，小巷临渠，街巷随水渠的曲直而延伸，房舍伴地势的高低而组合。石桥旧街，绿树老屋，潺潺流水，袅袅炊烟，一派高原水乡意韵。

以四方街为中心组构的民居建筑虽历经地震侵袭，但仍保持着明清时期乡土建筑的本色。在平面布置上，纳西民居吸纳了白族民居的特点，仍然以三坊一照壁、四合五天井、走马转角楼式的瓦屋楼房为主要营建形式，其次多为两重院、两坊房和一坊房。在各类住房形式中，正房均为三间，方向朝南。居中一间为堂屋，开间较大，供起居、待客使用。左间供长辈居住，右间则为新成家夫妻的卧室。厢房略低于正房，多为厨房、仓库与卧室。楼梯多置于左面开间里，正房或厢房前设有三开间的廊厦，供日常生活使用。天井为方形，以瓦片、卵石、碎砖石等铺砌成地面的花纹图案，内容多是四蝠闹春、八仙过海或万不断、串枝莲等吉祥图案，四周种花植草。由于云南

---

[1] 蔡家麒、王庆玲：《神秘的河谷：独龙族民族志文献图片集》，民族出版社，2016年，第114页。

处云贵高原，属高原型西南季风气候，年平均气温在12.6℃～19.8℃，拥有四季如春的气候，所以这里植物的种类、色彩别具一格，开放时郁郁葱葱、争奇斗艳，争抢着向家中主人、向四方游客展示自己的娇艳多姿。临街的房屋，则要以地形水势为根本来决定房屋的层数、开间数、布局及细部处理的变化等。民居的山墙多数为悬山式，两边挑檐很长，约有三尺。山墙及前后墙体上部的三分之一处理多样，大多数为并排竖放的封檐裙板。封檐裙板又叫封火板，既保护外露的木桁条，又起到一定装饰效果。墙面有腰檐相隔，在腰檐上设各种花饰栏杆，外墙墙体上窄下宽，呈梯形砌筑，利于房屋的稳定和抗震性。正房堂屋多设四扇或六扇雕花格子门，左右两侧为花禽鸟兽图案镂空的花窗，样式繁多。楼层开有四扇或六扇花窗，两侧有较小的花窗，对称均衡，虚实相生。梁头、穿枋、柱础、雀替多施雕工，精美绝伦。有趣的是，整个民居画龙点睛之笔设在山墙封火板正中的"悬鱼"上。"悬鱼"长度为八十厘米，是纳西人祈祷"吉庆有余"的吉祥之物，也是区分纳西族与周边白族、藏族等民族民居的明显标志。悬鱼式样根据建筑的等级、性质而定，多为直线与弧线造型，外形简洁、大方，线条流畅，一些官宦人家往往还在住宅的悬鱼上雕刻花饰。

盈车嘉穗，五谷飘香

我们常说"秋天是收获的季节"，一年不同时节农作物都有收获，但大多数瓜果都集中在9、10月份收获。经历过春日的耕种管理，经历过夏日的积累沉淀，果实终于在秋日沉甸甸地挂上枝头。其实前面已经提到过，秋天的收获并不是突然而至，早在5、6月份人们就经历了一场繁忙紧张的麦收，秋日的果实承接夏日的收获，麦收之后稍作休息，农家最忙的秋收就开始了。农家的生活一年四季都不轻松，春耕与春种、夏收与夏种、秋收与秋种，全是力气活儿不说，还贵在一个"抢"字，不过，更有"三春不如一秋忙"之说。

在没有现代化农业种植技术的传统社会中，农家人靠"天"吃饭，什么样的天决定什么样的收成。现在有大棚室内种植技术，可以人工控制棚内的温度、湿度、土壤

环境，还有各种新型农业种植技术。比如，无土栽培技术无须使用天然土壤，通过营养液的调配供给植物养分，使作物栽培不再受到地域限制；又如立体种植技术，充分利用地域的时间、空间，同时种植多种农作物，"稻—萍—鱼"就是一种立体种植方式，是有利于生态保护的一种环保种植模式；再比如设施，农业技术的发展让农民逐渐从繁劳的重复性工作中解脱出来，大棚内通过计算机设施可以自动控制遮阳幕帘、实现定时自动喷灌。农业技术的发达，加之物流运输、储存条件的进步，让我们的食物种类变得丰富，不再完全受到地域限制，也不再受到时间限制。外面还是大雪纷飞的时候，父母就带着孩子们到大棚里采摘草莓；即便在十冬腊月，我们也能够品尝到曾经炎炎夏日才有的西瓜、葡萄。不过享受着现代农业技术的发达，人们却更加怀念儿时吃到的食物本味。

生活在城市里的人们总是梦想着能有自己的"一亩三分地"，能吃到自己亲手种植的、没有化肥农药的放心蔬菜。在这种需求下，"城市租地"应运而生。居住在城市周边乡村的人们将土地切割成小面积，城市人可以租赁，周末可以自己动手种植，也可以交给农家代为管理。庄稼植物收获了，农家将收获的瓜果蔬菜通过同城速运快递到租赁人手中，这样生活在城市中的人们便能够吃到"自己的土地"上种植出的成果了。这些现代化的技术不禁让人感慨农业种植的今非昔比，也让人感慨中国人对土地的眷恋，正如费孝通在《乡土中国》中描述的中国人那样，"我们说乡下人土气，虽然有不敬的意味，但这个土字，却直接点出了意思。乡下人离不开种地，种地离不开泥土。我们民族的历史在这土地繁衍壮大，自然逃不开土地的束缚。"正是因为中国人对土地的眷恋，才形成了生于斯长于斯的熟人社会，才形成了特殊气质的中国。

传统社会依据二十四节气指导耕作，人们依照节气时令调整耕种步骤。农谚云："寒露没青稻，露降一齐倒。"寒露是秋季的第五个节气，是农历二十四节气中的第十七个节气。每年的公历10月8日至10日期间，视太阳会到达黄经195°，这一天便是寒露，此时大约是农历九月。《月令七十二候集解》中说："九月节，露气寒冷，将凝结也。"也就是说寒露以后随着气温下降，比白露时更低，地面的露水寒冷，马上就要结成霜了。寒露的下一个节气是霜降，寒露和霜降之间大约间隔十五天。古人将这期间的十五天划分为"三候"，每五天为一候，每一阶段对应相应的时节特征：一候鸿雁来宾，二候雀入大水为蛤，三候菊有黄华。意思是说一候大雁南迁；二候雀鸟入海变为蛤，其实是说此后飞物少见，而潜物多见，海鲜、河鲜此时肥美；三候金灿灿的菊花开放。

寒露以后，水稻、玉米、大豆等作物便开始进入收获期。秋日成熟的玉米高出人两尺多高，仿佛要蹿到天上去，一簇一簇饱满的玉米棒头顶着花须从笔直的茎秆侧面探出。收获玉米是力气活，先要在茂密的玉米地中砍出一条路，便于车辆运输，一般是两人合作，一人在前面掰棒子，一人在后面砍玉米秸。玉米须是玉米的雌花花柱和花头，细软蓬松，太阳晒过脱水后更加轻盈。掰棒子时人们在密集的玉米地中穿梭，玉米须一不小心就钻入脖子里，让人脖子阵阵刺痒，所以掰玉米前人们总是把脖子围得紧紧的。玉米叶片也是掰玉米时的烦恼，锯齿形状叶片不经意地划过人脸，痒痒的还有些刺痛。玉米收完后地里又要种植小麦，又将开始新一轮的成长，因此收割玉米、高粱时为了避免秸秆在地面上残留过高，影响秋耕行犁，茎秆要及时清除。玉米镢便是用来刨玉米、高粱等高秆作物的小镢。使用玉米镢时在地上一二指处将根斜向切断，仅将根茎刨断，并不挖根，所以从形制与功能上看，玉米镢更像是镢与斧的混合体。玉米镢把儿短，长度在六十厘米以内，镢身轻巧，便于单手抡起来操作。刨玉米和高粱时一般一手抱十或二十几棵夹在腋下，另一只手抡起镢头朝根茎砍下。镢头似斧，刃口呈扇形，刃的曲线较之其他镢有所延长，这种扇形刃口决定了它放射性的砍伐，适应性强，特别适合大簇作物的收割。有的地区管玉米镢叫"镢镰子"，因其锋利和势不可挡也常被人用来恫吓他人："看我用镢镰子刨你！"当然，这都是开玩笑。

收割最常用的工具是镰，根据收割对象的不同，镰刀可分为麦镰、条镰、草镰、韭菜镰等。工欲善其事，必先利其器，不同的镰刀设计上有细微差异，以更好地适应劳作需求。镰刀的每一个角度、每一个尺寸都在贴心努力地为农民减轻负担，设计可谓是机巧用心。麦镰由镰头、镰銎、镰把组成，造型轻巧而优美。镰头钢质轻薄、锋利，一把麦镰总重量不超过一斤，所以用起来轻便灵巧。收割小麦需要用镰刀齐根切断，而不是连根拔起，所以镰刀不像入土翻地的锹和锄，越重越好用，轻巧是判断一把麦镰好用与否的一个非常重要的因素，老百姓常夸赞轻巧刀是"好使不压手"。麦镰的镰头很窄，大约四至五厘米宽，不足二十厘米长，这是因为小麦在生长过程中分蘖，一粒麦种可生长发育出三至四根麦苗，间距非常密实，弧形的长镰一次可以收获更多麦子。收割小麦时，麦镰要从层层叠叠的麦秆中横穿而过，镰头必然窄小，便于穿插。另外，镰头呈扁月牙形，刃口弯曲有凹弧，镰尖处有封口，镰刃与镰把的交角小于九十度，近似直角，但镰头稍向内弯，这些处理都有利于收割时对麦秆的收拢。

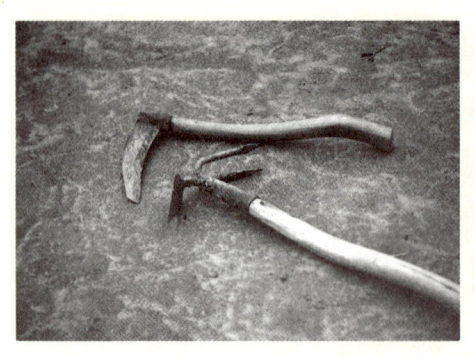

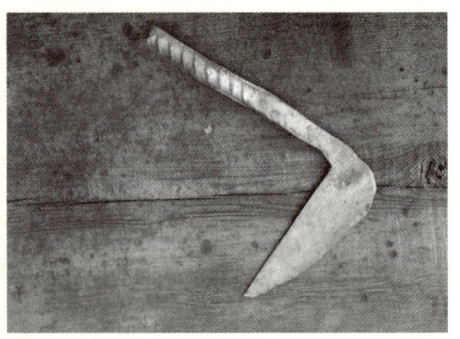

割麦子时一手将一簇麦子环拢，一手挥镰割麦，一刀下来就是一把麦子，所以月牙形镰头最大限度地保证了工作面和工作效率。麦镰把儿五十至六十厘米长，是镰中较长的，这样的设计同样为了迎合麦子的收获要求。割麦都是大面积作业，还要抢收，所以行动必须迅速，长把儿有利于提高收割效率。麦镰与其他镰在造型上最大的差异在于它的镰把儿是弯曲的，这样的结构处理可以提供两方面的功能优势：第一，过去割麦留茬都是越低越好，这样多割出的麦秆可以用作饲料，所以割麦都齐着地皮割平茬。为了保证平茬切割，刀刃必须与地面平行，如果镰把是直的，割出的茬口就会是斜的。因为人弯腰割麦子与地面有一定高度，手挥镰割麦时刀刃的切割方向必然是斜的，高度越高，斜度越大。为了避免这种现象，麦镰把儿要做适当弯曲，通过这个曲度的变化保证人在一定高度的情况下平茬切割，这样手的用力方向依然是自然的斜向，但割出的麦茬却是平口的。刚割完的麦地就像是刚刚理过发的小伙子，理的是光滑圆溜的小平头。

第二，这种弯度也减轻了割麦人弯腰的程度。老百姓总是不禁发出"收麦子真累啊"的感慨，劳动量大尚在其次，关键是弯腰劳作，弯腰时人体腰部承受的压力最大，割一会儿就腰酸背痛，极容易疲劳，所以收麦子时一般都采取弯腰割和蹲着割两种姿势交替进行，以缓解腰部受力。麦镰长而弯的镰把儿平缓地过渡出一定高度，更符合人体的生理特点。另外，镰把儿的末端还有一个小的曲度变化，这是为了适应人手挥镰刀时自然的抓握角度，这个曲度使人不必刻意迎合麦子的切割角度，进一步增强了可操作性。

老百姓常说条镰是"收条子用的"，所谓"条子"就是荆棘、灌木丛生类植物。老百姓割条子，一可编筐篮盛放东西，如棉槐、楛条、桑条、蜡条等；二可用于收集柴火，如刺槐、酸枣树之类。这些植物都是一簇簇生长，当年春天发芽，秋天霜降落叶后开始收割，一般不超过拇指粗细。条镰是收割它们的主要工具。条镰镰头较其他镰来说粗短厚重一些，直刃，镰头长度不超过十五厘米，宽度十厘米左右，刃与镰把儿的角度也稍小于九十度、内倾。它与麦镰造型的不同体现了它们适用于不同的农作物和不同的作业方法。麦镰一刀割一把，而条镰要一根一根割，所以在镰头的处理上，它不必考虑收拢作用，在外形上它的刃口也没有凹弧而是直刃。条镰镰头的宽度明显大于麦镰，显然不再适用于密集型作业。用条镰切割枝条时，人们都习惯将枝条卡在刃口根部，再加上镰把儿也粗短结实，缩减了刃口作用点和人力作用点（手握之处）之间的力矩，达成了省力效果。条镰最主要的特点在于它的銎较麦镰更长，一般在十五至十七厘米，侧面交界线像一条"加强筋"一般将镰头与镰銎浑圆结合，感觉更加有力。这种结构取决于条镰镰銎的特殊用途。有一些荆棘类植物如刺槐，枝条上长刺，扎手，不易收割，遇到这种情况就将条镰反过身刃口朝外，把镰銎当"锤子"用，顺着枝条磕打，将刺打掉，再用手抓握，将枝条弯曲，从根部切割。

草镰和条镰相比轻便一些，但依然属镰中的厚重型，镰头呈三角形，镰銎比条镰短。从镰头到镰銎，结构连贯有点像雁头，所以老百姓也有叫它"雁头镰"的。这样的结构制造更有利于加强镰头的力度，加强砍伐、切割能力。人们在使用草镰时大多采取蹲势，割草时尽可能从草的根部切断，所以草镰需要具备一定的重量，一般在一斤半左右，老百姓称之为"压茬"。割草的好把式都知道，割草时草茬要小，不留底草，这样的草连秆带叶才禁烧。草镰用来收割比较矮小的植物，如山地上的山草，还有栅草、山苋草、野苇草、芦草、豆子的秸秆等。山草最大的用途就是用来烧火做饭和喂牲口，以前没有成品燃料和牲畜饲料时，砍山草是农家的常规任务。山草还有其他用途，比如上面提到的农家自编自制的容器，除了用树的枝条编制，也可以用山草制作。如栅草可以用来编结物品，通常制作成粮囤的盖子。秋天玉米收获之后，人们用棉槐、蜡条、桑条或玉米的秸秆在自家院子里围出一个直径一米半左右、一人高的圆囤，将玉米棒子堆入其中，让其水分自然蒸发，留待冬闲时可进一步加工。囤口就用栅草帘卷成喇叭形盖住，可防风吹日晒雨淋。芦草生长于河边湿地，秆子细长，纤维含量高，比较有韧性，北方常用它来编苇箔。老百姓盖房子，房顶第一层是瓦，第二层是草泥，第三层就是苇箔，可起到保温的作用，并且芦草苇箔轻，用它建房有利于减轻木架的承重。早些年在乡村，盖房是一家的大事，要请周围的亲戚、邻居相助，被请的人为此感到荣幸。热心的邻里纷纷放下眼下的活计赶来帮忙，年轻的壮劳力做重体力活，妇女除了要负责好做饭、烧水等"后勤"工作，有的也卷起袖子齐上阵，做起帮工。年纪较大的长者也禁不住来帮忙，做些力所能及的事情。翻盖新房需要大量苇箔覆盖，也就需要人们亲手扎制。乡村里管扎苇箔叫"扎把子"，扎把子是轻活，一般由年纪较大的妇女承担。人们将芦草扎制成虎口粗细的长长的一把，一把把续接，房有多长，把子就要续多长，就这样再一把把铺接过来，将整个房顶盖满。

  玉米收获完成后紧接着就要播种小麦。我国种植的小麦根据种植时间和收获时间不同主要分为两种：春小麦和冬小麦。春小麦春节之后播种，在8、9月份成熟收获，一般播种于寒冷地带。我国东北地区种植的就是春小麦，这样可使小麦免于经受冬日里来自西伯利亚的寒冷空气。冬小麦适宜于稍暖一点的地区，我国大部分地区（如山东、河南、河北、陕西、山西）种植的都是冬小麦品种，一般在秋季播种，可越过冬

季，次年夏季收获。所以种植冬小麦的华北平原的农民收获完玉米，紧接着就要忙碌着播种冬小麦了。

扶耧手一定是经验丰富的老把式，因为播种的成败全在于他的精心计算。他必须熟知各种作物一亩地下种的多少，就是俗话说的"耩多少斤种子"；同时还要把握不同作物下种的深浅。种子下密了，会造成浪费；种子下疏了，会减少产量。扶耧手必须做到心中有数，根据下种的疏密决定种仓仓门的开合度、行耧的速度和摇晃扶手的频率与幅度。要想下种稀，仓门就要开得小，人要走得快，扶手摇摆要轻且慢；要想下种密，仓门就要开得大，人走得慢，扶手摇摆得重且快。除此之外，扶耧手还要会"看"，根据种子流动的速度判断出下种的稀稠，以便及时做出调整，即"脚踏土块手摇耧，眼睛要看稀和稠"。另外，不同节气气候的冷暖也决定了耧种数量的多少。以耧麦种为例，"白露早，寒露迟，秋分前后正合适"，白露天气较暖，一亩地可耧种十余斤；秋分天气冷暖适中，一亩地可耧种约十四五斤；而霜降时节天气较冷，为保证出苗率，一亩地则需麦种二十余斤。在民间，耧麦下种如同家中添丁，马虎不得。因为耧的下种全凭耧体摆动、震动做功，所以讲究的老木匠都特别强调做耧不能用木塞，必须使用传统的榫卯技术处理结构穿插，防止耧体因不停晃动而导致解体。在用料上，除种仓使用桐木制作，其他构件必须选用硬木，防止变形。耩麦种时，除耧脚后面拖挂的横木将种子覆盖之外，待一块大田全部耩完之后，一家人还要将麦种再重新用脚踩一遍。俗话说，"人怕老来穷，麦怕胎里旱"，秋分前后下种雨量很少，"麦出潮乎土"，所以播种时要尽量深一些，"种麦如下窨"。

玉米掰下来放入大筐，运往贮存地点。装大车时，要先用刺槐条子编成的弓形"折子"挡住大车的前后出口，形成一个椭圆形的封闭空间，装车人员分工如同运麦子。装小车时，一般在车的左、右及后面置放三个刺槐条编的长形"偏篓"，并分别用三股绳在"长偏篓"的中间勒紧，装车只需两人，一人拉车，一人推车，边行边装。装车时，先用提筐收苞米，筐满后送到车上，一筐接一筐，很快就能装满，最后还要将苞米竖起来，尖头朝下相互插空，直至塞满插牢。用大车拉运，往往还要再准备几个更大更深的"长偏篓"或麻袋，装满后放到大车顶上。田间晒干的稻草和苞米秸子，分别用畚箕挑、小车推或大车拉的方式运回家。

叉是收获粮食时经常使用的一种工具，在麦草和玉米秸秆晒干的过程中翻挑，晒干后也可以用叉运送成堆，便于贮藏。由蜡木制成的蜡叉较为常见，也有用其他木材制成的，也叫桑叉、木叉子。蜡叉有两齿、三齿或多齿不等，主要用来叉挑麦秸、稻秸、豆秸等。齿少者挑长秸作物，齿多者挑碎草。蜡叉一次可叉挑几十斤重物，着力点都集中在几个齿上，它的设计与担杖、扁担有些相似，都是利用材质本身所具备的弹性给予物体以反作用力，从而达到省力的目的，所以蜡叉往往选用质地坚硬而韧性极佳的蜡木来制作。相比其他材质制作的叉，蜡叉特殊之处在于不是砍伐木材后人工

138

拼插制作的，更不是金属打制而成的，而是在树木生长期养护出来的天然形状。蜡木即白蜡树，长在沙地里。农村实行合作化之前，家家都要独自种树，在适宜的地理条件下，蜡木属于必种树种，谁家分到了靠河沿的地，谁家就多种几棵，供亲戚朋友共同享用。栽种的蜡木第一年只是一根孤独光溜的树干，当长到一百五十厘米至一百八十厘米时就要对其进行摘芯处理，控制其向上的生长趋势，促使它发展成为两个对称的分枝。从此，这两个分枝就成了"重点培养"的对象，其他部位冒出的新枝都被无情地砍掉，只保留枝干上小的树冠，保持树木向上生长的动力；若是没有树冠，生长就会减慢甚至不生长。在生长过程中，人们悉心地观察蜡木的两个枝杈的变化，

140

并及时采取措施"纠正"。比如两个分权长得粗细不匀了，就要调整粗枝，压缩它的树冠，剪去几个小的分枝，使它生长减慢，不久，两枝即会均等。精心培养三年后，到第四年的秋季，蜡干迎来了它的成熟期，形成通体洁白光滑、坚而不硬、柔而不折的好材，这时分枝也已长到约六十厘米左右，两枝发育均等，可以砍伐了。因为是农民花费几年工夫精心培养的天然工具，所以就连砍伐也要使用专用工具，这是一种打蜡叉专用的铲，将铲贴着地面，左右与地面呈四十五度夹角，一边一铲依次用力，蜡干即断下来。将铲下的蜡木的树冠去掉，即形成蜡叉的毛坯。之后对天然的枝形进行进一步加工。所谓加工蜡叉实际上就是在生长形的基础上施加强力予以规整，弯曲出叉与叉、叉与杆之间的弧度。蜡木定型时需要加热，趁木料软时弯曲，若冷时加工，极易断裂，即便强力使之成形也易于变形回复，所以弯曲蜡叉之前要先熏蒸，这一道工序在一间特定的小窑内完成。小窑其实就是一间小屋，没有窗户，只留一道门，有的还将它建成半地下室，与普通屋子的不同之处主要在于距地面四十厘米处用直径二厘米的钢筋搭成一层网状的架子。熏蒸蜡木时将小窑的门密封，在钢架下堆放树皮、碎草等燃料，钢架上搭放需要加工的蜡叉，碎草燃烧后没有火焰，却产生烟及热量，一点点向蜡木内渗透，不久，可见从门缝处开始向外冒烟。加工者对燃料量的把握心中有数，他们在窑内存放了一定数量的燃料，恰好可以维持一天一夜。燃料燃尽后，将蜡叉取出，趁热放在"耙子"上弯曲。"耙子"也是一种专用工具，多用原生态的、直径在十至十五厘米的榆木、柞木树权制成，高一百五十厘米左右，有后仰的弯度，与地面形成七十度的夹角。耙子上还钻有若干大小不一的圆眼，弯曲蜡叉不同的部位，可将它探入不同的圆眼内卡住，施力调整弯度。加工一批蜡叉需要反复熏蒸二至三次，趁热加工，冷了再熏。烟熏后的蜡叉都是棕红色，使用之后逐渐褪为白色，越用越光滑、顺手。

粮食收获以后要进行精细加工，最常见的就是磨制成粉面，既利于储藏，也是精食的必经步骤。杵臼是所有粮食加工农器中最古老的一种,传说是祖先伏羲发明的。目前发现的杵臼多是木杵和石臼的组合方式,一般由妇女操作,其造型、结构非常符合人施力的动作习惯。到了西汉时期,人们又将杵安一长柄,利用杠杆原理设计出一种新的舂米农器——踏碓。《桓谭新论》中"及后人加巧,因延力借身重以践碓,而利十倍杵舂",就是指踏碓而言,这已经是十分巧妙的舂米方法。具体构造是:将粗圆并带有弧度的踏木与木杵插接成垂直角度,后端脚踏的力点削成平面,并使木轴穿过。将踏木横架到两块立着的石条之间,石条上面分别挖一凹槽,以架横木。使用时,将脱粒后的糙米置于石臼中,舂米者双手抓握横木,右脚踏木,一上一下,循环不停,十分方便。

同样用于研磨、广泛使用于中国乡间粮食加工的工具是磨。磨为石质,在北方主

要有干磨、水磨、拐磨等数种。其中干磨用途最广，水磨多用于磨煎饼糊子、磨豆腐，在以煎饼为主食的地方几乎家家具备，拐磨多用于磨芝麻香油。磨的制作如同犁、耧、耙等农用重器一样，是一项专业性很强的复杂技术。石匠在制作石磨之前，首先要选择石料。因为磨的直径一般在五十至六十厘米，上扇高度在十五至十八厘米，下扇高度在二十至二十二厘米，所以要选择边长不少于六十五厘米，厚度不少于三十厘米的方形石料。最好是没有隐形裂纹，没有"石塞子"的，也就是与主体石料材质不同的夹层纹的优质花岗岩荒料。

中国地域辽阔，地理位置和气候条件差异很大。如果大体以黄河为界，北部的黄土高原、华北平原、东北及内蒙古的广大地区，由于四季分明，除夏季外其他季节气候比较干旱，在长期的生活过程中发展了旱带作物，主要适宜种植的粮食有小麦、玉米、小米、高粱、地瓜、荞麦、黍子等耐旱作物，所以大部分地区以面食为主。北方也不是没有水稻，沿河湖水量丰富的地区有少量水稻种植，特别是黄河下游及东北地区。我国的新石器时期遗址中就有稻谷遗存，以挖掘公开的有78处遗存，其中黄河流域就有8处，陕西户县、陕西华县、河南洛阳、河南郑州、山东栖霞、江苏连云港等地都有分布。[1]比如出产于天津的著名水稻品种"小站稻"，依靠海河下游南岸的有机泥沙孕育了颗粒饱满、晶莹剔透的北方水稻。早在辽圣宗统和五年（987）建立的盘山千像寺讲堂碑上就有对北方水稻的记载："幽燕之分，列郡有四，蓟门为上，地方千里，藉冠百城，红稻香耕，实鱼盐之沃壤……"此处所言大致出现在天津的范围，已是一片成熟栽种的景象。从二十世纪八十年代起，我国科学家开始对海水水稻种植栽培技术进行研究，中国水稻之父袁隆平的科研团队已在青岛、盘锦等北方沿海土地成功进行海水稻的试验栽培，增强了水稻品种对盐碱地的适应性。南方广大地区雨量充沛，

1　陈文华:《关于中国稻作起源的几个问题》,《论农业考古》，1990年第二篇。

河流湖泊纵横交错，利于灌溉农业的发展，且无霜期长，气候湿润，适宜种植水稻，自然也就发展了稻作农业，也决定了南方人以大米为主食，间有红薯、豆类、玉米等杂粮的生活习惯。

南方水稻的收获时间大约在10月份，此时稻谷的叶片由绿转黄，谷穗坚挺饱满。和小麦收获类似，水稻也并不是等到谷粒完全成熟才收割，也是要提前一些收割。农谚有"九黄十收"之说，意思是说稻谷在九成熟的时候是最佳收获时间，若是等到水稻完全成熟，稻穗上的谷皮就会脱水变得脆硬，容易造成谷粒损失。水稻收获和麦收一样，也是用镰刀一束一束割下，再扎起、晾晒。赣南南康一带民间用来割稻禾的铁镰大体有两种，一种是收割稻禾用的"禾镰"，另一种则是割草或割粗硬茎杆植物的镰刀。"禾镰"为弯月形,镰头宽、薄而镰尾窄、厚,刃部有较细的锯齿,柄部卷成栏状,受以木制直柄;而"镰刀"则较"禾镰"小,外观呈斜状梯形,直线造型为主,镰头宽大而镰尾窄紧,刃部为斜直形,易于割断矮小或粗壮的茎条。现在也使用现代化机械设备收割,收割机将稻穗卷入后,直接将稻穗与稻茎分离出来,稻穗就成为稻谷。

水乡稻田的田埂阡陌交错,狭窄崎岖,且承载力差,一般车辆根本无法进入,因此扁担便成为田间运输最重要的工具。金灿灿的稻谷经脱粒后,盛入一个个箩筐内,民众便用毛竹做成的扁担一箩箩挑回家。有力气的小伙子则多用竹杠来挑。扁担一般二米多长,七至八厘米宽、三至四厘米厚。杠杆原理是老百姓在日用器具、农具中经常使用的物理原理。人负重时,肩膀成了杠杆的支点,当杠杆两端重量相同时,人在杠杆的中间;当杠杆两端重量不同时,为了防止翘头,就不能挑中间了,而是哪边重往哪边移,免不了前后调试一番。这也是符合物理学原理的,前力臂与前端物体重量的乘积等于后力臂与后端物体重量的乘积,所以前重往前移,后重往后移。扁担省力还有一个原因,就是利用了作用力与反作用力,两端重物受重力作用往下压的同时,扁担和担杖自身出于平衡的需求产生出反作用力,无形中减轻了物体的重力,达到省力效果。所以挑担很有讲究,会挑担的人不仅能掌握好前后平衡,而且走动起来特意加强身体的起伏,俗话说就是"会颠"。"颠"实质上就是进一步强化反作用力,不过,不会挑担的人可千万不能盲目乱"颠",弄不好找不准平衡反而弄巧成拙。

担杖和扁担极为相似,都是负重之物,均选用桑木等柔韧性强的木材,制成中间宽、两边窄的楔形木条。不同的是,担杖短、薄、窄,扁担长、宽、厚,一般最长不超过一百五十厘米。人们用担杖挑水、挑篮子、挑桶,扁担主要用来挑柴火、谷物等重物,不仅量重而且体积大。一担水挑两桶,一般六十斤,而一担柴成年男子都能挑到二百斤左右,所以扁担比担杖长。扁担和担杖还有一点不同,担杖两端钉缀有铁环,老百姓叫"旋子",下面挂上水桶后,水桶因只有一个吊挂点而来回旋转却无碍。究

其原因，关键在于铁环相接之处是一个中轴，用老百姓的话来说就是"活的"，所以上下铁环可以灵活旋转。挑水时难免遇到磕磕碰碰，碰到硬物水桶就会旋转，中轴的作用就是使铁环也随之任意旋转，消解了水桶旋转对铁环的损伤。扁担两端却不是这样，它的两端各有两个木楔作挡头，挑上柴火后可防止掉下，这是刻意在回避柴火发生像水桶那样的旋转。如果是荆棘类柴火，还要注意一定垂直摆放，捆扎时，直接将扁担头插入其间，与柴火一起捆绑形成一个整体，虽然笨拙但保证结实。乡村的街道狭窄，挑柴人走在其间，如果对面有车或相同的柴担就无法交错，所以挑柴人手里总还要提着另一根木棒，遇到需要让路的情形，就将柴垛紧靠向墙边，将木棒担在扁担的中部用以支撑，人就可以闪向一旁了。竹杠也是扁担的一种，它是用整根粗圆的毛竹做成，比平常的扁担要长，两头稍尖，一次挑上百余斤一点儿没问题。狭窄的田埂上，民众挽着裤腿，戴着斗笠，肩挑手扶，人来人往，边挑边唱上几句："一把把镰刀光闪闪，一箩箩谷子装满满；一条条山路来回转，一担担挑起两百三……"竹制扁担多选用成材的毛竹，其制作工艺也相对简单，将砍伐的毛竹剖开，经过削平、打磨、晾晒等过程，形成中间稍宽、两头渐窄的造型。在削制过程中，有意将扁担两端头的高度留出，以便拴挂绳头。还有的干脆用火烤一烤，然后，将两头向上弯曲翘起。这样，当压上重物时，上翘的扁担刚好被压平，走起路来上下回颤，可节省大量的体力。收获的季节，在狭窄悠长的田埂间，民众挽着裤脚，戴着斗笠，肩挑手扶，来来往往，场面十分热闹。此时的南方，肩上的重担早就被醉人的米香、动人的歌声以及丰收的喜悦化解得无影无踪；而北方的秋田里，民众将掰下的苞米棒子集成堆，一座座金色的小山是农民们最美的收获。

秋天不仅是植物收获的季节，水中的海鲜、河鲜也越发肥美，渔民也忙碌起来。随着捕鱼汛期的来临，渔民们纷纷结网备船，出海入河，进湖下塘，开始了繁忙紧张的水上捕捞作业。由于鱼的种类、形态、习性及活动规律各有不同，故形成不同的渔业生产汛期以及不同的水上作业方式。其中，出海打鱼多集中在每年春、秋两季，分别称为"春汛"和"秋汛"。我国东部沿海地区为了保护生态资源平衡，会按照鱼类的成长规律制定休渔期，黄海、渤海、东海及北部湾海域的休渔期在每年5月至9月，这期间渔民禁止出海捕鱼，修补渔网、检修船只，做些其他营生。早在制定休渔期制度之前，即便是不受国家法规的限制，生活在海边的渔民也懂得与自然资源和平相处之

道。渔民们在结网时不会编结过密的网眼，以保证还未长成的小鱼有足够的时间在自然中长大。若是谁家的渔网太密太小，定会受到村里人的责备："靠山吃山，靠海吃海，这样密的网让我们的子孙怎样过？！"捕鱼的方法很多，不同的网式适用于不同的水域和鱼种，如在海底平坦、海岸为沙滩的水域多使用"拉大网"的方式；捕鲐鱼使用"围网"；捕鲅鱼使用"溜网"；而捕虾爬子则用"拖网"等。出海捕鱼是一件危险的事情，为了能够捕到种类丰富、数量充足的海鲜，渔民们通常会将船开出七八海里以上，有时遇上风暴天气就有被困在海上的风险，因此捕鱼多采用结队同行的方式。渔民之间深知同舟共济的作用，十分重义气，不管认识与否，彼此皆亲如兄弟。开渔时，万船攒动，渔网遮天，笑声阵阵，高兴时边撒网边唱："海水白呀白茫茫，大鱼小鱼装满仓；带鱼墨鱼同呀同鳗鱼，还有金鲮、马鲛鲳；撒了一网又呀又一网，一网鱼来一网粮。"

148

收船后,大家围在船上划拳猜令,渔歌为乐,亲如一家。鱼满船丰返回家乡时,人们设酒备菜,敲锣鸣鞭,纷纷跑到码头迎接。从出海到海上作业直至丰收归来,整个汛期都沉浸在浓浓的情意之中。

  车运担挑、人抬马驮、船驶网撒、篓背筐挽,紧张而繁重的收获劳作并没有驱散洋溢在民众脸上的笑容。相反,这些因劳动而获得的无比热情和亢奋大量表现在人们的生活热情中,以此来点缀日常生活。这些也成为艺术作品中经常表现的题材,尤其成为现实主义题材的主流,法国现实主义画家米勒的《播种者》《拾穗》《晚钟》、荷兰画派画家勃鲁盖尔的《雪中猎人》《牧归》都是表现劳动者题材的经典名作。我国近代画坛表现劳动者劳作场面的画作更是不计其数。这不仅是对劳动的赞颂、对丰收的希冀,更是对普通人在劳动过程中塑造出的互助精神和真实情感的褒扬。

忆对中秋丹桂丛

中秋节是秋季最重要的传统节日，在中国人心目中是地位仅次于春节的传统佳节。中秋节既是祈盼丰收的时令节日，也有寄托思念、阖家团圆的美好祝愿。全国各地庆祝中秋节的习俗不同，围绕团圆和秋季的丰收有很多美食。"又圆又扁，有咸有甜，你若不信，面上有个印；你若猜不着，屁股上贴膏药"，各位想必猜得出是月饼吧。中秋节各地都有食月饼的习俗，八月十五的月饼不仅用于供奉月宫，还用来馈赠亲友，互祝团圆，表达祝福。其中月饼上各种不同的图案纹样以及吉祥语句丰富多样，其图案之丰富、工艺之细致，全国各地各不相同。月饼最具特色的图案就是玉兔嫦娥之类，其他诸如花朵、文字等也十分常见。沈榜的《宛署杂记》也记录了明代万历年间燕京的中秋月饼风俗："八月馈月饼，士庶家俱以是月造面饼相馈，大小不等，呼为'月饼'。市肆至以果为馅，巧名异状，有一饼值数钱者。"《帝京景物略》中记述了明朝燕京地区的中秋风俗："八月十五祭月，其祭果饼必圆；分瓜必牙错瓣刻之，如莲花。纸肆市月光纸，绘满月像，跌坐莲花者，月光遍照菩萨也。华下月轮桂殿，有兔杵而人立，捣药臼中。纸小者三寸，大者丈，致工者金碧缤纷。家设月光位于月所出方，向月而拜，则焚月光纸，撤所供，散之家人必遍。月饼月果，戚属馈相报，饼有径二尺者。女归宁，是日必返其夫家，曰团圆节也。"可以看出，明代度过中秋首先是表达人们对月亮的祭祀。旧时通过焚烧绘满月像和菩萨像的月光纸祭祀月亮，月光纸应是年画一类的祭祀用品。至今人们无论身处何地，在八月十五这天总会抬头仰望圆月，勾起人们对故乡、对亲人的思念。其二，八月十五这一天要食用节日实物，即月饼月果。另外，这一天也是已婚女性回娘家省亲的日子，过去女性出阁后只有在重要节日才可回娘家看望，中秋这一天省亲也是在表达团圆这一主题。可以看出，对中秋节的记叙与现在的习俗尚有不少相似之处。山东胶东地区中秋节用果模榼月饼。当夜幕降临时，儿童

捧着月饼歌唱:"圆月了,圆月了,一亩地打一石了;月高了,月高了,一年一遭了。"老北京的中秋节不仅吃月饼,还要供兔儿爷,有童谣唱道:"月儿斜,中秋节,又吃月饼又供兔儿爷。"

月饼口味极为丰富,形状也有很多变化。孩子们吃月饼时不是选择自己喜爱的口味,而是要细心地看看月饼上的图案,选择自己喜欢的形状或图案食用。月饼制作过程中,将裹好馅料的面团放入模具榼出图案。这种制作月饼的模具称果模,图案丰富多样,大大小小有很多种。月饼果模的形状也有很多,最常见的为圆形,周边为圆弧形纹样,也有其他形状的,如椭圆形、方形。小的月饼果模刻画细致精巧,为瓜果等

吉祥纹样和几何纹样，而大的果模景物众多，内容充满故事趣味，常见的有仙人月宫、桂树玉兔等。胶东的月饼模常雕刻嫦娥、广寒宫、桂树、玉兔捣药等与拜月有关的图形，也有暗八仙、缠枝花、八宝等。山东青岛的一些乡村在中秋节要做大月饼，直径有四十厘米左右，看上去甚是壮观。大月饼用于供奉，也可供家人分食。制作这样的大月饼就需要用到大果模，果模一般用苹果木做成，结实耐用。好的果模雕刻精细，工艺精良，这样榼出的月饼图案清晰美观。嫦娥站立在广寒宫下，"广寒宫"三字清晰可见，吴刚、桂树、月宫等伴随嫦娥左右。果模中间雕有一只直立的兔子，兔子双手握杵，正在捣药，玉兔捣药、嫦娥奔月的传说以图画的形式向人们娓娓道来。每年中秋，人们都在月下吃着月饼，听老人讲述这古老的传说，传统故事就是这样口口相传、一代接一代传续下去。

　　榼子不仅是做月饼时会使用到的工具，南北方制作面点都常用到榼子。北方人的主食是小麦，人们把面粉想着法地做出各种花样，榼子是做馒头时会用到的重要工具。果模在山东胶东地区极为流行，形式多样，人们根据不同节日、不同时令和人生礼俗

152

使用各种不同规格、不同样式的果模制作面食。胶东妇女用榼子将馒头榼出丰富的形状，尤其在过年时带有元宝、鲤鱼形状的馒头必不可少，每个家庭都至少拥有两三个馍馍榼子。胶东面榼子以馍馍榼子为主，也有月饼榼子、巧果榼子等。馍馍榼子常见的图案有寿桃、虎头鱼、元宝等，虎头鱼可以蒸馒头，以前走亲戚用。过年时一般家家户户都要做这几种图案的馍馍，现在主要供应馒头店、饭店和点心铺。莲子模是山东胶东最常见的一种果模，结婚、生日、乞巧节、春节等使用较多。顾名思义，是将面食通过榼子塑造成莲蓬的造型。莲蓬的造型规整有序，有的模子中间刻寿字，有的莲籽是凸起的，九个或六个一组，有的则是凹进的点来代替莲籽，这种果模至今仍很流行。寿桃模多用于寿诞，过年时也可以使用，形状多为桃形，果模中间常刻一个"寿"字或"福"字，也有的增加石榴和佛手图案。面榼子胶东有的地方叫"面鱼"，这也是因为胶东的果模大部分是鱼形模，特别是沿海一带。鱼代表的是大吉大利、年年有余，人们祈祷出海捕鱼可以得到丰厚的收获，平安归来。鱼模有的刻成单鱼，或正面或侧面，有的是双鱼，双鱼的头尾连在一起，造型刻画清晰流畅。巧果榼子是七月七乞巧节时做巧果时使用，平常一般不用，个头较小，主要有花篮、鸟、葫芦、桂圆、蝉、莲子、虎头鱼、桃子、鲤鱼、金鱼、猴等。点心榼子常见的图案如秋叶、花篮、寿桃、母鸡，近几年还出现一些新形状，如五角星、六角星、香蕉等。

　　榼子一般要选用硬度较高的木头制作雕刻而成，胶东的馍馍榼子一般用苹果木做成，苹果木有一定硬度和韧性；也可以用梨木，梨木木质纹理较细腻，硬度也较大。南方果模经常用樟木，如红樟和白樟，这种木质硬度大、木质细，比梨木、苹果木更好。苹果木一般十年以上才可以成材使用，生长几年的木材木质太软，长到十年有二十厘米的直径就能取材下料，也有一些品种成熟时间长一些，如国光苹果的木材成材要二三十年。苹果树一般在秋天砍伐，春天树木生长势头旺，水分太高，等到叶落了再砍伐。苹果木砍下后要风干才能用作板材，将原木放在不太通风的地方慢慢阴干，木板和木板之间要留有空隙以便通风，阴干的木材不容易裂。做馍馍榼子与做家具比，对木材处理的要求不是特别高，但风干的时间也需要有经验的师傅拿捏，放置时间太短，木材水分太大，不坚硬，影响雕刻，但时间太长原木又会开裂。木板的厚度一般分解成三厘米左右，一般要阴干三个月，三个月后就不会开裂、变形了。晾晒后木板不会变形，因而延长榼子的使用寿命，一个好的榼子可以传上好几代、用上几十年。

晾干后的木材便切割成型板，下成型料后要做进一步处理，这一步有冷、热两种方法。热处理是将木料放在锅里用水煮，煮的时候要加足够的水，上面用石块之类的重物压住木头，以保证其完全浸没，开锅后再煮一个多小时就可以停火。煮的过程中要一直用大火烧，保持沸腾的水温。煮完后水的颜色就变成了暗红色，这时把木料捞出来要阴干，不能晒，否则会开裂。冷水处理法是将木料放在凉水池里充分浸泡，水同样要浸没木头泡两个多月，中间换一次水，浸泡时不能放在阳光下，否则会刺激水中微生物的生长，水就会变质发臭。第一遍浸泡后水变成暗红色，换第二遍水后颜色变浅，说明木料中的色素已经被泡出来了。木材的颜色和气味主要由木材中的木质素和抽提物引起，经过预处理以后，苹果木中的木质素和抽提物会溶解在水中，木材的颜色会变浅，木头中特有的香气也会消失，这样可以最大限度保证在制作馍馍时麦子保持自身的颜色和香气。

接下来就是面榼子的雕刻了，先加工出大形，然后再进行精细雕刻。做外形用塑料膜、硬纸壳等做成纸样。刻之前将纸样放在木板上，用铅笔沿外形描出大轮廓，然后把大形刻出来，中间掏出凹形，然后用机器快速整形，但是找平的地方，比如比较工整的桃子的外形就不能用机器，仍然需要手工慢慢找平、修整，刻完后不用砂纸打磨表面就光滑了。第二步手工刻面榼子底部细致的图案。技术娴熟的匠人将花鸟鱼虫、吉祥纹样、人物鸟兽都装在心中，甚至不用画稿就能凭灵巧的双手一气呵成。刚开始学艺的艺人刻内部纹样时须用铅笔画出大致的轮廓，细小的形在刻的时候具体把握。

四时工巧 155

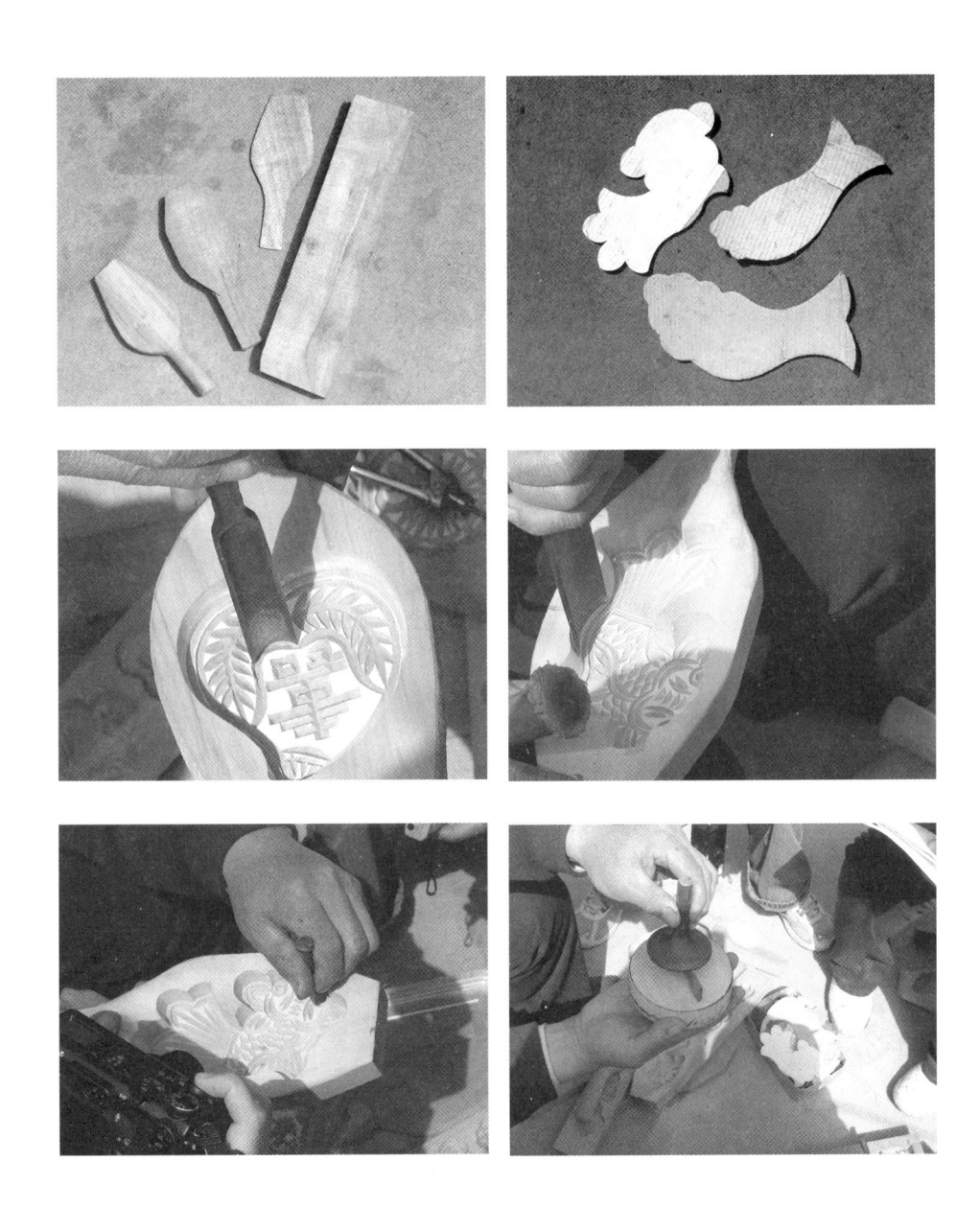

比如做鱼形榼子，先将纸型的鱼谱样在木板上放正，依照纸样用铅笔勾出鱼的外形，在轮廓形里把木头剔除出来，到一定深度就开始刻各种细致的纹样。在刻底部细致的图案前，将榼子抹上石膏然后再刻，抹石膏的目的是在雕刻时清晰看到刻与未刻的部分——刻过的部分呈木质颜色，未刻的部分为石膏色。面榼子雕刻大形时先外后里，刻内部图案则先里后外，如果先外后里则容易损伤外面刻好的部位。模子刻好后表面平整，不再打磨。刻之前不平的地方要用砂纸打磨平整。雕刻面榼子和雕刻年画有点相似，使用的工具也有一些类似，主要有圆铲、平铲、刻刀等。圆铲主要用来整外形，根据弧度大小分二十几种不同的规格，不同外形用不同的圆铲。平铲有五六种，主要用来切外形、铲平榼子底部及刻中间的花纹。如果铲出来的不很细致，还要用刀刻。过去工匠的工具大都是自己加工改造而成，少部分请铁匠根据要求加工，现在刻刀的刀刃是用白钢做成的，也可以直接买到。

木制榼子较普遍，陶质的并不多见，山东胶东一带有红陶烧成的果模，除了材料、工艺等，其他与木质果模无太大区别。潍坊的黑陶烧饼模较有特色，雕刻内容与木制馍馍榼子相似，只是形制较大，直径约二十厘米，中间刻有一个寿字，外一层刻的是莲花和莲蓬。这类烧饼模较大，一般是烘烤或烙熟。

胶东地区几乎家家户户都备有面榼子，雕刻艺人也不少。平度一位艺人从十七岁就开始学雕刻，他回忆自己学艺时的经历："当时是跟邻村的手艺人学的，俗话说'宁帮十吊钱，不把手艺传'；还有句老话说'教会徒弟，饿死师傅'，所以当时人们对技艺都很保守，学门技术不容易。当时虽没有正儿八经拜师，但却是跟他人的门，大部分技艺还是得靠自己揣摩。"他为我们讲述了做面榼子的不少故事，但也感叹面榼子的当下出路。现在用榼子的人少，刻的人也少了，再加上面榼子常年不坏，一家只用两三个，所以现在做面榼子挣不到什么钱，做的人也少了。为了增加销路，现在还做一些月饼榼子、巧果榼子，但情况也并不比馍馍榼子好到哪里，销量依旧不多，一个

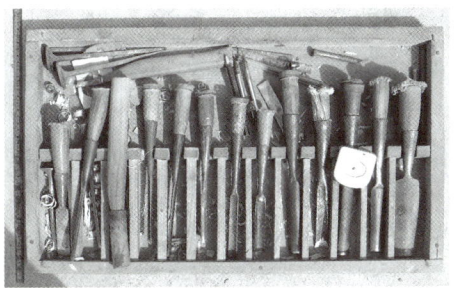

几块钱，除了卖给馒头店和家庭使用，现在还销往新疆、东北等地区，也有一些客户上门定做。

现在你若是到苏北、鲁西南一些地区的古玩店闲逛，或许会碰到这样一种榼子：比馍馍榼子小很多，图案不是鱼、寿桃这些，而是武将、宝塔、瑞兽、丞相一类，这是用于制作糖的模子。菏泽叫相糖，徐州叫糖人贡，用糖制成狮子、柱子、塔、牌坊等形式，这可不是用来食用和玩耍的，而是用于供奉的祭祀用品，曾经在菏泽、徐州一带流行。曹县孙老家镇以此著名，祭祖时为彰显后代的排面、太高祖宗地位，墓前要有牌坊、丞相，于是就用糖来制作代替，摆在供桌上。李时珍在《本草纲目·卷三十三·石蜜》中有记："紫糖亦可煎化，印成鸟兽果物之状，以充席献。"与相糖类似，据说供奉后也可以给孩子分食解馋。[1]

菏泽市曹县的陈炳魁是相糖模雕刻艺人，家里世代从事木雕工艺，他已是第六代。其父技艺出众，民国时期曾成立"文光雕刻社"，带有十几个徒弟。陈炳魁从小耳濡目染，十一二岁便会简单的雕刻，十九岁时正式从事木雕制作，承接活计，但只做副业。退休后陈炳魁在家专门从事木雕制作，在二十世纪八十年代成立了曹县雕刻社，

1　张道一:《乡土玩具》，山东教育出版社，2016年，第336页。

除了雕刻相糖模，也制作月饼模、神龛、印章等。陈炳魁制作的相糖模题材包括十二生肖、八仙、鸡、鱼、马、羊、寿桃、石榴、佛手、牌坊、塔、烛台等。菏泽市曹县的相糖模多用梨木（为与花梨相区分，当地称"家梨木"）制作，梨木纹理细腻，软硬适中，既便于细致雕刻和相糖成形，又持久耐用。也有的用杨木制作，但木质较软，不如梨木理想。制作相糖模和制作馍馍榼子方法一样，要先下料、做大形，将选好的木头按照需要做成的模子的形状锯为长宽厚尺度适中的木块。下料时将木头按模子的形状做成长宽厚薄适中的方形木板或圆柱形，如牌坊模子为方形，狮子、塔、丞相、寿桃的模子为圆形。糖在塑形时与馍馍不同，面发好后为固体，可塑性强，糖则需要将其融化为液体，注入到模子中，冷却后再取出，因此相糖模子为左右对称的一副，相对后可以用于塑造糖的形状。这就使得相糖模子制作时要保证制成完全相同的一副，制作

过程比馍馍榼子要复杂很多，所用到的都是木工常见的工具，如锯、刨、尺、轨等。

　　在木块上取中线是必不可少的步骤。取中线是民间木匠必须掌握的手艺，根据具体所做木工的不同方法又各有差异，可不是拿着尺子做简单的测量。取相糖模子中线的具体方法如下：左手拿尺确定出一定的长度，在木块顶面的左右两边用确定出的长度为准，分别用圆珠笔画两条小短线，如果两条小短线不重合，那么两线之间的中点就是木块顶面厚度的中心（此法缩短了相对距离，能快速目测出中点，是艺人在长期实践的过程中总结出的经验）；而如果两条小短线重合，那么重合之处即是中心。这种自创的方法简便快捷，相差无几。然后以同样的方法在木块顶面再取一点，两点确定一条直线，用圆珠笔画好，顶面的中线就画好了。底面的中线则是借助镜子画上去的。先把镜子放置在桌子上，在镜子上放一把有一定厚度的尺子，将顶面画出的中线沿尺子放在镜子上，中线和尺子不重合而是露出尺子的边缘，以便从镜子中可以看到画好的中线，利用镜子的反光睁一只眼闭一只眼目测画出木块底面的中线，这种找中线的方法可以避免木块的不规则而带来的剖面不平整。

制作方形的模子时，沿画好的中线将木块纵向锯成两等份，将其中一份的上面刻线作记号，使组成模具的各个部分便于寻找、组合，以方便日后的雕刻、使用，然后将这两等份再分别竖向分成两等份、四等份。圆形的模子制作更为复杂，要将木块等分为四或六等份，甚至更多。圆形模子平分的等份越多，成形后的相糖立体感越强、造型越饱满，而且熬糖灌满模子后掰开取出相糖时不易影响造型完整，且易取出。如牌坊模、塔模平分成六等份，丞相模、狮子模由四等份组成。

木料下好后准备画花样轮廓，即上墨线。轮廓谱样是用硬纸板做成，画样子时用纸板样做粉本放在木板上沿外轮廓描绘，由于模具是立体的，在一块木板上画好正面后，还要在等分后的其他木板描画相糖立体型的背面，在木板底部画相糖的侧面。还有一点值得注意，在复制花样的过程中，谱样的底线必须与木板的底线相重合，而谱样的顶部与木板的顶部之间必须留出一定的空间。这样相糖模雕刻成形后，正面背面等几部分拼合起来才形成一个底部开口、中空、顶部堵实的圆洞形的空模。另外，相糖的造型一般底部较大，顶部略小，因而模子的底部开口也较大，这样既便于在相糖制作时由底部注入熬好的糖汁，糖汁也不会从顶部流出，底大顶小也使相糖供奉摆放时牢稳。

外轮廓样子画好后将木板放入清水中浸泡大约一天的时间，然后取出制坯。制坯时将木块放在出坯凳上，顶在出坯凳上固定的长方形木块上，用打木槌敲击圆刀沿着画好的外轮廓线依次刻开。打木槌一般采用较硬的木质材料制成，如枣木等，把手为圆形，前宽后窄如梯形。出坯凳以前就是木工用的长凳，有的艺人自制的出坯凳是钢筋焊接而成的三条腿的圆凳，重量较大且较稳定。制坯就是根据画好的外轮廓墨线，用木槌敲击圆刀凹刻出相糖立体形的一半或一部分，雕刻时在外轮廓墨线内侧勿紧靠边缘处下刀，以便留有余地以后修改和刻画细节，刻的深度则要依据相糖立体的凹凸，并参照画好的底部和侧面墨线，但亦不宜太深。这正如木工艺人的准则，即"长木匠，短铁匠。"另外浅刻对相糖制作的使用者来说，相对小的厚度有利于从模中取出，也节省原料，当然，造型也就不甚饱满。因为相糖只作祭祀供奉用，对背面要求不大，更重视正面形象的细致刻画。

制坯完成后就要进行雕刻环节了，这时各种雕刻刀具便要登场了。这些工具与制作馍馍榼子类似，如圆刀，刀刃为圆弧形，刀刃在里，刀身为凹槽状，主要用于剔除多余的部分；反口圆刀，形状与圆刀相似，刀刃为圆弧形，但刀刃在外，刀身也呈凹槽状，主要用于修光；平刀，刀刃是直的，刀身平直有一定厚度，主要用于深刻；弧形刀，刀刃为弧形，刀身平直有一定厚度，用来雕刻有一定弯曲弧度的位置；斜刀，刀刃有一定斜度，刀身平直有一定厚度；尖刀，刀刃细尖，刀身平直有一定厚度，主要用于细部刻画，如人物或动物眼睛的刻画。

雕刻又分为粗雕、修光、精雕等几个环节。首先根据画好的样子先进行粗雕。在已经制成的坯上，主要用圆刀、弧形刀、平刀、反口圆刀等工具大体刻出所要雕刻对象的外形。其中，圆刀主要用于刻去多余的部分；平刀用来深刻。刀具根据大小、弧度、功能不同分多种类型，同一类型的刀具又分为多种型号。在雕刻过程中，根据造型的需要和雕刻的方便灵活使用，并不固定。因为还要进行修光，粗雕只需刻出大体外形，不必进行细致加工，但须准确把握造型的起伏、位置、大小等，以便于下面进一步刻画。粗雕完成后根据相糖造型及木材纹理走向将粗雕后的表面修整光滑，即修光。这一过程主要使用反口圆刀，反口圆刀与圆刀的区别是：反口圆刀的刀刃在外，而圆刀的刀刃在里。反口圆刀主要用于相糖模凹进底面的修整；斜刀用于侧面的修整。修光必须做到模子的表面光滑，因为后来模子雕刻成形后就不再进行表面处理。

修光后再用铅笔在处理光滑的表面画出相糖的细节，这时较前面的大样要精细、完整。这些细致的花纹不像先前描绘外部轮廓时有谱样，完全靠艺人心中的想象，然后直接用笔描绘，要做到意在笔先。细节部分画好后再用斜刀、凿刀进行细致雕刻，如人物的眼、眉、手、衣纹，以及牌坊的瓦片、文字、装饰，狮子的面部等。在雕刻过程中要不时用刷子将刻出的木屑及时清扫，以便于雕刻。这一步从造型的角度讲是最出彩的环节，各种层次、细节都在此呈现出来，相糖成形后也更耐看。整个一套活儿下来，一套完整的相糖模就成形了。

借此我们来谈一谈中国的传统糕点。甜食不仅被现在的人喜爱，古人也一样。我们在阅读古代笔记小说时，不时就能发现古人对糕点美食的钟爱，《红楼梦》中出现的美食成为现在人们模仿复原的对象，其中糕点类不计其数，比如第十九回中提到的糖蒸酥酪，是一种类似酸奶的宫廷甜品；又比如第三十七回提到的桂花糖蒸新栗粉糕，在南宋时期的《武林旧事》中也有类似用栗子制成的糕点；再比如第四十一回中提到的藕粉桂花糖糕，是浙江杭州一代著名的传统糕点，至今为人们所爱。南方北方各种糕点数也数不清，切糕是南北方比较常见的一种甜食。卖切糕的商贩在大街小巷推着的小车虽然简陋，但各式各样的切糕依然味道香甜。小车一停下来，人群马上围拢上前，想要尝个新鲜。那各式各样的糕点不仅让你尝遍五味，一层层五颜六色的大枣、葡萄、核桃、花生、江米还让你大饱眼福。旧时卖切糕的小贩手持一把宽大的快刀，切下一块长条，用竹棍挑起来给你吃。老北京唱卖切糕的歌谣这样说："我的儿，我的娇，三年不见长得这么高。骑着我的马，挎着我的刀，扛着我的案板卖切糕。"豌豆糕是北京人喜爱的甜品，老少皆宜，嫩黄可人，酥软甜爽，一口咬下去软绵绵、甜滋滋的，进入口中随着温度的催化缓慢融化，便能品尝到豌豆夹着甜味的特有香气。旧时唱豌豆糕的歌谣称："豌豆糕，点红点儿，瞎子吃了睁开眼儿，瘸子吃了丢下拐，秃子吃了

生小辫儿，聋子吃了听得见，姥姥吃了不掉牙。"如今大街上卖豌豆糕的小摊不见了，但在糕点房里依然常见。

糕点食品需要包装，过去没有塑料袋，都是用牛皮纸包装，对消费者来说包装纸既对商品有保护、便携的包装功用，同时又是商家绝好的广告宣传机会。现在的包装盒极尽精美，甚至有时在挑选糕点时对包装的钟爱程度大于对糕点口味本身的挑选。过去的纸质包装虽然没有现在的花样百出，但也尽显商家的用心。隋代雕版印刷术已经开始在民间传播，马上被运用到民众生活的方方面面，对于商铺来说印刷品可是宣传广告的绝佳载体。迄今发现最早的印刷广告实物属北宋时期的济南刘家功夫针铺的印刷物，有人就认为它是最早的印刷包装纸。山东无棣的"宏泰祥"糕点食品店保存着旧时的木刻雕版，上面不仅刻有店号及主营产品，两侧还刻有"开设无棣水湾乡潘家庄，自制南式细点不误主顾"的广告语，既说明了产品的质量、特点和服务态度，还详细说明了食品的购买地址。这类包装纸的雕刻印刷布局有许多相似之处，大都是长方形，顶端切去两角。版面用横线分割成两部分，上端横向为字号，如"福兴临""天成号""周太兴"之类，横线以下大面积部分又竖分成三栏，中为产品名称，如满汉茶食、中秋月饼、南式糕点之类，左右两栏书店址、质量、宣传语之类。当然也有其他样式，如葫芦形等特殊形状的包装纸。现在一些商家又开始使用这种传统的糕点包装方式，吸引了年轻人的注意力，也引起了老顾客的怀旧之情。

　　南京、北京是有宫廷传统的地方，富贵人家吃得精细。山东的老百姓相比而言没有那么讲究，但在这片广袤的土地上依据自己独特的物产和生活习惯也发明出独有的美食。煎饼是山东大部分地区普遍食用的面食，过去一般作为主食食用，现在也将其作为零食。"吱啦子饼，红沙饭，鸡刨豆腐压倒蒜，嚎声地头上来吃饭"说的就是山东的饮食。其中，"吱啦子饼"即煎饼，因摊煎饼时糊子倒在热鏊子上吱吱作响而得名；"红沙饭"即用高粱熬的稀饭；"鸡刨豆腐压倒蒜"是说吃豆腐不用刀切，而是用筷子夹，像鸡刨一样豆腐就自然成块了，然后把砍好的蒜放上就可以吃了。这民谣可谓绘声绘色，老百姓的生活虽然简朴，却自得情趣。沂蒙山及周围地区将煎饼作为主食之一。传统的煎饼原料以玉米面为主，也有以小米面、地瓜面、高粱面、小麦面等作原料，或者是用几种原料按照不同的比例掺和在一起制作。

　　煎饼是北方特有的粗粮细做的食品，主要流行于山东，既可作为主食，也可作为加餐小肴。煎饼制作极为讲究，对面粉要求较高，制作过程是先将玉米粒子用簸箕反复筛选，直到没有杂质。然后将玉米粒送到石磨或石碾上磨碎或碾碎，直到玉米粒的肉和根部完全脱离为佳，根部的皮质部分重量较轻，用簸箕簸出来留做饲料喂养家畜。无皮而肉质均匀的玉米粒碎块通常称作"玉米糁子"，将玉米糁子放到水桶或缸里浸泡数小时，直到完全浸透。将浸泡好的玉米糁子用石磨磨成糊状，当地称"煎饼糊子"，糊子不能太稀，黏稠些较好。磨好的玉米糊放到瓷盆里，加适量凉水调和到合适的黏稠度，以浇到鏊上能够缓慢流淌为宜。新鲜的玉米糊摊出的煎饼带着甜味，但柔韧性不够。最好等玉米糊发酵后再加工，此时摊出的煎饼松软而韧性十足。根据个人口味，也可以让煎饼糊发酵后略带酸味时再开始摊，这种酸煎饼酸而不过，恰到好处，颇能增加食欲。

做煎饼除了糊子要磨得细，功夫都在摊上。摊煎饼的做法主要有两种：一种是把稀面糊浇在鏊子上，用煎饼碴子和耙子均匀地摊薄抹平，俗称"摊煎饼"。另一种是和成大块的面团在热鏊子上滚一遍并用煎饼耙子抹平，俗称"滚煎饼"。摊煎饼的工具主要有铁制的鏊子、带柄的煎饼木碴子、半圆形的煎饼木耙子、葫芦勺子、油鞑子（即擦油布）以及高粱秆做成的盖垫等。摊煎饼的好手都是干净利索的人，其娴熟的技艺看上去紧张而不慌乱。在摊的时候，一般先将漆黑的鏊子用火烧匀。一般摊煎饼用的柴火大都是杂草及玉米秆之类的易燃植物秸秆，这样可以很好地掌握火候。然后在鏊子上放少许豆油，再用手掌大的"油鞑子"擦拭一遍，漆黑的鏊子更加油亮，这样可以防止煎饼被粘在鏊子上而不易揭起。舀一勺煎饼糊浇到鏊子的正中，煎饼糊在热力下发出"哧"的响声，并缓慢地向四处流淌，麻利地提起煎饼碴子，放到鏊子正中的煎饼糊上，手腕一抖，由内而外，顺着一个方向迅速旋转几圈，使煎饼糊平摊在

整个鏊子上，但是还不够均匀，这时再用半圆形的煎饼耙子，手抓紧圆边，直边在糊子上面不停地抹，用力也由轻到重，直到抹不动并完全烤熟，这时煎饼就变成一个薄薄圆圆的"金饼子"。然后用竹批子沿着外沿一戗，外焦里软的一个煎饼就揭下来了。一个又一个的煎饼被放到盖垫上面，成为厚厚的一摞，保持着温热、散发着香气。煎饼摊出来后卷上鲜葱、盐渍香椿，就着热腾腾的新鲜小米粥，吃起来很有滋味。摊煎饼的速度很快，火候非常重要，如果火力太小又不均匀，煎饼不易烙熟，也不易揭下。有时鏊子上的油太少，鏊子发涩，煎饼也不易被完整地揭下来，需加少许豆油，并用油鞑子擦拭干净。所以摊煎饼是一个需要面面俱到的过程，每个步骤都很紧凑，每个环节都不能疏忽。

  煎饼是山东特有的食物，摊好的煎饼薄如纸张，干爽酥脆，利于保存。过去主妇们在收获新粮食忙完农活后，要专门挑出时间制作煎饼，这可不是小营生，一做就要做够一个家庭几口人一年的口粮。有的家庭在厢房堆满高高的煎饼，像是一面香喷喷的墙，随食随取。煎饼可以长时间保存，食用时也无须加热，卷上辣酱、小菜、大葱

一起吃，嚼劲十足，十分美味，尤其是出远门或下地干活时，随身携带十分方便。随着人们生活水平的提高，曾一度被冷落的煎饼，现在又被端上了人们的饭桌，品种和花样也丰富起来。现在有的煎饼是将芝麻、盐、葱花等原料配入其中，改良的味道更为丰富。经过特制的煎饼，香、酥、脆，营养也越来越讲究，做工精致如宫廷小吃。

"十月芙蓉十月一，家家户户缝寒衣；人家丈夫把寒衣换，孟姜女万里寻夫送寒衣……"北方民间把农历十月初一孟姜女送寒衣的这天称为"寒衣节"。传说秦始皇时期，江南孟姓员外，无儿无女，一年家中葫芦结蔓长到了隔壁姜家，生出了个大葫芦，两家剖开一看，里面端坐一女娃，取名孟姜女。孟姜女十八岁时与范喜良结为夫妻，而后丈夫即被抓去北方修筑万里长城，此去经年，杳无音讯。孟姜女思念丈夫，为范喜良做好寒衣，千里迢迢去北方寻夫送衣。走到长城脚下，哪知丈夫尸骨已寒，后经神人点拨将寒衣烧掉，衣灰飘落之处，正是丈夫的尸骨。从此以后，人们便在十月初一这一天为故去的亲人上坟、烧寒衣，俗称"送寒衣"。人们用纸剪制五彩衣帽，拿到坟头上挂起来，而后焚于墓前。寒衣节是华北地区比较重要的祭祀祖先的节日，有的地方以家族为单位组织祭祖活动,以此寄托对先祖的祭奠和眷念之情。

在汉族人的传统观念中,人的消亡并不意味着灵魂的破灭,灵魂是不死的,是有生命的,这些集聚着前辈祖先创事治家智慧的灵魂死后被后代崇拜,是家运昌裕最有力的"保护体";尊崇祖先,方能家裕人安,因此,家族故去的列祖列宗被视为和神灵一样的存在。善待生命、念祖怀亲、归宗报本的传统一直是中国人特有的美德。祖宗虽然能够同神灵一样佑护后代,但祖先在平日里是不能在家中"居住"的,只有春节时才将其从祠堂或坟茔"请"到家中供奉,节日过后再将其"送"回原处。春节时,华北各地对祖先的重视在献祭中尤为凸显。要说春节供奉的是何方神灵,祭祀仪式告诉我们答案——春节是请祖先回家团圆之日,是敬奉祖先以祈求平安顺遂的节日。供

奉祖先的神位多设在正间（中堂），除夕当日家家在北墙上挂"影"（即宗谱），上面密密麻麻地记载着列祖列宗的大名。"影"前中央置牌位，左右挂莲花、牡丹条屏。供桌上红纸铺面，前设香炉、烛台，后放饽饽、猪头，中间鸡鸭鱼肉满碗，瓜果梨枣进碟。家族男丁从坟茔将祖先"请"回家中后在"影"前磕头作揖，烧香焚纸，十分恭谦，此后一家一起吃年饭，共享团圆喜乐。祠堂作为南方祭祖活动的中心，在宗族制度中占头等地位。有些村落，祠堂拥有从大到小的等级结构，如安徽黟县西递村的胡氏祠堂就有宗祠、总支祠、分支祠和家祠之分；一族合祭者为宗祠，分支派各祭者为支祠，而供奉直系祖先牌位的则为家祠。每逢春秋祭祀，族人聚集祠内，作礼设祭，借而增强家庭的凝聚力，正所谓"家庭兴旺，不忘祖上仙根；历史久长，不离宗族脉络。"在男尊女卑的传统社会，祠堂中只供奉成年男子，女性在祠堂里没有牌位，同样女性也不允许进入祠堂祭拜祖先，只有成年男性才可进入。随着思想观念的更新，人们意识到保护传统文化的重要性，有些地方现在允许女性或小孩进入祠堂祭拜了。

郊原望茅檐

从中国王权制度由禅让制变成世袭制的夏王朝开始，中国就步入了"家天下"的时代，所以中国人自上而下、从古至今都十分看重家，既从物质上看重，也从精神上看重。房屋宅院是家庭最基本的物质性存在，从建房造屋的第一天起，房主便在其中精心布置了各路神祇的居住位置，以便让神灵护佑。院子中的景色、家中的整洁程度，甚至使用的每一个家伙什都是主人对家的一份热爱与期盼。

收获的季节物产丰富，山林景色美，家院中的景色更美。陕北产大红枣，延川人将红枣用高粱秸篾串成串组合系在一起，像是一个个红灯笼。有的将大枣与小面花串成串挂起来，既可以做装饰，又可以打发孩子。深秋，散落在蒙山沂水间的柿子树在赭褐或紫灰色的山景下结出果实，柿子逐渐染上了颜色，由绿色变成土黄，由土黄逼向金黄，待到完全成熟时，柿子树像挂满了一个个闪耀的橘灯。人们将柿子采摘下来串成串，晾干做成柿子饼是秋果冬藏的好办法。有的人家不着急摘柿子，让柿子挂在树上自然晾干。山岭之上晾柿子饼的景象不仅使人体会到丰收的喜悦，还活脱脱是一曲美妙的秋色赋。随着寒气入侵北方，树上的叶子都落光了，只剩下光秃秃的枝干，此时挂在树上的柿子更加多姿，灰褐色的枝干更加衬托出金灿灿的果实，随风摇荡着。在家中就能看到山上的秋色，看见这金色，便看到了满载而归的秋季。秋收以后，北方院落也到了最迷人的时间，树枝上、平台上、墙头上到处都摆满了金黄色的玉米，白色的墙壁也悬吊上几串火红的辣椒。抬头看，紫红色的石榴、橘红色的柿子在绿叶中闪现；低头瞧，满眼的红花绿草争奇斗艳，妩媚妖娆，几只麻雀突然从枝丫间飞出，惊得满地的花影乱颤。

翻盖新房大多选择在开春以后。一来春季温暖，土壤化开，容易处理建筑物的根基，气候舒适也适宜劳作；二来也是为避开雨季和最为忙碌的丰收季节。现在人们的

居住条件提升了，盖完房子要精心装修一番，装修风格也是追逐潮流，设施也极尽完善，加之现在很多乡村开通了天然气，农村的居住条件与城市几乎无异。翻盖新房需要大半年的工夫，等居住条件完全具备了，住进去也要到秋日甚至是冬天了。翻新的频率要看家庭经济条件，二三十年翻新一次比较普遍，借家中子女结婚之际翻新房子较为常见。秋末冬初搬进新房，如同体验秋收的喜悦，里里外外焕然一新，这是劳动

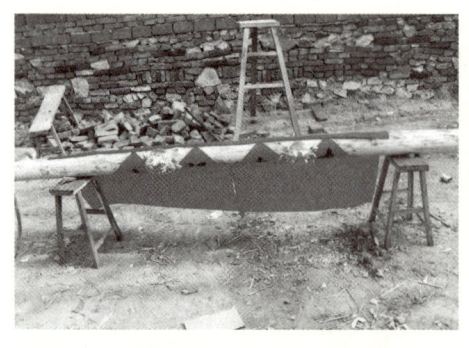

几十年的功绩。房屋是人们遮风避雨的住所，是人们日常生活的基本空间，因此翻盖新房是家庭大事。翻盖新房前主人会进行充分的评估，是否要翻盖、如何翻盖、开支预算、所需人力物力、建造时间、户型设计等等，请来亲戚和村里的朋友一起商讨、忙碌，从开工到入住怎么也得花费几个月时间。盖房的主要环节一般要举行相应的仪式以保证平安顺利，开工有开工仪式、上梁有上梁仪式、乔迁有乔迁仪式。房屋一旦上梁，房屋的结构和稳定性就基本落定了，因此翻盖过程中上梁仪式就格外隆重。现在，我们有时能在城市中看到，即便是用现代化的钢筋混凝土方式建成的高楼，在即将竣工时也会在楼上悬挂巨大的红色横幅，上面写着"封顶大吉"四个字。这恐怕还是传统生活中上梁仪式的遗存。

　　上梁仪式各个地方有不同习俗。北方上梁的时辰大都集中在正午时分，而南方有些地区则以早晨太阳升起或傍晚太阳落山为吉时。吉时一到，上梁的喜闹气氛便会在大梁徐徐抬升的过程中蔓延开来。以山东莱州民间上梁仪式为例，在上梁的吉日到来之前，家中的男人除了要协助完成木匠与瓦匠两位掌尺师傅的工作要求外，还要四处张罗上梁所需的各种材料、工具、家什等物件；女人们则一边忙着制作精美的"上梁饽饽"，一边准备丰盛的"上梁酒宴"，家庭中的每一位成员此时都分工明确，各司其职。上梁用的饽饽在莱州备受重视。饽饽有两种：一种是专置于正间梁头上方用于镇宅压邪的"大圣虫"。"大圣虫"体阔面善，大耳招风，后背插大旗三面，各路神人神物遍插全身，涂红抹绿，点金饰银，甚是威风！还有一种就是做成龙、凤、虎、花、燕、桃、佛手等各种形状的小饽饽，也都描线绘彩，精巧细致，放在斗内专用于抛撒哄抢。小饽饽的数量要根据家中老人的年龄来定。上梁大喜的日子在紧张繁忙的准备中来到了。正午时刻，在对着正间的屋外空地上放好供桌，桌上点燃一对红烛，以鱼、肉、酒、菜肴、五个大枣饽饽为供物，中间设香炉，后面置红布封顶、内盛小饽饽、栗子、红枣、糖块等物的柳斗。经过一系列的叩拜祭礼之后，木匠与瓦匠两位掌尺师傅边念喜歌边上房架，什么"上梁上梁盖瓦房，盖起瓦房住新娘……"；"上梁大吉四邻美，一步一个大元宝……"这样唱着，两位掌尺师傅登上房顶，木匠居东，瓦匠在西，然后二人便开始向上拉大梁，梁离地后，点燃事先缠挂好的鞭炮。掌尺师傅边拉大梁边念喜歌，待梁到顶安装好以后，再次放下两根红绳，木匠拉斗，瓦匠拉酒，酒与斗拉到屋顶后，瓦匠打开酒瓶，沿梁洒下。此时木匠便开始向四周扬撒饽饽，早已等在下面的人群你争我抢，场面好不热闹。笑声、歌声、鞭炮声混为一团，上梁气氛达到高潮。此时，木匠师傅的喜歌也越唱越烈："一撒东方甲乙木，年年修座金银库；二撒南方丙丁火，修了前阁修后阁；三撒西方庚辛金，四撒北方壬癸水；五把撒在明间（正间）里，富贵荣华万万年。"撒完饽饽,上梁仪式便结束了。当天中午,新屋内摆上丰盛的"上梁酒宴",款待所有工匠宾朋,大家为新房的即将落成共同庆贺,喜庆热闹的气氛自不必说。

开放式的居住空间是指宅前屋后或大或小的一些空敞地带。由于受到地理环境以及居住习俗的影响,各地民居宅前屋后开放地带的布局与使用也存在着较大的差异。北方平原地区地势平坦,田地连片,树木成林,民居多被田地和树木围护而形成"田围村"的居住环境。邻里之间共用山墙,山墙两侧的院墙搭建成"连屋搭山"式的居住形式,使整个村落布局呈现横纵交错、整齐划一、秩序井然的网络结构。这种布局结构使有的住宅房前房后形成或背街面巷,或背院面街,或背田面田的多种式样。有的大门口左右两侧各置青石条一块,可坐上休息,一侧墙底处设一排水用的"阳沟"。院落里空地面积较大的,多栽槐、榆、柳等树,间植冬青、月季、牵牛等,绿树荫翳,花影摇曳。树荫底下置一方桌,邻里乡亲敲棋品茗,款款而叙,别有一番情致。秋日里,收获的秸草攒成草垛,置于门前墙外,以备炊用。麦秸草垛光圆敦实,苞米秸垛高大挺拔,两者既能挡风又能遮阳,也常常成为孩子们"捉迷藏"时最有效的掩体。山东有的住宅后墙与后邻居的南院墙之间常保留一块封闭的"夹道",里面多栽些石榴、无花果、枣树等果木,寒露一过,丰硕的果实压弯了树枝,打开"后吊窗",阵阵果香扑鼻而来。

要看一户人家的女主人是不是勤劳能干,一看庭院便知。人们从门前经过,或是在院中说一两句家常话,不必进入屋中,但院子的一切总会一目了然。一看院落洒扫得整不整洁便知这户人家女主人的持家能力。庭院就像一户人家的脸面,干净的院落整洁有序,宽敞明亮,谁都乐意在院中喝喝茶谈谈天。鸡鸣晨起,农家妇人早起的第一件事就是洒扫庭院,将院中的落叶、尘土清扫一遍,用水冲洗一番,再将院落中的杂物悉心归置,无论是客人来,还是自家休闲,都心情舒畅。居家过日子离不开扫地

的家什儿，小一点的扫把用来扫家中地面，大的扫院子，也用来扫场，也用来扫晾晒在地上的粮食。大扫把一般是用南方生长的毛竹枝扎制的。扫场、扫粮食用的扫帚一定要是新的，因为毛软、有弹性，容易将细碎的杂物轻轻拂除。这种毛竹扫帚扫尘面积大。竹枝几乎都是实心的，坚固耐磨而且有韧性。山东很多地区也使用一种笤帚草扫院子。这种草生命力强，在野外随处生长，秋天落叶后，其枝高约一米却依然硬实，人们便将一整棵草扎束起来做扫帚。屋里扫地用的小笤帚一般自家就能扎制。过去老百姓每家每户都习惯在地头、地沟种上十几棵黏高粱，主要用途就是扎制笤帚。黏高粱和普通高粱相比穗的分枝长，有弹性，蓬松面积大，颗粒却小。收割高粱时要留长秆，约二尺，留作笤帚把儿。砍过的高粱先刮粒。女人们坐在地上，将大板锄反过来刃口朝上，一束束地刮，而不能像小麦那样用连枷拍打，防止籽穗苗拍扁损坏。再拿到场上晾晒，晒干的穗苗因水分全部蒸发，日后不会发霉、沤烂。笤帚不是晒好后马

四 时 工 巧

上扎制，而是要将穗苗贮存起来，等到腊月再扎制。俗话说，"过腊八扎笤帚，笤帚草不扎人。"进入腊月，人们扫尘除污，迎接新年，这时要扎上一把新笤帚洒扫房屋。

扎笤帚工艺简单，但却是个累人的活儿，得有力气才行，所以一般都由男人来操作。先取三十棵高粱秸用水泡，以增强外皮的韧性，防止勒扎时因干脆而断裂。再用棒槌敲扁高粱秸，将秆内的海绵体去除，只留外皮，防止扎出的笤帚把儿过粗不易于手握。但是笤帚把儿中心却要保留一棵含有海绵体的秸秆，起到支撑骨架的作用。扎笤帚一般选择在门口或炕面上，扎者腰间紧系一麻绳，再取一根一米半左右的六股麻绳，一端固定在门框或窗框上，另一端与腰间麻绳相连，扎者面对门、窗席地而坐。有的人家门槛上留有猫、狗的出入洞，就干脆将麻绳绑在此。其实在哪儿扎并无大碍，只要借力支点牢固即可。这根绳是用来勒紧秸秆以扎结的，所以用力非常大，固定点必须牢固。扎笤帚从柄端开始，扎者将三十棵高粱秸横向拿在麻绳之下，使之与麻绳形成垂直交叉，用麻绳绕活圈将秸秆缠住，两手抓其两端。这时扎者两脚抵住对面墙面，身体后仰，脚与腰部同时向外发力，这样便可使麻绳对秸秆产生紧捆的压力。此时扎者已无分手之力，便再将另一根细麻绳咬在齿间，另一端压入捆扎秸秆的绳圈，按顺时针方向将秸秆转两圈，细麻绳顺势将秸秆缠紧，而后打结、剪断即可。这样在高粱秸秆处隔一段（约一寸间隔）扎一道圈，以达到紧固的作用。一般家里扫地的笤帚最多可扎十三道经（圈）。笤帚把儿全部扎完后，再用螺丝刀之类的尖锐工具将一道道不甚工整的绳头塞入把儿内，这样更加利索美观。捆扎笤帚把儿的经绳不能以一根长绳一以贯之，却要不怕麻烦地道道剪断，这可是有原因的。如果经绳连在一起，在使用过程中断一道绳，就会道道断，经绳分而治之，则避免了这一麻烦，一旦一根中断，不至于让前面的功夫都白费。有的人家日子过得精细，还要用细绳走"麻花"纹，再将苗穗粗粗地捆束一道，这样笤帚不容易掉草，一把笤帚用一年应该是没有问题的，同时让这极为普通的洒扫之物也多了几分美观。老百姓常说"六把草，九道经，十几

根草作一把，续一把缠一圈儿，最后草苗苗再缠三道经"。他们对数字的敏感不是没有道理的。按当地风俗，人死后，坟头上一定要放一把扫炕笤帚，让他带到那个世界去扫炕，但这把笤帚却是"五把草，七道经"。

还有一种个头不大的扫帚大约只有二三十厘米长，如同小号的笤帚，扎制方法与笤帚相似，只缠三道经。别看这扫帚个头小，作用可真不小。老百姓家扫炕用的扫帚，也是用黏高粱秆扎制的；厨房里用的小扫帚叫炊帚，刷锅时用炊帚一扫，方便将锅中的饭渣净；包饺子只剩最后不多的馅料时用炊帚一扫，便可将碎料收集一堆。炊帚一般用黍子草（北方做年糕的黄米）扎制，黍子草苗细，适合小面积清扫。阴历七月底八月初的处暑时节是收黍子的时候，空闲的工夫很快就能将炊帚扎出来。人们不用新扎制的笤帚去扫炕，不是舍不得，而是因为它爱掉草。新笤帚用来扫房、扫花生，扫晾晒在院子里的粮食，待黍糠掉了，长毛没了，一把笤帚磨光了三分之一时，再用来扫炕。再过几年，扫炕笤帚已磨得只剩硬杆头，老百姓管它叫"枯叉"，这时再用于磨面时的扫面，因为它不仅质硬，而且不掉任何杂毛，一把扫帚随着使用时间的推

四 时 工 巧　　177

移被用于不同劳动场合，越旧反而越好用。

　　家院中一般都会有一两个较大的柳条筐，都是自制的。山东各地都有用柳条或其他树条编制家用容器的做法，各种农用、家用的筐、篮、篓都可以用唾手可得的材料制得。这些筐、篮、篓大小不同，造型各异，用途不一。大的筐高约一米，带有提手，筐的宽度沿直径大约六十至七十厘米，比一个成年男子的肩宽略宽，相当于他自然伸出两手做抱物状的大小。这样的尺度设计最有利于操作，无论是提是抱都能用上力气。这样的大筐一般一家有一两个就够用，用来盛花生、芋头、地瓜、萝卜、水果等粗重之物。家中有地窖的将根茎类蔬菜放入大筐置入窖中，地窖本身温度低且氧气含量低，阻断了根块蔬菜发芽的机会，加之柳条筐空大通透，也避免了聚集引起的潮湿，因此可以保存一整个冬天；有时也可用于近距离搬运石块等物料。筐体积大，自身的负重就要大，所以这样的大筐老百姓一般选择用蜡条、桑条、槽条等结实承重的材料编制。山东枣庄一带盛产石榴，在南部、西部的群山之间藏着一片万亩石榴园，栽有530余万棵石榴树。夏日里万亩石榴花竞相开放，朱红灿烂的花朵热烈地开放，在翠绿油亮的叶片中闪映。八月中秋之时，沉甸甸的果实挂上枝头，红似灯笼，有的熟透了咧开了嘴儿，露出晶莹饱满的石榴籽，摘下一颗品尝，汁水爆满口腔，清甜爽口，丰收的果实甜在嘴里，更甜在心头。谁能想到，这石榴树除了赏花、品果，就连枝条也被人们充分地发掘使用，当地编制筐、篮的首选之材就是当年发芽长大的石榴条。这些树条不仅韧性强，适于编结，而且枝条粗大，坚固结实，利于负重。

　　"庄稼一枝花，全靠粪当家。"旧时，每户农家必有一个粪篓子，老人孩子每日清早挎着它上街拾粪。枣庄地区的粪篓造型别致，簸箕形，可肩背。拾粪时无须弯腰，一手扶着提柄，一手用脚镰（一种长柄小头镢）轻钩，像笤帚与簸箕的配合一样，十分便捷。牲畜在户外食草时排泄的粪便是庄稼最好的肥料，人们将这些粪便收集起来，通过发酵制的农家肥，施撒于土地，交换于自然。在青藏高原，又黑又脏的牛粪被藏民视为宝贝，甚至有"一块牦牛粪，一朵金蘑菇"之说。牛粪在西藏是财富的象征，牛是藏民主要的经济资源，因此牛粪越多就意味着财富越多，所以藏民将牛粪收集起来堆成高墙、垒成羊圈，"牛粪墙"成为西藏旅游路途中一道独特的风光。牛粪晒干后可以用来烧火，人们一日三餐都要喝的酥油茶便是用牛粪火煮熟的。传统社会里虽没有高科技的农业技术，但在物资匮乏、科技不发达的时候人们却最懂得与自然为友，这也是与自然共存的必行之道。

家用的小筐篮子则用柳条编制。柳条枝细，柔软，不甚坚固，但韧性极佳，恰适合编制小件盛器。这种筐、篮多是菜篮子，女人们挎着它到菜园里摘菜，或到集上买菜。编制菜篮子的柳条枝条纤细柔韧，可塑性强，用它编制的篮子在造型上也显得秀气一些。篮子的提手弧度不大，无论是提是挎长度都合适，满足实际生活的功能要求。过去老百姓逢年过节出门走亲戚，女人们也爱在胳膊上挎一个篮子，但与菜篮又不同，这篮子编制得更为精细讲究一些，有的地方称之为"子"。子用去皮的棉柳条编制，棉柳条比柳条更为柔软，可编结得极为细密，佳品甚至滴水不漏，所以水斗、斗、筐箩等也都用棉柳编制。讲究的人家还会在表层刷一层清漆，防漏防潮防腐，更加结实耐磨，能够使用很多年。

子与斗、升一样，在民间也属于一种计量器，一般人不会编制，多从集市购买，所以子的尺寸比较固定。人们可以用它盛放粮食，粗略做到心中有数而已。胶东地区称这种子为"二升篓子"，言指其容量。出门走亲戚的子更注重其外形的美观，多编织成元宝形，既美观大方，又取其吉祥用意。在民间，人们尤其注重礼尚往来，没有空手来去的，出门时便用子盛放满满的礼品，将自家的心意带给亲友。盛放礼品时，一般先在子底铺一块干净的白布包袱，再放各种串门用的礼品。胶东的习俗是送各种模制馒头，先把发酵揉成的面放在雕刻有各种图案的木制模子里成形，再蒸制，因其造型而命名，形状有鱼、莲子、寿桃等，是人们往来馈送的佳品。礼重的，再加上核桃酥点心、老白干烧酒，最上面铺盖一块漂亮的花毛巾，这是过去乡间走亲串友应有的礼节。

筐篮虽家家都有，但不是人人会编。在乡间有专门编筐的手艺人，他们编筐出售，以手艺贴补家用。手艺人一般在秋收时节收集枝条，选取粗细均匀、枝条较长的材料剪下来，放至四五天后待水分微微蒸发便可以用于编制。这是因为新砍下的枝条过于新鲜，性大、硬力大，不易弯曲；而放置时日过多，水分流失太多枝条又会过于干脆，编制起来易断，半干的枝条最易弯折定型。编筐要先做底，打底的枝条粗细适中，一般六根为一股，四股交叉形成"十"字，两个"十"字，即八股相叠交形成"米"字结构，所以筐底都被称作"米字底"。"米字底"固定后，将每一股枝条再分成两部分，即三根为一股，以做筐帮上的立筋。这样，筐帮共形成十六股立筋，起到支柱的作用。筐底的内圈以五根枝条为一股，与"米"字结构所延伸出的八股枝条上下交错编结在一起，成为筐底的内圈。菜筐一般编两圈内底即可。编内底时将枝条的接头都压入筐外，以利于美观。筐底编好后，即可插入提手，将提手用火烤弯，也编入筐帮内，结实牢固。然后编立面筐帮。先将十六股立筋在筐帮与筐底的转折处施力拧劈，减少硬力，防止筐篮负重时立筋断裂。立筋是整个筐篮负重之所在，像中国传统民居的梁柱，起到立骨的作用。筐帮与民居的墙体为异曲同工，不受力，起阻隔的作用，所以有"墙倒房不塌"之说。构成筐篮立筋的枝条虽说十六股，但实为左右相连的八股，四十八根，这四十八根枝条相互叠压兜底将整个筐篮构筑起来。提筐时，也是这四十八根枝条将物体的重力分解贯通至筐篮的四面通体，使筐篮中某一局部的受力都不会太大。所以立筋最忌产生转折，形成尖角，阻碍力的贯通，这样在施力过程中就必然造成断裂。编筐帮时，先在每一股立筋处加入一根枝条，将其横向与每一股立筋交错编结，一根根相续相接，逐渐将筐帮编上，编筐帮的枝条相对可以细些。最后收边，将每一股立筋选一根最粗壮者留下，其他诸根剪断。然后再添加一根，如同编帮一般，拧着一根

根续接着编起来。不同的筐篮尺度不同，所用材料尺度亦有不同，但具体的编结方法基本相同，差异不大。

　　枝条除了可以编制盛放大件物体的容器，还可以制作小巧实用的家用物，例如日常淘洗谷物常用的笊篱也是用植物条蔓编制而成。不过这笊篱却不是柳条编制的，而是高粱莛秆所制。莛秆盛器的特点是干净、轻巧，透气性好，尤其适合盛放食物，所以北方乡村流行用高粱莛秆编制各种盛器，盛放洗净食用的蔬菜、瓜果、瓜子、花生、糖果等，还可以盛放馒头、包子等面食。这些容器虽造型各异，枣庄乡村将其统称为"鳖盖子"，言指其外形像反扣着的鳖背。因高粱莛秆质软，扎制无须费力，所以"勒（扎）鳖盖子"成为当地妇女的必修功课，"鳖盖子"的美观程度则代表了家中妇女手艺的高下。巧手会勒"花鳖盖子"，可以在筐篮上编织出各种花纹。据说，当地旧时穷苦人家无钱为闺女准备嫁妆，就请巧手勒一个花鳖盖子，扎制成箱子的造型，有盖，陪伴姑娘出嫁。别看这花鳖盖子轻巧不起眼，有人甚至使用了七十年。鳖盖子用苘绳扎制，但作陪嫁用的鳖盖子不能用原色苘绳。人们去集上买来品色染料，在锅里烧开

水，倒入染料，将苘麻放入，染成红色。捞出来编成二股苘绳，用红线勒制花鳖盖子。

南方的建筑与北方呈现出完全不同的风貌，择水而居是江南乡土建筑的一大特色，一是因为南方本身多高山峻岭，水网密布，水源充沛，江南湿润的气候哺育了万千种姿态各异的植被，也育化了数不清的湖泊、池塘、沟渠和溪流。二是因为农业生产的需求使人们趋向水源，水量丰沛的地方才利于水稻的种植。村落无论是聚居还是散居，大都四环青山，稻田毗连，竹树交横，溪流绕户，层层叠院安卧于青山绿水之间。以竹树藤蔓、清泉溪流和青石踏步为代表的景致是构成江南水乡民居房前屋后的主要标志。苏东坡曾在《於潜僧绿筠轩》说："可使食无肉，不可使居无竹。无肉令人瘦，无

竹令人俗。"可见竹子在居住环境中的重要作用。南方舍前屋旁种竹养竹之风尚行，历代不衰。屋旁择少许空间，植竹几丛，不久便可长成直插云天的绿丛，婷婷袅袅，玉润碧鲜。每当晨雾缭绕或夕阳西下之时，那种缥缈和奇幻，使人心醉神迷，仿佛超尘脱世。清风徐来，树影婆娑，粉墙黛瓦若隐若现，给宅居带来几分清雅和神秘。夜晚，月光洒落，溪涧淙淙，光、色、声、影相互交融，整个宅居都沉浸在静谧和谐的意境之中。江南房前屋后均有清泉经过，顺着地势，沿着沟渠汩汩而流，飞珠溅玉，过街串巷，穿院入池，七拐八转，九曲十弯，终年不断。清流之上多铺长条青石板，并用河卵石镶边砌底，沿途建无数个下圳踏石，便于浣衣洗涤，两侧多沿地势落差和水流方向建水园庭院、设水榭曲廊、置花墙漏窗，浮光倒影，涟漪颤颤。一条条拐弯抹角的清溪环绕在门前屋后，既有利于日常生产和生活，同时又能调节气候，净化空气，活化居住环境，真可谓一举多得。漫步在江南乡村小镇，有的民居门前临波光粼粼的河水，还有的依清幽恬静的池塘，塘中莲叶铺翠，鱼鸭掠波，处处都能感受到水流风拂、竹韵石趣的天然美景，难怪白居易赞曰："门前有流水，墙上多高树。竹径绕荷池，萦回百余步……寂无城市喧，渺有江湖趣。"

江南地区自古便是巨贾、文人、高官等人才辈出的地方，而且无论经商还是做官，"尚文"的风气却始终不变，所以江南的建筑和园林营建充分体现了中国文人的审美追求和中国传统文化的深厚底蕴。这一点我们可以从高大而富丽的厅堂陈设中明显地感觉到。厅堂是接人待客、聊天议事的重要场所，是家庭对外联络的窗口，对它的布置和美化，不仅起到炫耀门庭的作用，而且也能显示出房子主人的修养、品位和嗜好。推开大门，高大宽敞、凝重端庄、古色古香的厅堂即刻映入眼帘：高耸的墙板黑中透红，房间中的梁、枋、斗拱、雀替、隔扇、栏窗等都雕刻得精美异常，与庄重高大的墙板形成鲜明的对比。整个大厅的墙板和木雕没有任何彩饰，都保持着原木本色，清淡素雅。厅堂后壁设长条几案，东边摆彩绘大花瓶一个，西边放一面镜子，俗称"东瓶西镜"，取"平安宁静之意"，为了取得视觉上的协调稳定，中间通常放一自鸣钟，连起来便是"终生平静（钟声瓶镜）"。这种陈设是徽商住宅中的典型陈设，祈祷外出经商的家人能够在外平安无事，平静经商。"画条"前摆放八仙桌，两边配以雕花交椅，大都用檀木、花梨木或楠木等贵重木材制成，表面涂漆，明光铮亮。俗语说："堂前无字画，不是旧人家。"因此，无论贫富，后壁正中都挂中堂和对联，字画大都出自当地名家之手。中堂之上悬挂匾额，两侧木柱铭刻楹联佳句。这些遍布大厅的楹联题额均为古代文人雅士在生活中的体验，或有感而发，或巧思异想，虽寥寥几字，却寓意深刻，耐人寻味。

讲究文气的人家，还在侧壁悬挂字画条屏，下置茶几、木椅，有的地方置"博古

架"或"靠山摆",上面陈列各种古玩,显示出房子主人的风雅和喜好。与北方卧室使用土炕不同,南方多使用床榻卧具,样式较多,如架子床、满顶床、罗汉床、烟床、月亮床、眠床等等。其中,使用满顶床最为普遍,满顶床的左右和后部三面皆以整块木板围护镶接,床脸镶有木雕花板,挂有帐幔,较为封闭的床榻给憩者心理带来安全的空间。橱柜是各居室中最为常见的家具,衣橱最大,前面大都有局部雕饰,以兰、梅、竹、菊为主,内有隔板、抽屉。多数家具都在桌案脚、合页、提手、环扣等处饰以各种形象的小铜件,既好看,又能有效地保护家具,也方便推拉。几、案、桌、柜的品类繁多,造型各异,无法一一描述,但其施材与技艺却明显超过北方。如案、桌、椅、床在富裕人家，大都用紫檀木、铁力木、花梨木、樟木、杞梓木、楠木等名贵木材制作，一般人家就用杉木、松木等打制。有的桌椅还采用明代已创的剔红雕漆、平磨螺钿镶嵌、软螺钿镶嵌和百宝镶嵌等特种制作工艺，将金银、宝石、玛瑙、螺钿等稀贵材料雕成山水、人物、楼台、花卉、翎毛等嵌入桌椅中，高贵华丽，价值不菲。

中国北方平常百姓家的窗子，窗户数量较多，形制也较宽大，造型比较简洁、朴素、大方，大多不作任何装饰或略事修饰而已，式样变化也较少，主要以满足通风、采光为目的，实用功能远大于装饰功能。由于区域文化及地理环境的差异，南方地区民居的采光主要靠天井，故设在民居上的窗户数量较少，形制也不大，但雕镂讲究，造型丰富，兼具装饰功能。山东莱州等地的民居用窗多集中在正房上，而且前檐墙和后檐墙开窗的大小、数量还有所差别，前檐墙窗户的多少要根据开间的多少来定，一般三开间的开三个窗，五开间的开五个窗。无论三开间还是五开间，正间的窗户均设在二门门楣之上，多为长方形，左右房屋均为朝南对称的大木格子窗，多为正方形。也有的老房子还在二门左右各加设两个小方窗，以便做饭时排放气体。较高的房屋有时也在东西两间方形木窗上安装长方形小窗，以增加室内的采光度。后檐墙大多数情况下也是开三间窗户，套间则不开窗。朝北的后窗户主要功能是为加快室内外空气的流通，同时也是从安全方面来考虑，故东、西卧室开设的后窗既高又小，不易攀越。正间的"后吊窗"面积相对较大，有利于夏天"穿堂风"通过，窗户也大都由棂条窗和裙板两部分组成。后窗由于居外，故窗棂变化较为丰富。后窗还都设有"雨搭"和"窗门"，常用木棍撑启或固定。天气暖和的时候，打开后窗，使室内空气对流以保持洁净。冬天遇到大风天气，关窗或封窗，屋内也不会很冷。记得儿时，春暖花开天气渐暖之时，家家户户都纷纷打开窗户，任春风柳絮轻柔地吹进室内、院里，给人一种清凉爽快之感，尤其每每临近中午或傍晚的开饭时间，从后窗总会飘散出阵阵饭香，给收工的大人和放学的孩子一份回家的舒适。

江南民居中的窗户别具特色，尽显文人的别出心裁。琳琅满目的窗艺吸收了官邸宅第及园林景观中造窗的原理和装饰特点。徽派民居的外墙很少开窗，但室内的窗户比比皆是，最常见的是木制长条形隔扇窗，多置于檐口楼层处，沿天井作回廊式围隔，隔扇窗通常落地，形制有四扇、六扇、八扇，以六扇最为多见。窗户由"上夹堂""格心""中夹堂""裙板"以及"下夹堂"五部分组成，密密麻麻纵横交错的木棂条有利于柔和强光。《道德经》言："凿户牖以为室，当其无，有室之用"，这句话是说开凿门窗建造房屋，有了门窗四壁内的空虚部分，才有房屋的作用。窗户的存在使空间之所以成为居住之所，也许正是因为窗户对于居住之所的重要性，人们不仅仅将窗户作为采

光的通道，也乐意在窗户上做些文章，使其成为居所之装饰。窗户成为中国民居建筑中最具诗性品格的构件，难怪自古以来众多诗人名家都以美文丽辞咏窗颂牖，借此寄情托意，娱化人生。

云南白族两坊民居楼层常设通排小条窗，格心多制"美人框"式玻璃窗，次间大多设"丁工花"式的支摘窗，窗户上部为透气花格窗，中间格心或作圆形浮雕，或作方眼格，或装"美人框"式玻璃窗，下部则为木质裙板，板上常作浅浮雕，立于主房与卧室之间，既美观又醒目。除了木制隔扇窗之外，砖石雕刻的漏窗在南北四合院民居中也较常见。漏窗的窗孔式样极其丰富，大致分为两种：一种是窗孔面积较大，缩在里层，最外层则沿窗形饰以烦琐精细的花草吉字装饰纹样，窗形多为方、圆、六角、八角、十字、花瓣、花瓶、扇面、寿桃、方胜、书卷等多种规格的几何形；而另一种则将山水风光、花草虫鱼、鸟兽木石等自然景物纳入窗孔内，形与形之间自由构成镂空部分，随意自然、十分具有生活意味，外形多为常见的长方形和圆形，并沿窗边砌整齐的方砖或石块。造型独特的漏窗不仅使多个封闭沉闷的空间产生了气韵的流动，而且还造就了墙内墙外虚实相生、隐现结合的生动画面。静观时，漏窗将大自然中的一草一木，一砖一石等物象信息尽可能地传达给室内的居者，足不出户，便可领略到人与自然相通相合的气息。走在院落中，流动的视线不时穿越漏窗，借景入园，步移景生，花影枝叶，鱼池美景尽收眼间，真是"通透花窗遮不住，满院花香进堂来"。

到别人家中做客，沏茶待客是热情好客的中国人的传统，不管城市还是农村，客人来到必定先茶后酒。饮茶间相互问候，谈天论事，这也为主人准备饭菜留下了时间。喝茶有很多讲究，饮茶习俗在各种文献典籍及民俗资料中记载颇丰，如唐代陆羽所著《茶经》记载了茶叶产生的历史、生产、饮茶技艺、茶道原理，是我国最早记录茶文化的专著。农家的茶叶不见得有多么昂贵，所用容器极为普通，谈不上什么茶道、茶艺，但却包含主人的热情。在沂蒙山区，客人到来后主人必点火烧水，在烧水期间，把茶壶茶碗洗刷干净。等水开后先用开水烫一下茶壶，再放入茶叶、冲入开水。稍微闷一会儿，倒满一茶碗然后再次冲入茶壶中，可让茶水浸泡均匀。给客人斟茶时，先从主要客人或是年龄长者开始，每次斟茶不可太满，否则是对客人的不尊重，当地称："茶要浅，酒要满。"喝茶时不能让客人把杯中的茶喝光再倒，要随喝随斟，当然客人喝茶时也不要一口喝干，总要在杯中留一部分。如果客人将茶水连茶渣倒掉，表示茶已喝足，一般主人也就不再让茶了。山东中部的许多农村有喝早茶的习惯，称"卯时茶"，一般四十岁以上的人都有喝卯时茶的习惯。他们在清晨起床后先泡茶，喝完后才打扫院子或上坡干活。卯时茶的头三杯是不会让别人喝的，如果正好碰到有客人来便让给客人，客人走后一定要再沏一壶新茶。还有的地方老人午睡起来要喝茶。泡一壶茶一般要喝几个小时，一边喝茶，一边聊天，喝完茶后一直到晚上都不觉得渴。

在沂蒙山区，中老年人都爱喝大叶茶，茶味浓厚，茶色浓酽。夏暑时节，当地山上开满了石竹花，花色紫红，花叶粉绿，煞是好看。人们采集新鲜的石竹花煮水作茶，煮出的水茶色淡黄，茶味清香，一股山野之风迎面扑来，一口下去内心宁静清凉，减少了暑气。现在石竹茶也走进了茗品店。新采的石榴叶也是当地代茶煮水的饮品，色香味俱佳，是夏日里消暑解渴的易得饮品。喝茶可解渴，茶叶（或其他植物饮品）中富含茶多酚等有益物质可调节体质，是一种保健健身的方式。喝茶对中国人来说也是

190

增进感情，或体验主人的待客之道，或在细品慢饮中观人生百态。饮茶是中国人的一种休闲方式，在成都的茶馆里要上一杯茶，坐在竹椅上大摆龙门阵，不知不觉便是一天。在苏州的茶馆中饮茶，静听评弹，温婉悠扬的吴侬软语荡漾在耳边，与江南好茶一同流入心田。

民间流行的茶杯、茶碗、茶壶等，各种质地的制品都有，或大或小，或高或扁，或规则或多变，或几何形或自然形，造型千姿百态。"一个坛子两个口，大口吃，小口吐"，这是民间对茶壶的形象描述。民间使用瓷茶壶最为多见，扁圆形茶壶的把手连在茶壶腹部，而圆柱形的瓷茶壶多是提梁把手，这种形状的茶壶腹部较圆形茶壶体积更大，提梁把手利于提放。白瓷茶壶的壶身一般都有青花或五彩图案，多是花鸟草虫、文字符号、人物神祇等富贵吉祥题材。除此之外，还有许多风俗时景及历史题材等，装饰十分多样，装饰手法则有彩绘、雕刻、堆塑、镶嵌等。

锡茶壶在民间使用的也不少，锡壶有清热解毒的优点，泡茶饮酒多有使用。民间大茶壶不是用来品茶的，而是用来解渴的，使用频繁，随用随放，所以茶壶不能过于精致和脆弱，耐用对老百姓来说是最主要的。在碰碰磕磕、忙忙碌碌的日常生活中，锡壶经久耐用，且容量大，在田间地头锡茶壶还可用来直接烧水。为了保护茶壶及茶水保温，人们会制作茶壶套、茶壶箱，工艺造型十分丰富。茶壶箱与茶壶套功能相近，造型、材质、制作工艺、装饰等十分多样。造型有圆形、方形、多边形、椭圆形；材料有木、藤及棉、布等；加工工艺则有榫接、编结、油漆等方法。特别是木制茶壶箱，设计颇为巧妙。如山东的木制茶壶箱，箱体似木斗，茶壶箱一侧留有方形壶嘴口，不用开箱盖即可将茶水倒出。茶壶箱的提梁把手设计巧妙，把手设有小机关，这是将茶壶箱盖打开的关键。平时，如果不提起横梁的小机关，任凭如何晃动，茶壶箱盖也不会从壶箱上脱离。在日常生活中，茶壶箱的作用是保温和移动茶壶时不使茶壶因碰撞而有损坏，所以不但要求密封良好，还要承受使用过程中各种外力的作用及移动过程中不可避免的碰撞，所以这种结实、严密的造型，不仅实用合理，而且造型完美。此类结构的茶壶箱虽造型、装饰等差异不大，但横梁的设计都颇具巧思。茶壶套又叫"茶壶囤子"，多用藤条编制，江南地区使用较多。南方多产藤，藤条坚固耐磨，根据茶壶形状来编制，一般圆形较多。编制茶壶套的藤条粗细均匀，多采用缠绕法编制，虽然编法简单，但细密结实。为了更好地保温，往往还要在茶壶套的里面加上一个棉套，里面塞上棉花，再钉一层布，中间不留空隙，既可起保温作用又可以防止茶壶与藤条之间的孔隙引起碰撞。茶壶套的盖方便开合，盖上有金属环或横梁，便于提携。有的在茶壶套的两侧加上铜制的系钮，可以拴绳。藤编茶壶套取材方便，编结细致，柔韧耐用。有的藤制茶壶套与盖之间处理得相当精巧，盖上的铜饰件有的做成如意头铜搭扣在铜鼻上，铜搭上设有一活动的鸟形扣鼻，小鸟的脚做插扣，翘起的尾巴充当了关闭或打开的把手，实用美观。

衣被棉絮暖寒冬

现在的冬日生活中，北方有集体供暖，即使外面冰天雪地室内也保持着舒适的恒温。即便没有集体供暖设施的南方，人们也有空调、电暖器、电热毯等现代化的取暖设施应对冬日严寒。在户外活动时，人们可以穿着羽绒服、保暖衣等衣物御寒，不但轻便舒适，还有各种新潮的款式满足人们的爱美之心。这些让人温暖的办法让现在的冬天，不管如何雪虐风饕人们也能从容应对。相比之下，过去的冬季显得漫长难挨，人们为了抵御严寒想出了各种办法，这些适用于各地独有的气候，也是根据各地的地理、物资决定。

北方的冬天离不开棉花，用棉花做成的服饰最能抵抗寒冷。棉袄有各种厚度，以便应对不同程度的寒冷。到霜降时，萧瑟的秋风吹起，人们就开始穿有薄棉层的夹袄了，有句俗语叫"千层单不如一层棉"，棉花蓬松绵软，穿着舒适。眼看就到了穿棉袄的季节，有条件的人家会准备好几身棉衣越冬，并且每隔一两年会做新棉袄。随着温度递减依次换上厚一点的棉衣，再冷了就在里面加单衣，一层层地往上加，裹得"里三层，外三层"。刚入冬穿的是小棉袄，棉絮很薄，比较短小轻便。再冷了就穿二大袄，长到膝上，也厚实得多，出门顶风冒雪还要加个大棉袄，长至脚面。那时家境的富裕程度也直接体现在棉袄上，说一句"瞧，你妈多疼你，给你穿了件一把抓不透的棉袄"，这是在生活困难时期对温饱家庭的一种羡慕。贫穷人家是没有这么多讲究的，很多人"耍着筒子穿袄"，说的是"空心穿棉袄"，就是没有衬在里面的褂子，直接穿棉袄，这种棉袄自然是比较厚的了，但夹层里的棉花却不是全新的，他们在贴身的一面絮上新棉，穿着暖和，而靠外面的一层絮的是旧棉，经年不弹，像擀毡一般密实，用它抵挡风寒。棉袄是那个年代最好的保暖衣物了，除了棉袄别无他选，所以冬天人人都穿得厚重粗胖，活动起来扭扭捏捏，不比现在轻薄保暖的服饰。不过，即便

194

是臃肿笨重的棉袄人们也能穿出"潮流"。那时的风尚是领子越多越好看，有人甚至会穿八九件衣服，为的就是展示自己漂亮的领子。有时特意做假领子穿在身上，有意显露出来追求时髦。冬天穿棉袄时也是如此，人们在棉袄的领口缝上可替换的假领子，有用毛线织成的，也有用布做成的，这样既可以增加美感，也便于换洗。下身的保暖办法也只有棉花，男女老幼都要穿上棉裤。棉裤更加笨拙，穿得厚了挪动双脚都格外费事，所以有一句形容嘴角不伶俐的俗语——"瞧你嘴笨得和棉裤腰似的"。

　　女子的棉袄有大小之分，都是大襟，大棉袄为外衣，长至膝上，小棉袄紧身短小，一般是富足人家女子在温暖室内的着装。相比之下，这小棉袄更加轻松、适意，所以北方人常将"小棉袄"比作女儿对母亲的情感，说"闺女是娘贴心的小棉袄"。但较为贫困的人家是无法享受到穿用小棉袄的惬意的，一整个冬天她们都在笨重中劳作，要么是在地窖里整理贮存的农作物，要么就是在忙着纺线织布做针线。哺乳期妇女的穿着格外有趣，她们要准备两件不太厚的棉袄，将两件袄一正一反都穿在身上，用两片衣襟把小孩子包裹在肥大的棉衣里，下身用棉裤腰勒住孩子。在这大棉袄里面还会有

四时工巧　195

一根十字交叉的带子，带子将母亲的腰与孩子的背捆扎联结起来，这样孩子趴在母亲身上不费力，也更加安全稳固。母亲带孩子的同时也不耽误纺线、织布、刺绣、缝纫。母亲用体温温暖孩子，奶娃娃全身上下只穿一件小棉袄，精光着两条小腿，环腿趴坐在母亲的腰胯之间，与母亲脸对着脸，心贴着心。母亲的两片衣襟就好像一左一右两扇大门，把孩子遮挡得十分严实，将风寒全都挡在了"门"外。整个冬天孩子都在这样一个与母亲心贴心的大暖房里，在妈妈温暖的怀抱里吃奶、睡觉，甚至玩耍，一点点长大，丝毫不知外面的严寒，一切寒冷、风险、困苦都被母亲坚强宽大的身躯低挡在外。

　　大一点的孩子不能总是钻在母亲怀里了，母亲就总是担心孩子的保暖问题，生怕寒冷的北风侵袭。一岁左右的孩子能扶着东西站着或是蹒跚挪步，绝大部分时间还是被妈妈抱着。被抱起的时候孩子的棉裤脚容易被妈妈的胳膊提起，露出脚踝，细心的妈妈发现了，于是就有了专门为小孩制作的连脚小棉裤。连脚和裤腿在脚脖子处用带子缠绕住，这样怎么抱都不会露着腿，而且还挺好看，小脚丫被棉脚裹得胖嘟嘟软乎乎，老百姓形象地称之为"猫蹄子"。正在学习走路的孩子总是想到地上去，迫不及待地迈开双腿，这时候细心的妈妈又考虑到要给孩子做一双鞋，防止把"猫蹄子"踩脏，穿上鞋后孩子踩在冰冷的地上也会更暖和。小孩的鞋子会做成动物脑袋的形象，最常见的就是大家熟悉的"虎头鞋"了，也有做成猪头鞋、鸡头鞋的。鞋面的颜色一般做成红色、蓝色、绿色这些鲜亮的颜色。"男孩做红猫头，女孩做绿猫头"，所谓"红倌绿娘子"。虎头鞋最常见，鞋面上老虎的眼睛精神威猛，"王"字用布贴或线缝，彰显老虎的威风，几根胡子从两侧探出又多了几分可爱。猪头鞋重点表现纺锤形的大眼睛和猪鼻子，鼻子大而扁平，向前微微伸出，惟妙惟肖。鸡头鞋比较少见，制作也比较麻烦，用硬纸壳做成模子撑出形，再在外面包裹上布面。鸡头向上方探出，鸡冠抖擞，用亮片或者小珠子点睛，脖子一周用彩线绣出靓丽的花纹。说是鸡头，其实是模仿凤凰的头，一般给小姑娘穿。虽然鞋子做成各式动物的样子，但老百姓却偏要叫它"猫蹄子鞋"。物资匮乏时抚养孩子都求"好养活"，不染疾病能够健康长大就是长辈最大的心愿了，猫蹄子鞋也是为了图这个讲究。有俗话说"狗记千，猫记万"，是说狗能记一千里路，猫能记一万里路，妈妈希望孩子穿上这种鞋"能记住路，长命百岁"。细想却是说不通，能记住路和长命百岁又有什么关联呢？但妈妈们却偏要这么说，也许只是单纯为要一个"说法"，也许是因为不管孩子走多远都离不开母亲的那份挂念，有了母亲的牵挂孩子才能过得平安吧！

  虎头帽相对于虎头鞋而言在历史的发展中有很大变化，但都保持老虎的大体形象。二十世纪九十年代以后，自给自足的小农生活逐渐转向以购买为主的商品化经济生活，人们对物品的选择多了，也追求时髦和西化，虎头帽、虎头鞋逐渐淡出人们的视线。父母为孩子们挑选带有卡通图案的儿童鞋，有的鞋子会发光、会出声，备受孩子们的喜爱。帽子的选择更是多样，针织的、皮毛的、太空棉的，各种颜色、各种款式应有尽有，方便轻巧，易于清洗。近几年在国家政策的引导下，在人们文化自信的觉醒

198

下，传统文化明显有复苏的迹象，尤其在过年期间，80后、90后的父母们愿意为小儿们买上一顶虎头帽，既让孩子看起来格外可爱，也图个新年红火吉祥的好彩头。不过现在虎头帽的款式、制作方式与以前大不相同。现在市场上购买的虎头帽大部分是以机械批量制作为主生产而成的，强调老虎形象的可爱和具象，中间夹棉层，外圈绕上柔软的白色绒毛，更显乖巧。这样一顶虎头帽价格从十几二十元到上百元不等，主要看做工的精细程度和设计的美观程度。二十世纪六十年代左右，几乎北方乡间的每个孩子都是戴着虎头帽成长起来的。那时的虎头帽在今天看来无异于一件纯粹的艺术品，由妈妈亲手缝制而成。做虎头帽一般有样子比照着做，先照着纸样子把帽子的几个部分剪出来，然后缝在一起，这样外形大概就做出来了。这个样子很重要，因为帽子的沿边全是曲线，要卡着脸走，差一点，帽子戴着就不合适，不能起到良好的保暖作用，孩子戴着也不舒服。除了手巧的人会开样子之外，一般都不敢离开样子自己剪，所以样子都是互相借着用，十家八户用的都是一个样子，大家借来借去。虎头帽的帽形都差不多，但每个帽子上虎的形象却随心所欲，完全看妈妈个人的喜好来塑造。老虎的造型、配线都不一样，因而每个孩子戴在头上的虎头帽也都不一样，多姿多彩，争奇斗艳。"扒的来样，扒不来手"，样子可以学来，手艺却是学不来的，照着做也做不出人家的样，这里面需要的可就是灵性了！妈妈为了让孩子的帽子好看，也为了"施展才艺"真是使出浑身解数，一顶帽子上会用到拼布、刺绣、绒花等多种制作方式，用的材料也异常丰富，平日里攒下的碎布头、毛线头、珠子、铃铛甚至是食品包装纸都可能出现在虎头帽上。孩子们戴上帽子比一比谁威武漂亮，妈妈们打扮孩子无形之中就比出了手艺的高低。妈妈们都说做虎头帽既要让它"威风"，又要让它"漂亮"，要"打扮它"。每个人都依照着自己心中那个神虎的形象在塑造着，所以在她们的手下老虎是写意的，拟人化的，也是极富浪漫色彩的，甚至早已经超出了虎的形象特征，有的几乎很难辨认出这是一只老虎的形象。孩子戴上虎头帽系好带子以后，眉毛、脸颊、耳朵、嘴、前后脖子全都能够被包住，只剩下眼睛、鼻子露在外面，一顶虎头帽抵得上帽子、围巾、口罩三种物件的功能，既省事又保护孩子，妈妈也就放心了。

过去小孩子穿的多是花裤花袄，大人们的服饰颜色也比较单一，即便是家境富裕的人家也是在服装的材质上多做文章，夏天一身罗，冬天一身缎，但颜色和款式都很稳重，没有过多新奇之处。穿一身古铜色在当时已经是很俏的了，普通人家的服饰则多是青、蓝二色。新媳妇换下红装常穿的是紫裤，讨个"早生贵子"的吉利，只有结婚当年过年、回娘家的时候才换上红裙，裙边下摆处满是绣花。早丧夫婿却又高堂在上的年轻妇女要穿宝蓝色裙子，这也是一种孝行，可以防止老人因常见丧色想念儿子而总是悲伤，也避免了红彤彤的喜色。

大人们为了御寒，各式帽子也少不了，都是絮棉的，因为性别、身份、年龄款式各不相同。过去妇女也许因为留发的习惯所以很重视首服，女孩子定亲后，男方所送聘礼中必有一个帽钉，有金、银、玉、铜、珠宝之分。女孩子得到聘礼后要准备嫁妆，其中必做一个帽勒子。婆家送的这个帽钉要钉缀在勒子额头正中。帽勒子为日常家居所戴，起到固发、护发的作用。帽勒子上都有绣花，年轻的媳妇用色鲜亮，上年纪的用色深重。帽勒子随年龄、使用时间经常更换，但帽钉只有一个，陪伴终生。二十世纪五六十年代以后，妇女的发式开始变得多样，长发、短发不限，妇女不再喜欢戴帽勒子。这时开始流行一种黑色平绒布帽子，帽子前端顺发际走弧线，正中钉一只银扣或铜扣，帽子后部留出发髻，呈松紧状。别看是一顶普通的帽子，老人们戴的时候却格外讲究，如果没有镜子，就用中指从鼻尖向上划线，一直触到中间的扣子，正正好好，不肯苟求。现在帽子的种类自然就更多了，比较常见的是编织成各种图案、各种颜色的绒线帽。很多地区老太太们还习惯围围巾，但围法却不相同，有的向前系于颔下，有的挽向脑后系结。在冬季，无论室内室外，头巾、帽子都是她们必不可少的装扮。老汉们的帽子就单一很多，过去常戴瓜皮帽，春秋戴单帽，冬天则戴中间有棉夹层的帽子。二十世纪七十年代以后，老汉们也开始赶起时髦，戴上了短檐便帽、鸭舌帽、礼帽等款式。

黄土高原上男人的装束有一种外显的奢华，用或长或短的老羊皮袄、羊毛大氅包藏住一身暗淡的装束，腰间还习惯用家织的土布带子扎紧，以御风寒。黄土高原的女人却少有穿皮袄的，她们穿棉袄、棉裤，说是棉，其实里面絮的并不是棉花，而是羊毛或羊绒。西北地区家家牧羊，穿得起这货真价实的袄。这羊皮袄外面一般罩一件大襟外衣，以防污脏。冬季外服的颜色总是较为深重，中老年妇女多着素色，但年轻女孩子却喜欢穿土布方格或大红上衣，下身穿对比鲜明的绿裤或青裤，满头秀发精心梳成一根大长辫子，红头绳一扎，任它在背后摆动，即使日常素朴的装扮也遮挡不住她们的芬芳光华。陕北人形容女子俊俏的穿着是"白布衫衣白圪森森白，高粱红裤子绿西瓜鞋"，"里穿黑来外穿白，就像花蝴蝶落在哥哥怀"。黄土高原属于温带地区，冬季风大天寒，三九严寒走出家门，男人也不再扎白羊肚头巾，而是戴一种构造简单的筒子帽和暖耳套，女人围着四方大围巾，舒适暖和。与众不同的是它们的质地依然是羊毛和羊绒，而且家家自制。

从冬至开始，白昼渐长。民间以中午门前的日影为测标，说"过了冬，一天长一葱"，所以又称这一天为"长至"。汉代以来，宫女冬至后的女红每天要多用一根线，也就是民间的说法"吃了冬至饭，一天长一线"。从此，农村进入了冬闲时期，地里没了农活，大部分时间要躲在屋子里御寒，这时妇女便有了时间做针线活，所以便迎来了纺线织布、印染刺绣等较为集中的女红制作阶段。家人过年时要穿的衣物和未来一年要穿用的针线大多都是在这段时间完成的。就拿陕北来说，用的线是羊毛纺成的，一般都是在太阳出来的时候拿一种梳子式的长挠从羊身上往下梳，采下绒毛，再一点点收集起来。待晚上空闲下来，几盏麻油灯把宽敞的窑洞照得影影绰绰，妇女盘腿坐在暖暖和和的炕头，背倚着墙，身边放着大团的羊毛，取一团用指捻成线。把线收集

缠绕起来要用到一种T形木棍，先将捻好的线头系在木棍上，然后一人手执木棍坐在对面，一边不断顺时针旋转木棍，一边不停地向后退去，直到墙根，再往返回来，另一人要控制线走势不乱。这样循环往复，边转边缠，一团团粗拉拉的毛线就滚成一团，放入笸箩中随时待用，这恐怕是最原始也是最简单的纺线工艺了。纺线的二人组合有时是家中一老一少，有时是夫妻，有时是母子，一人递线，一人执棍，双方配合着来来回回，不但不觉枯燥，反而成了乡村夜晚里的一种欢跃，说笑着、逗闹着，不知不觉便缠满一捆线，人们望着这一团成果流露出满足的笑容，更传递出一团和气。

以前的女孩子都爱绣花，看着自己绣的花样仿佛在欣赏一幅千金不换的艺术作品。冬季时间多，女人们才得以有空闲"创作"。"正月正麦草青，我请七姐看花灯，教我心灵剪牡丹，教我手巧绣凤凰，杀白猪，宰白羊，年年接你七姑娘。"这是湖北孝感地区在民间广为传唱的"请七歌"。每年正月十五闹元宵时，姑娘们都手捧针线盒仰望天空，向"七女星"轻唱出自己的心愿。孝感的女孩从懂事、学唱"请七歌"那天起，就开始学着剪纸和绣花，十多岁时已能随心所欲地剪出精美动人的花样，绣在头巾、枕套、衣裳、鞋帽上了。其实不仅孝感地区，在全国不论是汉族还是少数民族，都常用刺绣来美化服饰，这也是女孩子表达情感的必修课。

传统乡村社会中，女孩子从很小的时候母亲就教育她做女人的本分：一是饭食，二是针线，要会做一手好饭菜和一手好针线活儿。男人走出门，从他上上下下的穿戴就看得出媳妇手艺的好坏，一看孩子和男人的穿着便知这媳妇是否勤劳、是否灵巧。别看旧时的农村没有华丽的锦缎，即便是粗布，哪怕不带绣花也看得出媳妇的持家能力。有的男人穿得朴素，虽不是绫

罗绸缎，但总是干干净净、板板正正，一看就知道家中有好手。巧手的媳妇还会在细微之处显露才华，像烟荷包、眼镜袋、耳囊子、帽子、鞋子、鞋垫子和出门背的褡子、钱袋子上都有精致的绣花。就连贫穷人家"劳力"（鲁西南女人对丈夫的称谓）脚下的铲鞋，也是满帮的云头绣花，虽不用彩线，但单色素线一针针密密地缝起来也很见功夫。所以女人之间比手艺不光用眼看，还要用手敲，鞋帮敲起来当当响得清脆，那才是一双结实耐磨的好鞋，这里面藏着媳妇的功夫和心思呢！

冬天老汉们习惯用一根长布带子扎腰，将旱烟袋、烟荷包、火镰和盛火绒的小壶等小物件系在一起，插于腰间。这一长串出门一晃最惹人注目的便是烟荷包，人们远远的便能看见上面绣的精巧的花样。抽烟的人都去集上买黄烟叶，回家晒干后，搓成烟末，烟末蓄在烟荷包里。抽烟的时候把烟袋锅子插进荷包里，手隔着布袋一揉一搓，往锅子里压烟，拿出来点火就抽，一点也撒不了。那盛烟丝的荷包袋就成了家里媳妇卖手艺的地方，不论是布袋还是绸缎袋，上面都有细细的绣花，因为是自己女人给绣的，年轻人大多是表现情爱的图案，如凤戏牡丹、游龙戏凤、双鱼闹莲等。上了年纪的便不再用这些个图案，而是选择庄重稳健的一些图案，如鹿鹤同春、生肖富贵等。冬天里，老汉们坐在村头晒着日头、闲聊些家长里短，掏出荷包袋抽上一锅烟，这冬天总能变得暖洋洋的。

说起保暖服饰，还有一种类型比较特殊的服装，那便是寿衣。汉族人忌讳谈论死亡，但是在老人病危之时儿女会为老人准备好寿衣，一是为了有备无患，避免葬礼时过分忙乱，另一方面则是通过这种无可奈何的方式尽量延续老人的寿命。寿衣的制作原则总是围绕着保暖，必是因为人们担忧死者在阴间受到苦寒的折磨。所以无论春夏秋冬，寿衣中都必有棉衣、棉裤，就像汉族许多地区新娘穿棉衣出嫁一样，也许是取其"厚实"之意吧，以图来世的生活能够饱满、兴旺。外衣往往是选用浓重艳丽的色彩，与老年人生前俭朴的灰、黑、蓝素色着装形成鲜明对比。女装上衣多是蓝色大襟

袄，下裙多为黄色单裙，均有绣花。无论男女都穿棉鞋，都习惯用蓝色鞋面，女鞋鞋面五彩绣花，男鞋鞋面前后镶云头纹。鞋底也有绣花，以云纹、钱币、聚宝盆为主，鞋底两侧要留出纳鞋底的麻线头四根，据说两根与两根之间的空当是留给子孙扎根的。有的人家信佛，老人在世时儿女就要准备一个绣花荷包，这个荷包比较特殊，上面要留出一点白布空间。荷包缝起之后，老人每过一个生日，儿女们都要往荷包里放钱，可多可少，一点点积攒起来，以备老人去世办丧事之用。老人去世后，要请人用毛笔在白布处书写"佛经"，佩挂在死者胸前，荷包里还要装些烧冥币的纸灰，让老人带去阴间享用。过去许多地区穿寿衣的过程非常讲究，要先将寿衣给孝子披一下，俗谓"暖衣"，接着用一杆无砣秤钩起衣服，众人齐喊"千斤万两"，然后开始穿戴。穿戴之后，民间还有盖脸纸之俗。盖脸纸一定要等亲人到齐后才盖，汉族一般是盖白布，一些西南地区的少数民族会为死者盖上绣有吉祥图案的刺绣头帕。汉族盖脸纸的习俗是由两千多年前吴王夫差所兴。相传吴王夫差自打败越国后便狂妄不可一世，偏信奸臣，排斥忠良，纵情酒色。后来越王派人向吴王借贷粮食，忠臣伍子胥当即谏劝，夫差拒之不理，伍子胥十分气愤："君王拒纳劝谏，不出三年，吴国必成废墟。"昏庸的吴王当即下令将伍子胥处斩。待到越国攻打吴国，夫差被追至穷途末路，方后悔当初错杀忠良，落得今日下场，绝望之中，伏剑自刎，临终告诉侍人："我死后无脸去见伍子胥，请将我脸蒙上遮羞布！"后来遂演化成丧俗。[1]汉族传统社会的丧礼要大操大办，这是汉民族"视死如生"观念的一种遗留，后来演化成一种相互攀比的不良习俗，似乎只有这样才足以凸显子女的孝心。随着我国对讲文明树新风的不断推行，农村的婚丧嫁娶习俗有了较大改观，人们丢弃掉旧时陋习，保留优良的传统风俗，形成了今天良好的文明新风。2019年，中共中央办公厅、国务院办公厅印发《关于加强和改进乡村治理的指导意见》，全面推行移风易俗，整治农村婚丧大操大办、高额彩礼、铺张浪费、厚葬薄养等不良习俗。每个村落由村民成立了红白理事会，协助村民推行文明新风。很多地区大力推行文明火葬。新农村建设中，促进推行绿色、节俭、文明的殡葬理念，厚养薄葬的观点逐渐深入人心。

在男耕女织、自给自足的自然经济状态中，人们的节令观念非常强，到什么时候过什么节、到什么日子办什么事。"吃了冬至饭，一天长一线"，冬至"入九"，从这天开始，人们就一天天地数着日子，按照老一辈流传下来的经验判断天气情况。这段时间，女人们就下到地窨子里开始纺线织布做衣服了。地窨子就是地窖，有的一半露在地面上，有的整个都在地下，只留个木门出口在地面。冬天地面温度最低可达零下十几度，但地窨子里却很温暖，气温不会低于零度，所以每到冬天家家户户都会挖地窨用来保存食物。除此之外，三五家关系密切的还会合起来再挖一个大一点的地窨子，放上十几个纺车和织机，女人们说说笑笑聚在一起一块儿忙活。冬闲的时候家里活儿也少，她们往往收拾完碗筷就赶过来，拉开用破棉絮包裹得严严实实的门，顺着木梯子爬下去，里面早有人就着高高的几盏油灯忙起来了。纺线支支扭扭，织布咔嗒咔嗒，

---

[1] 徐杰舜：《汉族民间风俗》，中央民族大学出版社，1998年，第235页。

谁也不会在乎是谁家的活儿，一会儿这个纺线，一会儿那个织布，大家捯替着，说着，闹着。不太会做的小姑娘若遇到问题会有一大群师傅忙不迭地要为她解决，渐渐地也就把姑娘家该会的手艺都学会了。

冬日农活少了，男人们轻松了不少，而主妇们却不闲着。除了置办年饭的各种食物，为丈夫和儿女准备过年新衣也是大事一件。中国人对红色格外热衷，在民俗中红色担当喜庆、吉祥的美好寓意。过去嫁女人用"十里红妆"形容嫁妆丰厚。浙江博物馆藏明末清初的朱金木雕宁波花轿木雕彩轿，朱漆泥金，层层点缀，金红相映，光彩夺目。直到今天，无论年轻人选择身穿白纱的西式婚礼，还是节俭省事的旅行婚礼，母亲都会为女儿出阁时准备红色的床单、衣服等用品。早在西周时期，红色就被视为尊贵的颜色，到明清两代对颜色的使用有严格

固定，红色成为皇家建筑的主要用色，演绎出气魄宏大的威严皇权。普通人家的窗棂、家具也以红色为点缀，所用红色更为深沉。[1]过去民间百姓生活贫苦，但春节时一定要为小孩子们的身上点缀些红色的服饰，可以是红袄，也可以是红裤，女孩子还在头上戴上鲜艳的头花。总之，只要有红色，有新意，就有了喜庆，就有了新的一年的新气象。

春节穿的衣服除了偏爱红色，还要图个好寓意。小孩的衣襟或肩头要缀"厌胜钱"。服饰上的钱币不仅是点缀，更多是祈求心愿。"厌胜钱"超越表面的财富意义，拥有更广泛的象征意义，方孔为"眼"，钱与"前"谐音，再加上蝙蝠，便可组成"福在眼前"。和喜鹊组合一起就是"喜在眼前"。另外，钱古称为"泉"，"泉"与"全"谐音，因此将两枚钱串在一起做佩饰又寓双全，若搭配蝙蝠与桃那就是"福寿双全"了！这样的祝福真是包容无比，小小的钱币承载了母亲多少绵长的心意！现在的中年人、老年人过年时总说"没年味了"，在他们的记忆深处，年是一片热烈的红，牵动着对家乡与亲人的思念。在那片红色里，是母亲勤俭持家、料理有方、一针一线为家人缝衣织绣的身影，在那艰难度日的岁月里，母亲亲手缝制的新衣带给孩子的快乐又岂是今日的新潮服饰所能承载的！

春节头饰中最有代表性的是老年妇女的头饰，这种头饰有个名字叫"聚宝盆"。聚宝盆的传说始自明初南京巨富沈万三，他曾以身上仅有的一串铜钱买下将被宰杀的数十只青蛙并放生，结果青蛙报恩，送来一个瓦盆。一次，沈万三的妻子用此盆洗脸，手镯不慎掉落盆中，竟涌出一盆的首饰，沈万三这才发现只要向盆里扔财宝便会变出更多，后来以此故事教化人们"善有善报"。不管渊源如何附会，现实的中国人都热烈地挚爱"聚宝盆"。各地年画中常见聚宝盆题材，过年时贴上求得一年招财进宝。

1　赵菁:《中国色彩》，黄山书社，2016年，第5—8页。

人们还用这种图案制成绒花，别看长、宽不过五六厘米，但人们相信戴上它会招来财富或好运。戴在年长的老太太发髻上更加强了其寓意的特殊性。女性，在一个家庭中是实际的核心，代表着无可比拟的伟大母爱；年长，表明她在家中不可动摇的地位和不应遗忘的功劳；头饰，从位置上看居高显赫，至关重要；大红色，吉庆红火，高亢激烈，当这种聚宝盆红绒花与年俗联系在一起时，就成了农业社会中一个家庭对于丰年富裕幻想的一种不可摆脱的情结。[1]

1　华梅：《华梅谈服饰文化》，天津人民美术出版社，2001年，第227页。

冰雪假暖阳

冬季房屋保暖当然也是重点,寒冷地带的北方人最为擅长。不论生活在草原、平原,还是生活在海边、高原,智慧的人们总能将身边有限的地理条件的优势发挥到最大程度,令冬日的房间里尽可能地温暖。八十年代以后,乡村的生活水平提高,人们纷纷搬进高大结实的"大瓦房"居住。在生活条件有限的时候,草房十分常见,人们用干草为屋顶披装,尽可能抵挡风寒。平原产麦区,多用麦草苫房,而在许多山区,则多用黄白草、槐草等。盖房前要先对草进行处理,去根剔梢,刮掉叶子,只保留中间较结实的茎秆。苫房时自上而下,层层压紧,犹如厚实紧密的雨披,密不透风。前檐和后檐处往往要砌压上一至两层大瓦或小青瓦,底层瓦与草衔接处以麻刀灰打底勾缝,绝不能留一丝缝口。屋脊用半筒状的脊瓦压合,若嫌不够结实,还可在其上用浅月白灰裹抹几层。有的还在靠近山墙博缝的披水梢垄上覆盖筒瓦,下坠披水砖檐。刚苫完的草房房顶白中带黄,走到附近便能闻到新鲜清新的气味,与土黄色或白色的墙面相衬,倒平添了朴实民居的些许精神。随着岁月的磨砺,房顶的草由亮黄色变成深褐色,虽然少了些新颜,却多了古朴、淳厚之气。别看草秆细小脆弱,积少成多便有了抵挡风雨的作用,结实的草房可使用二三十年。麦草房虽不耐久,要经常苫背修补,但麦草产量较高,造价低,所以北方平原的村子也常见麦草房。草房与瓦房在旧时民间曾是家庭资财丰歉的外显,生活条件越好,房屋上的瓦片越多。贫苦的人家多筑草房,乡绅财主则建起青砖灰瓦的各式瓦房。在沂源有一种介于草房与瓦房之间的房屋,它既使用干草做屋面,又增添了诸如垂脊、梢垄、披水、底瓦垄、滴水瓦、勾头瓦等许多瓦房的构件。草与瓦结合,半草半瓦房融自然与巧工于一体,故称"半草半瓦房"。因其前后檐及山墙四周皆以瓦覆盖,草集中于两个半坡,因此这种房还有一个很形象的名字叫"四不露毛"。好面子的人总爱把房子修得尽可能阔气,一是为了住得舒适,

还有一个原因便是要显露财力,所以从草房到半草半瓦房到瓦房,各式房屋在民间工匠手中都造得出来,以满足人们的生活和心理的需求。

用草筑顶是比较传统的房屋建造方法,人们充分利用大自然给予的一切让生活尽可能舒适。自旧石器时期人们便掌握了这项基本生存技能,直到现在一些古村落中还能看到茅草房，还有很多旅游景区专门还原旧时的茅草房，吸引观光者的喜爱。在胶东半岛的最东处荣成，至今仍有部分村庄保留着一种传统而特殊的草房。这草房不是用普通的草堆成，而是用海草筑成。荣成一带海岸线曲折漫长，湾岬相连，岛礁密布，大大小小的渔村星罗棋布地散落在海岸水边。世世代代与海水打交道的渔民早已习惯了这样的生活，大自然的恩赐伴随着渔民们的辛勤劳作已经毫不遮掩地体现在他们生活的方方面面，就连朝夕相伴的房屋都与大海结下了不解之缘，那成片成片的高低起伏的房屋是海边最为亮丽的一道风景。这些房屋的屋顶覆盖着厚厚的海带草，所以这些房屋是"海草房子"。海带草细长柔韧、光滑挺拔，既能防晒又能御水。这些海带草就生长在荣成海域，生鲜时，翠绿细嫩，十分可爱，渔民们便用这种唾手可得的海草建造房屋。海草房的整个屋顶片瓦不用，完全用干海带草堆成，晒干的海带草呈黑褐色或灰白色，远远看上去谁能想到这居然是用水生植物筑成的呢！

　　海草房屋顶苫得极厚，最厚的山脊处约有二至三尺，盖一幢三开间的草房大约要使用两吨左右的海草。海草繁殖力极强，海带草随着海潮的涨落被成团成团地卷到海岸滩头，退潮时，渔民把海带草捞上来晒干便可以用来苫房顶。对于渔民来说，收集两吨海草房并不是什么难事。如此重量的海草像一床床密不透风的棉被紧紧地压在高大的屋顶上，十分坚固、厚实，更是保暖。海边风大，尤其是冬天，来自西伯利亚的北风吹在脸上如刀割一般，为防风揭，海草在苫的过程中都是自上而下、由厚到薄，这样便牢固许多。海草房屋顶的坡度很陡，屋顶大致分为两种类型：一种是卷棚式，外形浑厚、敦实；另一种是尖山式，外形挺拔、俊俏。两种不同类型的屋山顶在功能上也各有长处，卷棚式屋顶既不存水，又能防风，而尖山式屋顶则能在短时间内使雨水迅速流掉，如果在其外用旧渔网罩起来，还可以防风固草。这种独特的造型是由当地特殊的地理和自然环境决定的。敦厚的海草、尖山式的造型、坚固的石墙都大大降低了自然灾害的袭击。无论是冬天从海上刮来的强劲西北风，还是夏季里炎炎烈日的

终日蒸烤，都无法侵入到房屋内部，就连秋日里磅礴的大雨也根本来不及停留在屋顶和墙面上，丝毫不用担心草房漏雨。这房屋隔热挡寒又御雨，住在其中，的确是冬暖夏凉，安全舒适。房屋两面坡的海带草一直苫到靠近窗棂，两边的山墙也退缩到屋脊里面，这样，整个房屋都被厚实坚固的海草紧紧地包裹起来，宛如母亲怀拥着儿子。

院内正房与厢房的房顶、门楼顶，甚至是院墙顶均覆盖着厚厚的海草，远远看去毛茸茸、厚墩墩，还未进屋便能感受到温暖，这厚实的造型也让人倍感安全。

海草房子造价不高，使用年限却很长。一般精工苫成的海草房子可保四五十年不倒，接连住上三代人都不用换草。遗憾的是，进入二十一世纪以来，海滩近水养殖大规模兴起，养殖肥料大量使用，使得海水的生态环境遭到严重破坏，海带草日见减少。另一方面，渔民的生活方式改变，现代建筑方法的兴起，旧房纷纷拆毁，搭建起新砖楼，渔民们纷纷搬进砖瓦房居住，几乎断绝了海草房的生命之源。如今仅在王连镇客岭村、宁津所镇的东钱、西钱、东张、东王、马兰土井、木也岛等渔村可见海草房遗迹，只不过这些草房都已成为历史存留，有的改造成了乡村游景点。苫房师这一职业也走向末路，苫房技术后继无人。与海草房相关的一系列风俗、信仰、营造方式、生活方式也随之告退。

说起北方民居的冬日取暖，就不能不提到火炕。过了秦岭淮河，从胶东半岛到华北平原，从黄土高原到东北三省，到了冬天都离不开火炕。火炕一般用土坯盘垒，内部中空用于使烟道回盘。火炕的烟道与灶台的烟道相连，做饭烧火时的温度正好传到炕底，充分利用发热的能源。与灶台相连的一端称炕头，最暖和，相对的一端是炕尾，炕尾自然不如炕头温度高。过去儿子娶妻生子后仍与父母同住一炕十分普遍，最暖和的炕头自然是让给老人或小孩。一大家子住在一起，为避免不便，会在中间拉帘子把炕隔成两部分，也有的在相应位置设活动的栅板，白天撤去，晚间安放。东北有的民居中同一个屋子在南北两侧各有一个炕，晚上睡觉时在中间撑起一根长竿用以悬挂幔帐，称为"幔竿子"，既可以避免头顶受风着凉，也可以起到南北炕之间的遮挡作用。[1]火炕的这一取暖原理决定了北方民居的一种基本布局，那便是伙房与起居室相连。炕

---

1 李春利：《民间建筑技艺卷》，东北大学出版社，2018年，第243页。

面上铺席子，用苇篾或高粱秆编制而成，俗称炕席。妇女常在炕头的墙上做些装饰，有的是贴年画，也有的在盘炕时直接请工匠画好炕头画，一般都是子孙繁盛、花鸟鱼虫等吉祥图案，这些红红绿绿的炕头画让朴素的民居满屋生辉。现在我们居住在楼房中都有客厅，客厅里一般摆放沙发、茶几等家具，平日可以在沙发上休闲，有客人来在客厅中招待是最基本的礼仪。过去普通老百姓的家对内部空间的功能划分没有那么明确，有的家院房间多，会在厅堂摆放桌椅，在此会客，这一般是条件较好、生活比较讲究的家庭了，大部分普通家庭将主人居住的有炕的房间作为主要生活起居的地方。所以北方炕的功能不仅仅是卧具，也是民众休息、吃饭、聊天、做家务的最重要场所，客人来了也坐在炕上。炕在家中所占面积很大，约占整个房间的一半。早上起床后，勤劳的女人把炕收拾得整整齐齐，被褥叠好放进"炕琴子"。这炕琴子其实就是专门放置在炕上的小柜，里面常放被褥或针线笸箩等，东西收进炕琴子，火炕便成了宽敞的休闲和生活空间，毫不夸张地说，人们大部分的冬日都在火炕上度过。冬日漫长寒冷，火炕烧得旺旺的，客人一进屋免去客套的寒暄，接受主人的邀请后盘腿上炕才最能感受到主人的热情。吃饭依旧是在炕上，一家人围在炕桌四周吃着热乎乎的饭菜，再烫上一壶热酒，由内而外地温暖。夜晚炕上铺好被窝，锅灶内添柴加火，一会儿炕上便温暖起来。全家人围在炕上，女人盘在炕上做针线、看孩子，小孩在炕上打滚、嬉闹，说说笑笑，丝毫没有寒冬冰冷的感觉。

黄土高原的土结构均匀、富含钙质、直立性强，漫延成群，沟谷纵横的沟谷崖面为挖掘窑洞提供了便利的条件，故生活在黄土高原地区的广大民众自古以来都保存着挖窑洞穴居的风俗。土窑内的洞口、内外墙、穹窿顶及炕、灶、坐具等多为土质，这高原土虽疏松易采却十分结实，这里面离不开火炕的功劳。西北地区常年干燥，窑洞内长时间烧火做饭，使土窑常年受到熏烤，这让带有黏性的黄土日趋牢固结实。陕北延川乾坤湾畔的小程村古窑遗址，据专家考证已有千年的历史，至今仍完好地保存在地面上，不得不令人感到震惊和叹服！

生活在我国北方草原与林区的蒙古、达斡尔、哈萨克、柯尔克孜、鄂伦春等少数民族在传统社会以游牧或游猎为主要方式，他们的居住场所不固定，一方面要随着四季轮牧而搬迁，有时一季就要搬迁好几次，一般称为小游牧；另一方面是由于自然灾害或战争等原因而需要集体搬迁，这种要远行几千里，称为大游牧。为了适应这种生产生活需求，方便移动的帐幕式住房应运而生。对于擅长游牧的蒙古族青年来说，两三个人一壶茶的工夫就能搭好一座蒙古包。别看这些看似单薄的"帐篷"用料省、易拆迁，保暖性却一点也不差，即便外面再天寒地冻，一钻进帐篷也是温暖宜人。人们最为熟悉的可移动建筑便是以草原游牧民族蒙古族为代表的"蒙古包"，也称"毡包"。蒙古包一般高约两点五米，直径四米，室内面积约十五平方米，搭建蒙古包时先要将所选位置的草皮铲除，在上面铺沙土、木板，最上面再铺毛毡、羊皮或地毯。包内中间设炉灶、火塘，正面靠边置放方桌或供佛用的木柜，家长居正面，男子卧房居左，女子卧室居右，左侧是上席位，柜橱、家具等置于包门东内侧。蒙古包的骨架由上下

四时工巧

两部分组成，顶部用木条结成伞形支架，四周环以柳木条结成的网状围壁。骨架外面用厚羊毛毡包裹，并用绳索绑缚。包顶中央有可用于通气、采光、出烟的天窗。蒙古包的门较小，一般朝南，木板门外面挂毡帘防风。毡包外层以白色为底色，上面粘贴一些用红、黄、蓝等颜色布料做成的各种各样花纹，最外面用绳子束紧。蒙古包所有结构依靠绳索和皮条相互连接，形成一个坚定稳固又有弹性的框架，当受到外力时，连接点会适当伸缩，从而避免了结构的断裂。另外，蒙古包顶部为穹窿，可减小风阻，浑圆的造型使顶部的雨雪能快速滑落，避免雨雪破坏。即便毛毡被雨雪打湿，压力也可通过木架传导到地面，而不至于将其压断。以上诸多原因使蒙古包能够在长达八个月的风雪寒冬中屹立不倒。一座中型蒙古包大约有300千克重，冬天雨雪的附着甚至远大于蒙古包的自重，但蒙古包稳固的结构使其能够在搏击风雪中安然矗立，让人不得不佩服游牧民族的智慧。[1] 半农半牧区多为定居生活，民居基本采用土木结构建成的房屋，但外形与蒙古包相同，包壁多以泥土砌成，包顶用柳笆、苇草和泥土搭盖，这是蒙古包的一种变异形式。

　　鄂伦春族生活在黑龙江中上游密林深处，靠驯养驯鹿和狩猎捕鱼为生。驯鹿要食用苔藓，饮水源要洁净，所以鄂伦春族要时常更换居住场所，以便为驯鹿寻找适合生存的森林。鄂伦春人居住的可移动房屋更加类似我们野外使用的帐篷，相比蒙古包更小巧简易，呈圆底尖头的锥形体，由木柱做支撑，用树皮或兽皮做外披，这种帐篷叫做"仙人柱"或"撮罗子"，鄂伦春语意为"能遮挡太阳的房子"。鄂伦春人选择的居住地址多靠近森林、河水和成片草场，这里光照充足且能避风，既能满足人类的生活需要也能满足驯鹿的生存条件。鄂伦春族一般是三五家一起择地而居，每一户撮罗子后面都有一棵树，这棵树被视为家庭的神树。几户人家的撮罗子左右延伸一字形排开，

---

[1] 赵迪：《蒙古包营造技艺》，安徽科学技术出版社，2013年，第3—4页。

以免相互冲犯神树。搭建撮罗子时先将数十根长约三米、直径约十五厘米左右的桦木或松木杆子依次插入地下，形成圆形的底面，上部木杆在底面上方聚拢，交错搭成尖锥状，房顶尖口处留有通烟、采光用的小窗口，其大小以通烟方便和雪雨不落入屋内为宜。基架搭成后，外周覆裹围子以达到防风避雪、保暖安全的目的。面朝阳光的一面留有门，门上挂桦树皮做的木帘。围子材质多为桦树皮、狍子皮或芦苇，不同质料的使用与季节有着密切的关系。冬季天寒地冻，风急雪猛，为了取暖避风往往在下半部围狍皮、上半部围芦苇；夏季，下半部围桦树皮或布匹，上半部仍用芦苇，也有上下皆用桦树皮或芦苇的。撮罗子内一般排放左、右、后三个铺位，正面的床位称为"玛路"，为家长或客人落脚之处，上方悬挂着供有神像的桦皮神龛，禁止家中其他人在此坐卧；左、右两侧的"奥路"分别为老年人和年轻夫妻的地铺。三个地铺间用木杆挡边，铺上铺些干草、兽皮和褥子，铺与铺之间摆放一些桦皮桶、桦皮箱、桦皮篓等家用物及猎人日常生产、生活所需工具。撮罗子内有篝火，用于取暖和煮饭，用最简单的方式与自然相处。野外打来的动物剥去外皮，这些皮经过处理后可以做衣服或褥子，冬天最为保暖，动物肉处理干净架在火上烤，再配上香喷喷的烤面饼，这是冬日里令人满足的美味。夜晚篝火点起，撮罗子被雪片与密林包裹，远远能够望到篝火在里面闪烁跳跃，使撮罗子显得温暖光亮，时时飘散出的炊烟、肉香和着声声笑语，仿佛整个森林都成为温馨静谧的家。进入新世纪以来，政府为鄂伦春人修建了定居点，有的牧民采取定居和游猎结合的方式，在政府的引导下逐渐学习适应定居生活。鄂伦春族的桦树皮加工工艺是民族特色工艺，政府在一些定居点筹办了桦树皮加工厂解决当地就业问题，工厂结合当地旅游业的发展制定旅游产品生产计划。很多鄂伦春人成为桦树皮加工厂的工人，有了属于自己的工作，当地的民族手工艺也得到了保护和发展。

  冬日里总少不了用火，火至今仍是我们每天生活所需的元素。现在我们无论是取火方式还是燃料都有许多可选择方式，如城市中家家户户使用的天然气煤气灶，可随身携带的打火机等。现代生活中也常常用电取代火，随时可用，既安全又方便，这种习以为常甚至让我们会忘记它的存在。自古以来，掌握用火技能是人类生存和文明进步的重要标志，能够控制火源人们便可以取暖、饮食、照明、防御、烧制瓷器、打制铁器，从而推动社会发展。虽然火可以帮助人们提高生活质量，但是一旦不能控制火源便会引起灾祸，尤其我国传统建筑都是木结构，易引发火灾，所以古人对于火是又敬又怕的，于是就有了崇拜火神的习俗——这不仅是我国的习俗，在全人类文明中都是普遍现象。日本许多地方都有鸡与火的传说，认为鸡是一种会引发火灾的动物神明。冲永良部岛的人们认为火神是可怕的邪神，它外形像鸡，双颊赤红，黑白羽毛相间，栖息在空缸或桶里，因此人们总是将缸或桶蓄满水，或是将其倒扣。[1]土家族每年逢"火日"逢"金日"要祭祀火神，将大瓷罐内装上水，每家每户夹一块红炭丢进瓷罐，之后将瓷罐密封，盖印画符埋于土中，以示封灭火灾。除夕之夜，土家族人围绕着火塘守岁，次日早上不准吹火，不准用火柴引火，而是要将火塘中的火灰刨开引火，以表示对火神的尊敬。[2]内丘神码中有火神，形象威猛，长有四只手，两只手于胸前持兵器，两只手持火种向上伸出，一些村庄有火神庙供奉火神，还要定期举办祭火神庙会。

围绕着火，与人们日常生活最相关的便是灶。北方的灶与炕连通在一起，有烹饪取暖的双重作用。南方地区的炉灶与北方相比，从形状或功能上有所不同，也有许多样式。苏沪皖南一带的柴灶俗称"大灶头"，一般是用砖砌成，根据灶台安放铁锅的数量又分为"两眼灶"和"三眼灶"。较常见的是两眼灶，整个灶台宽两三平方米左右，有的在两锅之间安放圆鼓形的铁罐用来温水，称"汤罐"或"汤锅"，可以利用灶膛的余热温水用来做饭洗碗。锅灶台一般有流水槽，洗碗洗锅的脏水顺着水槽会直接排放到户外的地面下水道里，非常方便。炉灶灶口与灶台之间通常用砖与灰泥砌起一道很高的墙面，墙面与烟道成一体，灶膛的烟火由烟囱通向屋外。灶口与墙面在一个平面上，灶台在墙面的背后，烧火与掌锅在墙面的两面，以免灶口的烟灰飞入锅内。墙体边沿做成台阶状，在烧火做饭时，可以看见前面饭锅的情况，也可以放火镰、火柴等杂物；墙体上层留有几个通透的方形或尖顶的孔，或与灶台在一平面上，或高于灶台，可以放灯烛或杂物，以及油盐酱醋等调味料；通透的方孔放灯烛，光线可以同时照见锅台和灶口。中间一排是加柴烧火的灶口，数量由锅灶数量来定。在这一层还开有一

---

1 水木茂：《妖怪大全》，南海出版公司，2017年，第595页。
2 贵州省土家学研究会：《贵州土家族百科》，贵州民族出版社，2018年，第476页。

四时工巧　221

个小于灶口的小方龛，专门用来放火柴、火镰等；最下面一层是连接在地面掏灰用的口，比较宽敞。南方的气候比较温暖，不像北方那样要设火炕，因此可以直接将烧火的余热排出室外。在长期的生活实践中，就形成了皖南大屏烟道墙这种锅灶式样，余火、余热通过墙壁烟道散发进室内，可以起到去湿的作用。这道通烟墙充分利用了热源，是一种比较理想的灶型。

灶被视为家居中保存火种的地方，是饮食和取暖的来源，因而灶对于民众来说地位非同一般，围绕着灶台也就有诸多的

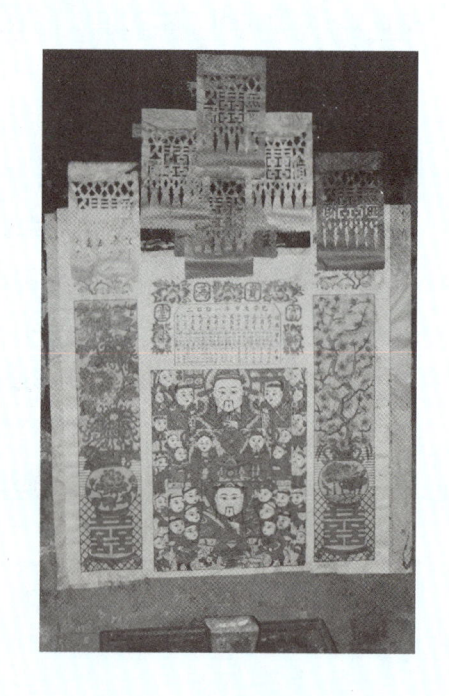

信仰、传说和故事。日常中最长时间在家中陪伴人们的是灶神。在我国无论汉族还是少数民族，在灶台上贴灶君像、供灶君神龛都十分普遍。灶神作为天地、人神之间沟通的重要媒介，年年给人们带来福运与财气。祂是民间家族或家庭关系最为密切的财富与命运之神，受到民众的广泛爱戴，这也是两千多年来中国民间祭灶长盛不衰的根本原因。民间称灶神为"灶王""灶君"，也有"灶王爷""灶公灶母""东厨司命"等称呼。供奉的灶君以木版画最为常见，各地称谓和形象多有不同。南方一些地方在建造传统民居时专门在锅灶旁边的墙面上预留了"灶神窝子"，里面用瓷砖拼成灶公灶母和招财进宝童子形象，神像两侧书"东厨司命主，南方火帝君"，横批为"一家之主"或"司命灶君"，在房间内十分醒目。山东嘉祥农家灶间墙壁上贴灶王神像时要斜着贴，倾向灶台方向，意为"灶老爷朝里倒，打得粮食吃不了"。山东临沂农户家里在灶王神像的上方贴过门笺，象征性地把灶王爷安放在灶王庙里。山东聊城一带，灶神像为一张彩色木版年画，上面花花绿绿印有慈眉善目的"灶公灶母"，上半部分用"黄纸钱"遮挡二月二，只露出灶公灶母的形象，下面搭一搁板作供台，中间放一香碗或香炉，旁边放些"灶马"或"纸钱"。山西地区有的大户人家在灶台上供奉雕刻精美的木质灶王神龛，显得庄重肃穆。

　　民间祭灶的时间和方式大致相同。灶王每年腊月都要回天庭玉帝处汇报每家每户的情况，汇报完再返回家中，故此，民间要在每年的小年，也就是腊月二十三或二十四日进行"辞灶"仪式，除夕或大年初一时再将灶王"接回"家中，继续保佑家中一年平安，这便是"上天言好事，回宫降吉祥"，"财神带来摇钱树，灶君安下聚宝盆"，"一个糖瓜三炷香，灶王回宫保安康"。不同地方祭灶习俗不同，有"祭素灶"和"祭荤灶"之说。祭荤灶用鸡鸭鱼肉和美酒，让灶王喝个烂醉无法向玉帝汇报人间诸事。祭素灶则用水果、花生、瓜子、点心等，必不可少的还有麦芽糖，将糖粘在锅灶口或灶王的嘴上，意思是粘住灶王的嘴，不让他上天多言招惹是非。北京童谣称："糖瓜祭灶，新年来到。姑娘要花，小子要炮。"麦芽糖一般要做成球形，糖稀反复拉扯过程中留下丝状纹理，好似一颗瓜，所以北方很多地方称这种麦芽糖为"糖瓜"。不知是不是因为"瓜"与"果"读音混淆，山东沂蒙山区的百姓称灶王爷是"张果老爷"，人们说"张果老爷吃糖瓜——稳抓稳拿"。贴灶王年画的地方一般在送灶时通过焚烧的方式把灶王送上天，山东有的地区称"灶王爷上天骑白马"，干脆就拿一幅刻印着快马的寸余木版画代替灶王爷。

北方的冬天结冰下雪，不仅寒冷，也为出行带来不便，但冰雪也为人们带来难得的欢乐和便捷。比车辆更古老、更原始的陆路交通工具恐怕要算"滑雪板""雪橇""爬犁"及"海马"等滑行工具了。除"海马"以外的其他几种滑橇工具是我国北方兴安岭地区赫哲、达斡尔、鄂伦春、满族等山林民族冬天出行的重要工具。滑雪板，不同民族有不同的称谓，汉族称"木马"，满族叫"萨拉"，鄂伦春谓"刻依纳"，赫哲为"克亚气克"。滑雪板的制作在用材上多选用质地坚硬、弹性较强的桦木、榆木或落叶松等。先将木料砍削成两块薄板，晒干，再将薄板两端加热并弯曲上翘，中间稍宽，形如弹弓，一般前端橇头的翘度要略大于后端，而宽度则要稍窄于后端，中间钉上皮套，穿时把脚伸进去系牢即可。另外，要做两根滑雪杆，滑行时，只要用力向后撑杆便可飞速前行。一般的滑雪板都有长、短两种尺寸，长的约两米左右，短的四五尺。长滑雪板适于雪软时或在平地上快速滑行，而短雪板则适于雪硬时或翻山越岭的情况下使用。雪橇既能载人又可运货，其制作工艺比滑雪板复杂。首先要选用上好木料两根，每根直径约一寸半，长度约八尺至一丈左右，将两端砍薄，前橇头弯成弓形并使之上翘，每根木头各设四根高二尺左右的立柱作为支撑，上面再用四根横木与各立柱固定，前端用两根斜木与橇头连接，中间再铺上树条即可坐人或运载物品。其载重量约为五百斤，前头挽上几条狗，便可在茫茫雪原上任意驰骋。如果在雪橇上面的橇床上搭棚设门，套上马或骡牵引，就成了简易的"爬犁"。

如果说滑雪板和雪橇等滑行工具是北方山林各民族冬季出行的必备工具，那么在我国东南沿海的滩涂上，渔民们也制作了一种叫"海马"的橇板。它特别适用于海边的泥沙滩，只是它的使用不受季节的限制，其制作也十分简单：在一块约一米多长、三十厘米宽的长木板上钉上两只把手。使用时，渔民双手握木把，一足跪在木板上，另一足用力蹬泥，连板带人飞速滑行，灵巧、敏捷而且十分省力。踏着"海马"橇，拾些海螺蛤蜊，捡些蚯蚓海锥，倒也是一件舒心有趣的事情。

冬日狂欢

春节被中国人视为一年的开始，是一年中最重要的节日，也是历时最长、包容量最大的一次集体性节日活动。尤其在过去，人们在春节穿新衣、吃佳肴，是一年一度改善生活的时候，所以人们都格外盼望过年。小孩最为期盼，放爆竹、走亲戚、逛庙会，各种娱乐项目件件值得期待。母亲准备好的新衣总是偷偷拿出来试穿，备好的节日美食也忍不住先吃为快。旧时过年可是一年中最隆重最热闹的时节，特别是过惯了穷日子的老百姓，除了玩得好、穿得好，对吃最为渴望。一入腊月年味就包不住了，孩子们一天一天数着盼着除夕那一天。大人除了盼望还要忙年，每一天该做什么早已安排好。山东潍坊寒亭杨家埠民谣："腊月二十三，烙灶干；腊月二十四，扫房子；腊月二十五，磨豆腐；腊月二十六，去割肉；腊月二十七，割灶鸡；腊月二十八，把面发；腊月二十九，去装酒；腊月三十日，包饺子。"

进入"腊月"门，人们就开始争相置办年货，一是因为春节作为中国最隆重的传统节日，人们借节日之际改善衣食住用；二是因为人们在春节期间暂停劳动，修整回顾一年的生活劳作，所以要在春节前夕储备够充足的食物，以备日常食用和招待宾客。现在我们国家的工作制度与传统节日相互适应，春节有七天法定休息日，满足人们欢度春节、阖家团聚的需求。虽然现在购买物品方便，甚至城市或乡村周边都有能够随时供货的全年无休超市，但每到除夕前夕，大小的农贸市场、超市仍摩肩接踵，网上购物的快递运输似乎也比平日更为忙碌。现在节前囤积物品更多是应和热闹的节日气氛，二来也是延续了中国传统文化中"年年有余"的习俗。

集市是中国传统乡村生活中固定的商品交换空间。在民间，日常生产、生活资料的获取最主要是通过集市贸易的方式进行，北方称赶集，南方有些地方则称作赶场。农村集市多以规模较大的自然村落为址，乡镇集市常设于繁华街道或交通便利的场所，

四时工巧

集期一般按单日、双日或逢三逢五、逢七逢十等多种约定俗成的期限来确定，而相邻村寨城镇的集市为了便于物资交流和商贾贸易，往往将集期相互错开。从人类开始社会生活起便有了物资交换的意识，逐渐发展成有规模、有组织的集市。汉代有会市，是集市发展的初期形式。东晋时为了满足人们商品交换的需求在城郊及交通要道形成了固定的集市，称为草市。北宋时期草市遍布，发展为定期集市，农村的集市也有了发展。明清时期，集贸市场进一步发展，几乎每个县都有几个甚至几十个集市，不少集市"架木为梁，覆茅为瓦，以避风雨"。[1] 在集市和庙会的日子里，车满舟繁，商贩骈集，游人如织，交易甚盛。民众或买或卖，既可以出售自家多余的产品，赚些零花钱，又能买回自家所需的生产、生活资料。集市调节民众的日常生活，保证农民、手工业者的小生产能够顺利进行，成为社会经济运行的必要环节。

集市按照开市的时间可分为定期市、常市、不定期市；按照集市的规模和缘由又可分为城集、乡集、山会、庙会等。我们最熟悉的一种是村落附近日常生活中定期的集市，另一种便是伴随着庙会而生的集市。日常集市在固定乡镇村落每隔数日发生一次，满足周边民众日常采买的需要。每到集日，赶集的人们从周围十几里乃至几十里的村落纷纷前来，在通往集市南来北往的道路上：步行的、带客的、挑担的、推车的、提篮的、背篓的、划船的、骑车子的、拉平板车的、牵牲口的、赶大车的、开三轮的，摩肩接踵，熙熙攘攘；再听，说笑声、打闹声、口哨声、脚步声、吆喝声、铃铛声、喇叭声、驴叫声，声声不绝，热闹非凡。整条道路变成了人与行具的演示场，并被欢乐喜气、和谐祥和的气氛所包围。

集市交易货物不外乎与农业生产有关的生产资料和作为民众日常生活用品的生活资料，一般自产自销，价钱随行就市。集市常按买卖货物的品类而分成若干个"市"

---

[1] 石忆邵：《中国农村集市的理论与实践》，陕西人民出版社，1995年，第106—107页。

或"行"，不同货物都有各自不同的集中营业区。卖主大都在一大早就将要出售的货物用各种交通运输工具拉到集上"占地方"。粮农多用独轮车、大车、平板车等大中型工具驮运些诸如大米、小米、玉米、高粱、小麦、黍、稷、大麦、绿豆、黄豆、甘薯、莜麦、马铃薯、花生等到"粮市"上交换，货主大都不卸车，随买随卸。河北青县兴洛镇集上，秋间上市粮食车辆动达数千，为卫河上下集市所仅见。[1] 菜农则一般挑担提篮或推独轮车将当天采摘的鲜嫩菜蔬运到菜市上，有的把塑料纸或麻袋片摆到地上，上面摆上各种菜蔬，边卖边拿。还有的干脆把独轮车肩并肩排起来，随买者挑拣。这些菜大都是白菜、菠菜、韭菜、油菜、芹菜、黄花菜、莴笋、芫荽、辣椒、青蒜、大葱、荸荠、茨菇、茭白、藕、茄、黄瓜、冬瓜、丝瓜、菱瓜、萝卜、芸豆、扁豆等人工栽植的蔬菜以及枸杞菜、苦菜、荠荠菜、马舌菜、婆婆丁、灰灰菜等野菜。其他为棉农、果农、花农及养殖专业户、手工业户等提供的市、行，名目繁多。总之，经营范围应有尽有，极大满足了民众的物质消费需求。

腊月期间赶的集俗称"腊月集"，集市成为年货交易的场所，几乎每个县在腊月都有一个规模可观的腊月大集，要比平日大得多，并且越是接近年根越是热闹。山东莱州北部有腊月廿六赶"朱桥大集"的传统，这一天的大集车水马龙，人山人海。集市上除了日常消费品，如新衣新帽、鸡鸭鱼肉、瓜果梨枣、杂品百货等种类与数量都大幅增长外，还有一些年味十足的"新市"，如专卖供奉族神的"影"及财神、菩萨、灶君、婴戏等神像的"画市"，专卖各种花花绿绿鞭炮的"炮仗市"，专卖各种香烛纸火、对联窗花的"年货市"等等。山东高密一带的茂腔唱道："市上的年货样样有，买上那炊帚菜刀和盖垫，再买上花布新帽袜子鞋，买上那干鲜果品摆大供，莫忘给祖宗阴魂把年拜，买上那红糖大枣蒸年糕，再买上泥虎摇猴哄小孩。"

---

1 转引自乔志强主编《近代华北农村社会变迁》，第327页；《青县志》卷一，《舆地志》，人民出版社。

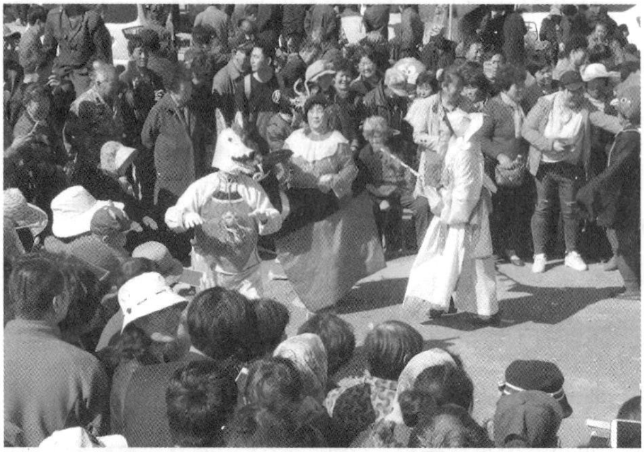

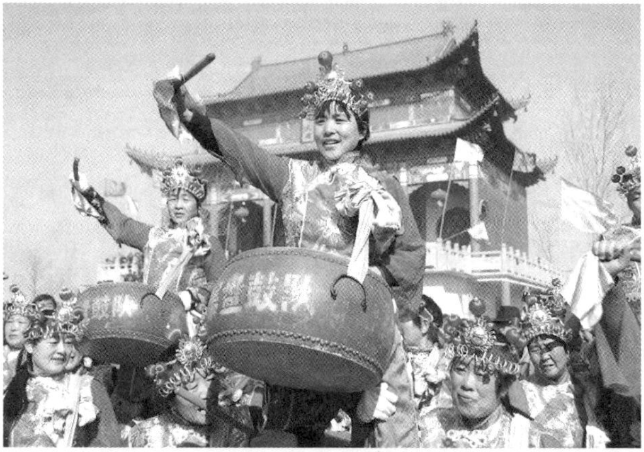

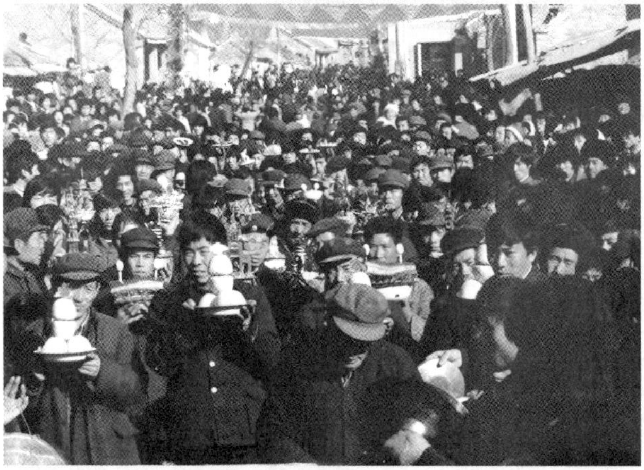

庙会上的集市因为神圣而热闹的庙会而伴生，一年仅为一次或两次，集市的规模也随庙会的规模而定。庙会举办的区域性很强，是集祭神、游乐、贸易三者功能合一的民间集会形式。由于规模较大、会期较长、参会人数多而使其交流范围远远超过集市，邻近乡镇、县市，甚至跨县、越省的交流沟通情况也时时出现。大的庙会吸引几万甚至数十万四面八方的香客前来，热闹非凡。前面提到过，春季是庙会较为集中的时期，其实春季的庙会从正月便陆续开始，正月里的庙会更为春节平添了喜乐的气氛。

除了经济性的物资交易目的外，集市和庙会还融进了娱乐、交往等社会活动，成为经济、文化、政治等信息传播的集散地。受相对封闭的地理环境和小农自然经济的影响，民众的交往范围很小，有的甚至仅囿于一村之内。清苦而单调的生活并不能遏制民众渴望交流的热情，而集市和庙会则恰恰提供了情感宣泄的场所。平时无暇往来的亲戚朋友，可借这个机会互致问候、联络感情，还可以认识这乡那村各行各业的"能耐人"，从中了解、获取一些生产、生活上的信息。此外，集市和庙会还有许多诙谐风趣、喜闻乐见的娱乐节目，供民众参与嬉戏，如说书的、唱戏的、鼓乐的、套圈的、摇彩的、耍戏法的、跑马戏的等等。若听累了，玩疲了，看烦了，还可随意享受面点糕饼和各路小吃。家中老人爱看戏听书，孩子好玩枪弄棒，媳妇精于讨价还价，丈夫则趁机下回"馆子"喝上两盅。集市和庙会不仅是活跃经济、沟通信息的重要阵地，同时又是连接情感、调节民众群体意识的精神家园。这也是民众不远百里，携老带小，乘车驾舟，络绎不绝赶集赴会的缘由吧！

腊八是进入腊月的第一个节日，这时天气寒冷，山东一些地区称"腊七腊八，冻煞叫花"。各地都有喝腊八粥的习俗，过去的腊八粥只用米和红小豆来煮，现在的腊八粥则花样迭出，并讲究营养价值。关于喝腊八粥的习俗最普遍的传说是关于朱元璋的。相传朱元璋建立明代政权以前曾被关进监牢，一日他在监牢中竟然发现老鼠穴中有许多谷物，于是他将这些谷物收集起来熬了一碗粥果腹暖身，这天正是腊月初八。平定天下后，朱元璋便将这一天定为腊八节，家家户户食腊八粥。此外，腊八节还有岳飞说、佛教施粥说等传说。

腊八前一天晚上便要准备做腊八粥了，将各种谷物杂粮淘洗干净、配好，睡觉前放在炉子上小火焖煮，等到清晨天亮腊八粥也就做好了，拌上白糖热乎乎地喝上一碗就能闻见年味，这也就意味着春节不远了。一些大庙的供桌上会在腊八粥中放果狮。果狮用坚果、粮食做成，用核桃当做狮子头，大枣做狮身，杏仁做狮子尾巴，用糖粘在一起，放在碗里活像一头小狮子。有的村子在这一天把全村的粥、糕集中在村庙中，施舍给穷人或化缘讨饭的人；也有些地方煮好腊八粥先敬祖先，然后赠送亲友，最后才是全家食用。腊八粥要多做一些，取"年年有余"之意。[1]华北地区在腊八这一天还有腌制腊八蒜的习俗，人们都说只有在这一天腌蒜才又绿又脆。腊八这一天将白花花的蒜瓣加入醋、糖，放入密封罐，过十天半月大蒜就会变得通体碧绿，正好在春节前后就着饺子吃，清脆解腻。

北方还有"二十八蒸枣花"的习俗，到了腊月二十八，女人们就要忙着蒸馒头、做面花等各种面食了。过年期间粮食除了食用更重要的作用是供奉。米面食为人类生存提供所需的碳水化合物，因此无论南方还是北方，供奉的食物里都有粮食。北方一般用馒头，南方多用米，根据各地习俗不同，米面食被捏制成各种精巧的花样。北方一般都要做枣山，是用发面和大枣组合做成的花样面点，大枣一排一排罗列，少则五六层，多的可达十余层，枣花一层层上叠，像山一样。陕西的枣山底部是一块圆形的面饼，用面条夹枣做成枣花。底座做十个团花的象征十全十美，做十一个团花的象征丰衣足食，而做十二个团花的，则象征一年十二个月，月月风调雨顺，五谷丰登。陕北

---

1 严敬群：《中国传统节日趣闻与传说》，金盾出版社，2012年，第218页。

地区春节用枣山馍供奉灶王、门神、财神、祖先等。枣山馍用面条盘曲成圆形，每个圆形中间嵌红枣，摞起来呈"品"字形，一般要供到二月二龙抬头，然后切成棋子块，放在锅里干炒再食用，称"炒干锅"。

山东胶东地区称馒头为"饽饽"。由于要供奉，过年做的饽饽比平日里要隆重一些。女人精心地把饽饽做成大小匀称、大小一般形状，出锅后还要用食品色点染。饽饽有不同的形状，圆形的饽饽顶上十字挑出十三个眼儿，嵌入红枣；两头细中间粗的枣核形大饽饽叫"锅锅"，小一点的插五颗红枣，称为"枣饽饽"。还有用榼子做的各式花样的饽饽，有元宝、寿桃、鲤鱼、动物等形状，用榼子榼出来的饽饽纹理清晰，花样好看。胶东妇女家中一般都有几件或成套的饽饽榼子。平日里食用的馒头为了方便快捷一般制作成砣形，但到了腊月里无论如何也要榼上几个带花的饽饽。枣饽饽在馒头上插六颗大枣，像是微缩版的枣山，取甜蜜幸福之意。莱州的枣饽饽上面还印有六个红色蝙蝠，用来供奉家中的祖先和神灵。供桌上五个枣饽饽叠放在一起，三十接神，正月初三撤供品，正月十五再供五个枣饽饽和三个大圣虫。供奉时中为祖先，右供财神，左供菩萨，意为多财多子。圣虫头部为一圆馒头形，眼睛、鼻子、耳朵用面捏出来插在头上，钱币做舌头，躯干作蛇盘状，然后施彩描绘眉毛、黑眼球、胡须、耳朵

及躯干。祖先、财神、菩萨前要各放一碗粮食,圣虫放在盛粮食的碗里,直到二月二由孩子们分食。

"圣虫"是莱州乡村特有的面食类型,"圣"在当地方言中与"生"同音,故有"生粮"之意,有的地区谐音"剩",意为米粮不尽、五谷丰登。关于圣虫,莱州有一个传说。从前村里有一户人家在十冬腊月里娶媳妇，这户人家生活比较富裕，请八个壮汉抬着八抬大轿去迎亲。这天大雪纷飞，路上遇到一只神虫冻得哆哆嗦嗦，新娘子见它可怜，于是把它抱起来藏在怀里给它取暖。可是走在路上轿子越来越重，八个壮汉越来越吃力，左肩换右肩，好不容易才把轿子抬到了新郎家。众人喜气洋洋地把新媳妇迎进房，新娘却惦记着怀里的神虫，忙追问婆婆囤（即粮仓）在哪儿，婆婆心里欢喜，认为新媳妇勤劳持家、会过日子，于是领着媳妇挨个粮囤转了一圈，新媳妇趁婆婆不注意悄悄把藏在怀里的神虫放在了粮囤里。几天后，新媳妇挂念着神虫，便去粮囤查看，发现神虫安然无恙。神虫为了报答新媳妇的救命之恩，也为了救济全村的人，让新媳妇叫全村人到粮仓取粮。新媳妇劝说婆婆开仓三天，全村人欢天喜地，肩挑背扛、车推驴驮好不热闹。三天后，新媳妇领着婆婆到粮囤一看，粮食丝毫未减。于是这只神虫便成了五谷丰登、风调雨顺的象征，每逢新婚、春节等重要节日，人们都用面粉做成神虫的样子放在粮囤里供奉，有的称它"升虫"，有的称"圣虫""神虫""剩虫"，含有粮食满仓、生活富裕的意思。山东许多地方还将馒头做成大小不一的刺猬或蛇的形状，口含钱币或红枣，大的供在财神和灶神的祭案上，小的放在米缸、面缸、粮囤、钱柜和衣橱里，以祈求财物增多、使用不尽。

"年二八，扫邋遢"，"二十四，扫房子"。"尘"与"陈"谐音，春节前扫尘有"除陈布新"之意。扫清屋中一年的污浊，清爽洁净地迎接新年、迎接客人，这是忙年中全家一起参与的一个项目。曹雪芹《红楼梦》："如今正是初春时节，万物更新，正该鼓舞另立起来才好。"一元复始，人们期盼所有事情在新的一年焕然一新，都能朝着更好的方向发展。打扫干净屋子家家户户都要贴春联、贴年画。在"月穷岁尽"的除夕，过年是为了躲避一种叫"年"的凶猛怪兽以及各种鬼魅妖孽的侵袭，"年"最惧红色、火光和炸响，只要看到火红的春联和灯光、听到鞭炮的响声，"年"的邪性便会消失，因此便有了在大门贴春联、点灯笼、挂门画的习俗。张贴在街门上的门画，其内容多为顶盔贯甲、举鞭扬铜或持刀握斧、横眉怒目的武将，诸如：神荼与郁垒、秦琼与敬德等，这些武将既能捉鬼，又能降妖，深受广大民众的喜爱。门神的护卫作用不仅仅体现在春节这几天，还可保家院一整年平安无事。有些地区在大门旁侧设立"门神龛"，供奉武将"看家护院"。光贴红纸、门画还不够，在很多地区除夕于门楣上插桃枝、松柏枝也十分流行。古人认为，桃木乃五木之精，它凝聚五行之气，能压服邪气，制御百鬼。春秋战国时，鲁国人就有用桃枝祛御亡鬼的习俗。又因松柏四季常青，焚烧时发出的浓郁香味可吓退鬼魅，且"柏"与"百"谐音，有百事如意的意思，故在除夕之日插饰门楣，以御凶魅。

　　山东诸城马庄镇腊月二十九贴好春联、年画、门笺以后，傍晚时到坟上请逝去的先人回家过年。供桌上摆满了各种菜肴、水果、酒、茶等，一对枣山是供奉必不可少的。枣山在腊月二十八就做好，枣山底部是一块圆形的面饼，上面用细面条夹枣盘成花。做十个小团花象征十全十美，做十一个象征丰衣足食，十二个象征十二个月，月月风调雨顺、五谷丰登。枣山还用来祭灶神，送灶君上天后，把锅台上的枣山存放在

挂在梁上的篮子里，到春播耕种的第一天，扛着犁具，赶着耕牛，端着一个盛有香表、鞭炮、纸钱、枣山的木盘，来到地头。然后套上耕牛，在地头焚香祭奠、供枣山，祭拜完毕，放鞭烧纸，将枣山掐几小块撒向田间，祭奠土地神，其余的家人及儿童分食。元宵节也要蒸各种形状的面灯，倒上豆油，插上棉花棒做灯芯，形状有龙形、兔形等等。晚上，分别在门口、院内及各个房间里放灯，还要用灯在孩子的周身照一遍，不再生病，俗称"照一照，不长虫"，是一种祈福的表现。也要把灯放在粮囤里，粮食不再长虫，寓意年年有余。傍晚也要去坟上送灯，现在都用蜡烛代替面灯了。

　　经历近一个月的筹备，人们迎来除夕，隆重地迎接新年。山东、河南的春节是一年一度供奉祖宗的隆重节日。大年三十要把祖宗请回家，过去请祖宗是由家中的男性长辈带领男丁晚辈到祖坟上去请，现在有的人家只在村头或家门口象征性地举香作揖，口中念叨"爷爷奶奶回家过年"之类。请祖先之前，先把堂主挂在堂屋正间的墙上，写有祖先名讳的折子摆放在桌子上，桌上摆上各种供品，有鸡、鱼、肉、礼馍，还有各种瓜果。祖先一般供奉到初二或初三，家人焚香烧纸，燃放爆竹，将祖先送走。

　　民众最看重的亲戚往来基本都集中在诸如春节、端午节、中秋节等重大的节令岁时间。这些日子，民间较为休闲，是走亲访友、交流沟通的最佳时节。这些充满幸福、

四时工巧　237

温情和激动的日子，对每一个人来讲，都是值得永远期待的。人们在年复一年的相互往来中不断加强和重申亲属关系或朋友之情，强化群体意识。春节则是一年中亲戚朋友最集中、情感交流最广泛、感情热度最高涨的时节，人们在春节期间交流情感、互通有无。现在人们的生活节奏变快，很多中青年人选择离乡务工，平日难得有时间回家探望。在这种情况下，春节期间维系亲情的意义越发凸显。在山东，新春以后的每一天都得做好走亲戚的安排，各家早就备下酒菜、干果等招待亲友：正月初一，同村同族的亲戚或邻里相互登门拜年，家家往来，户户相通，借此增进亲朋间的友谊，加强邻里团结；初二，家长携儿带女，去母系长辈家中拜年，这叫"拜姑姨"；初三是"拜岳家"的日子。初四以后的许多日子多是朋友间的相互聚会，热烈的场面一直延续到二月初二。

胶东一带将"拜岳家"称为"走丈人家"，对此极为看重。闺女早早起床给自己、给孩子穿衣打扮，带去娘家的糕饼干果、鸡鸭鱼肉、烟酒糖茶、衣服布料早已备好。男人一早就准备好骡马驴车，将大包小包的礼品装上车，孩子们兴奋地上车坐好。随着一声鞭子响，大车便悠哉悠哉上路了。过去也有用平底独轮车的，车盘上铺着毛毡，毡上再罩一层花格子被单。花花绿绿的包袱放在车角上，漂亮的年轻媳妇怀抱熟睡的孩子侧身坐在车中间，男人使足气力，边推车边不停地和媳妇说着家常话。一路上，踏着白雪，说说笑笑，打打闹闹，甚是开心。此时，乡间各条道路上都是走娘家的家庭，人来车往，笑声不尽。娘家总是牵挂着闺女，回趟娘家带回的吃用品甚至比带去的礼品还要多。傍晚，小家庭带着娘家回送的礼品，回味着亲人真挚的祝福与问候，慢慢消失在回家的夕阳中。当然，眼下很多乡村基本改用自行车或机动三轮车了，不少家庭已经拥有家用轿车，出门不再受到寒风侵袭。交通工具的便捷拉近了人与人之间的距离，天南海北漂泊的人们跨越山海回家欢度春节，体会这任何东西都永远无法替代的浓浓乡情。

对中国人来说，春节不仅是除夕这一天的节日，而是长达一个月的全民欢度。除夕、正月十五是两个重要节日，此外正月期间各地依照不同习俗都会有密集的特殊日子，每个特殊日子都有相应的度过方式。这里介绍一些正月里较为普遍的习俗。

正月初五俗称"破五"，春节的很多禁忌在初五这一天打破，一切恢复正常。一些地方以这一天的阴晴来占卜当年骡马的凶吉：这一天如果晴空万里则主骡马兴旺，所以也称作"五马日"。旧时，宁夏中卫将此日视为"出行日"，一些农家在这一天举行出行仪式：将一头头挂红布条的牛套上轱辘车，由主人赶出一二里地后返回，即为出行。家中没有车的可以牵着头戴红布条的牛或马、驴，后面要有儿童手拿柳条枝驱赶。出行时口中念诵"吉利吉利大吉利，好人相逢，恶人远离；吉利吉利大吉利，好事相逢坏事远离；吉利吉利大吉利，万事如意，鸿运来临；吉利吉利大吉利……"[1]有些地区在初五之前妇女不准动尺剪做针线活，过了这天就不再忌讳了。山东鲁西南地区在年除夕就把剪刀用线缠住放在床铺的席子下压住，到初五这天才能开始使用。

正月初七为人日，主人丁兴旺和人身健康，唐代称为"人胜节"，民间习称为"人七日"或"人情日"。据《荆楚岁时记》记载："正月七日为人日，以七种菜为羹。"全国各地人日的祭祀活动不同，有的地方送火神，有的地方说人日是玉皇大帝七姑娘的生日，妇女在这天用秫秸、布条做一个"七姑娘"，扶着她先转井，再转碾台和磨台，边转边唱："七姑娘，转井台，教俺绣花做绣鞋"，"磨道去碾道来，针线筐不离怀"。西北一些地区将初七视为"人七日"或"人齐日"，煮好饭后由家中年老主妇一一呼唤家人的名字，叫到谁便要回答"回来了"，人齐之后方可开饭，意在通过这一行为"回魂"。云南傈僳族称初七为"七人日"，这一天在村寨内举行隆重的庆祝活动，表演上刀山、下火海，进行唱歌、对调、打跳等活动。[2]

1　雒树刚:《中国节日志春节（宁夏卷）》，光明日报出版社，2016年，第96页。
2　瞿明安、何明、邓启耀、杜新燕:《中国西部民族文化通志》，云南人民出版社，2018年，第37页。

庆祝节日的方式一方面是通过仪式、礼仪，礼仪与日常随意的体态、语言、生活习惯形成对比，以此提醒人们不同于日常的特殊性，还有一种方式便是饮食。人离不开一日三餐，故通过饮食这一人们最熟悉的事情提醒时间和事件的特殊性。无论中国还是外国，节日总是有许多特殊的美食，比如欧洲万圣节要吃牛羊肉、南瓜派、姜饼；瑞典的仲夏节要把腌鲱鱼配上土豆、香葱和酸奶油一起享用。中国的烹饪方式最为丰富，端午节的粽子、二月二的春饼、中秋节的月饼等等，并且南北各地又有特殊的饮食，似乎在用节日调剂一年的饮食。春节作为最隆重的节日，各地美食更是花样繁多。

　　旧时农家日子过得苦，一年四季吃不着几回白面，平日里吃得最多的是玉米面、豆子面和地瓜面。麦子的数量有限，磨麦子甚至可以算得上家里的大事，家家户户都是精打细算着时间磨麦子。有些家庭会在麦收前磨上一斗两斗小麦，这叫"头麦子"，意为收麦之前的小麦。麦收时活计累，给男人做些白面就算是改善生活了。另外一个磨麦子比较集中的时间就是春节之前了。每家每户都忙着蒸馍馍、摆供，要多推点麦子。

山东枣庄的村子有把磨视为"白虎"的习俗，磨的摆放也有讲究，有磨的人家必须把磨安放在主堂屋的西南方，水磨的磨嘴朝向东南，因为东南方向是东海，海水不会枯竭，人们希望磨出的粮食能像大海里的水一样无穷无尽。通过对制作食物工具的谨慎态度便可见传统社会人们对食物的珍惜和渴望。磨粮食前先要打扫卫生，因为磨都安置在室外，风吹日晒雨淋有许多尘土，上次使用的末料也留存在磨内，日久发霉无法食用。这时先磨些糠，可将上次的末料推出，这些料也不浪费，收集起来可饲喂禽畜。磨的两侧各有一根磨棍，将粮食倒入磨眼后，两人各占一边，将磨棍卡在小腹处向前推动行走，这样最省力舒适。刚加入的谷物颗粒大，相互间的孔隙大，滚动性强，摩擦力小，推起磨来还较为轻快。当磨盘上的面粉多起来时，就要一人停下推磨，用笤帚将面粉收集起来，倒入一旁的罗中筛面，细面粉落入笸箩，粗粉重新倒入磨眼再次碾磨。从麦粒到细粉需要反复碾磨数次方可成功。当磨膛内全部都是细碎的粗粒时，磨推动起来最沉重，此时推磨人步履维艰，每走一步都拼尽全身力气，这样才能使粗颗粒尽可能精细，也更能激发出谷物的香气，只有亲身经历过推磨的人方知"谁知盘中餐，粒粒皆辛苦"。

冬季寒冷干燥，新鲜蔬菜少，随着炉子这一取暖设施的使用，加之春节这一最隆重的传统节日，于是就产生了许多种冬日里的美食。水饺是北方重要的面食，俗话说"好吃不如饺子，舒服不如躺着"，北方几乎大小节日都要吃饺子庆祝。饺子又叫"角子""扁食""饺儿""水点心"等，新疆阿斯塔纳唐代墓葬出土的遗物就有饺子。除了水煮的饺子还有蒸饺、锅贴等类似的面点。水饺的外皮用白面，馅料则随意，与其说"包"罗万象，不如说包纳了各地的特色物产，甘肃钟爱羊肉胡萝卜馅水饺，胶东地区有鲜美的鲅鱼馅水饺，陕西则有土豆馅水饺。包水饺的面要和得不软不硬，在面板上揉成长条状，用手撕或刀切成小面块，在掌中捏扁，用擀面杖擀成圆形面皮，中间厚，四周薄。包水饺更是一门手艺，每个主妇包出的花样也是各不相同，细心的人看看饺

子包的大小、形状便知道这家媳妇手巧不巧、做活细不细。春节吃饺子是必不可少的，北方一些地方要在守岁时吃的水饺中包入硬币、枣、栗子、白糖，预示着一年甜蜜顺利、大发财运，孩子们最是开心，迫不及待又小心翼翼地咬开水饺，看看里面有何"内容"，这成为一些家庭春节中最为期待的节目之一。

  北方人生长在以白面为主食的麦作文化区，南方则属于稻作范围，适宜的地理环境、古老的耕种方式为人们养成特殊的饮食习惯。南方以水稻为主食，如同北方人会将白面做出水饺、包子、面条、花馍等各种花样一样，稻米在南方人的手中变成各种意想不到的美食，春节期间要用米做出特殊的节日食物。糍粑是南方节日里最普遍的食品，以糯米为原料制成，一般是腊月制作，春节食用，既可以作主食，也可再加工制成各种美食。就像北方"二十八蒸枣花"的习俗一样，制作糍粑可谓是春节的序曲，是一件喜庆热闹、全家总动员的事情。当地称制作糍粑为"打糍粑"。打糍粑需要很多人手，男女老少齐上阵，甚至还要请别人帮忙。妇女负责在厨房蒸糯米，蒸好后迅速端到正屋交给男人，把米倒在石窝子中。接着五六个身强力壮的男人每人抡着长约四尺的"糍粑棍"依次往石窝子里捣，几个人一起轮作便有了中间喘息休息的时间。慢慢地糯米越来越黏，粘在一起，很难拔出，越发需要用力。等一面捣得差不多了，还

要翻过来再捣，所以打糍粑极其耗费体力。

翻糍粑很有讲究，两个有经验的人用糍粑棍把快捣好的糍粑戳起来，举过头顶，用力地往石窝子里砸，砸的时候站在旁边的人发出喝彩，砸得越响越意味着来年有好兆头。糍粑翻过来之后还要继续捣一会儿，直到变成细软的黏团，之后再捣下一锅糯米。捣好的糍粑要趁热处理，人们在洗净的桌子上抹上油，把糍粑放在上面迅速揉匀成团，放到洁净的布上拍成直径一尺多的圆粑，放置一夜。第二天，把冷却好的糍粑一分为四切成扇形，放入水缸浸泡保存。糍粑有很多种吃法，切成半厘米左右的片块，可以煎着吃、煮着吃，可以放在火塘里烤着吃，也可以放在米饭上蒸着吃。

赣南地区客家人的节日食品大多用朴素的食材，并为它们取上好听的名字。"兰花根"是用精糯米粉、白糖、植物油等做原料，经和面、配料、揉搓、擀皮、切丝、油氽等工序加工而成，有的添加色素，或故意炸得颜色深浅不同，粗细均匀倒也的确像兰花的根茎。兰花根做茶点或零食，入口香甜，嚼起来酥脆，可谓"有声有色"。"玉兰片"是用大米、木薯粉为原料做成，类似北方的粉皮，色泽白里泛黄。油炸后其形状更像玉兰花瓣，其质地疏松，色泽莹白，清香可口。"状元红"是以糯米粉、植物油、白砂糖为原料，揉搓成形后油炸、蘸糖制作而成，其色泽晶莹、披红挂彩，宛若玉石，

四时工巧　　243

酥脆香甜、油而不腻。冻米糖是用大米、白糖、花生、芝麻为原料和在一起做成，类似北方的糖瓜。花生粑形如圆月，用米浆、花生、辣椒、芝麻和在一起，油炸而成，香辣酥脆。兰花根、玉兰片、状元红、冻米糖、花生粑都是年节时的茶点。

湖北荆州在春节前后要制作团子，有家人团圆、圆满之意。主原料是糯米、大米，苹果大小，内包菜馅，馅料主要是胡萝卜丁、白萝卜丁、豆腐干丁、肉丁、蒜苗丁炒成的熟馅。荆州人喜爱吃辣，还要在菜馅里加一些辣椒酱。制作时先把糯米、大米按适当比例调配好，用水泡半天至一天使之变软，然后用石磨磨成米浆。磨好的米浆倒在大木盆里，不能装满，只能装一半或稍多一些，在米浆上铺上几层干净的纱布，然后在纱布的凹陷处倒入草木灰，抹平使之形成厚厚的一层，用来吸干水分。第二天，米浆就变成了柔软可塑的米料，当地人称为"糍浆"。这是传统的制作方法，现在人们有了许多省时省力的办法，比如家庭制作磨米浆时用豆浆机代替石磨，把米浆直接用数层纱布包好吊起来，经过一个晚上就能把水沥干，成为糍浆。糍浆做好后就可以包馅了，方法和北方做包子一样。做好的团子圆圆的、白白的，像超级大号的汤圆，放到蒸锅上蒸制。团子蒸熟后家人就可以一起趁热食用，快乐团圆的气氛十分浓厚，趁热吃的团子只是吃个新鲜，大多数团子是放置阴干，来客人时用油煎或放在火塘里烤熟后再吃。

湖北荆州的米酒又称"酒糟"，通常在春节期间制作，是孩子们喜爱的食物，也是用大米酿成。米饭煮熟后压紧放置，使其自然发酵，约两三天后，把半发酵米饭放到陶钵或瓷钵里搅散，并放入研磨成粉的"酒曲"拌匀，然后用手将挤压变稀的半发酵的米放入瓷钵压紧，塑成圆锥形，在顶端压出一个小窝，再撒少量"酒曲"，最后，把瓷钵放到床上或暖和的地方，用棉袄、被子包起来发酵，三四天后酒糟就制成了。米酒发酵渗出的水可当甜酒饮用，但大多数人喜爱把米酒煮开加热食用，有时还加入鸡蛋或糍粑，风味独特。

南方人喜爱腊味,冬季是做腊味的好时机。每年一过立冬,家家就开始忙着晒腌腊味。腊月里,家家户户院子里、门前窗台悬挂着不同的腊味,可谓一景。在生活条件有限时不能随时吃到肉,腊味成了平日里的美味。过年前宰杀一头年猪,鲜肉过年期间吃,剩余的肉便做成可以长久保存的腊肉,平日里取出一些解馋。现在腊味成为独特的美食。猪、牛、鸡、鸭、鹅、鱼,可以说无所不能腊。赣南的香肠是以猪小肠洗净刮薄后灌猪肉丝腌腊而成。酒糟鱼也是冬至前后开始做,将草鱼或鳙鱼去鳃和内脏,在鱼身上撒上食盐,腌两天,晒至半干,再切成块状,渍以酒糟,加入红糖、麻油和红曲粉等腌制而成。食用时可蒸可炒,具有甜、酸、辣、咸等味道,开胃健脾,生津助消化。板鸭是赣南的一大名吃,每年冬季用当地饲养的大麻鸭。优质板鸭毛脚干净,底板色泽鲜艳,鸭皮呈乳白色,腊味香浓,肉嫩骨脆,色、香、味、形独具特色。在不少南方人的记忆中,腊味便是春节和冬日的味道了。

十五花灯夜如昼

"去年元月时,花市灯如昼",上元节(元宵节)对中国人来说,是春节年味未尽时掀起的又一个欢乐的高潮。那些观灯的人,鲜衣华服,飞金点翠,与彩灯交相辉映。《隋书·柳彧传》中说,每到正月十五,"高棚跨路,广幕陵云,服靓妆,车马填噎"。万历年间进士谢肇淛《上元观灯》中说"杨柳舞多凋绿绮,芙蓉结少落红衣。六街尚有余香在,拾得遗簪信马归"。唐代诗人张有远也写道:"十万人家火烛光,开门处处见红妆。歌声喧夜更漏暗,罗绮满街尘生香。"这些文人从观灯人的衣着入手,写出了中国人对灯节的热衷,同时也描绘出了一个花灯与衣饰相交映的鬓香衣影的声色世界。

正月十五元宵节又是灯节,北方不少地方有捏面灯的习俗。山东胶东地区家家户

户用黄豆面或玉米面捏做面灯，做出圆形、方形及动物、人物、瓜果蔬菜造型的面灯，少则十几个，多则几十个。到夜晚，坟地上要送灯，屋里屋外要放灯，家院里外照得灯火通明，村子里每户人家都影影绰绰闪动着团圆和谐的气氛。面灯造型各不相同，根据造型、功能不同摆放在相应位置。狗灯放在大门口两边守护家门，大门上方放一根木棍，木棍两端各绑有一束胡秸草，象征马拴和马料，用来给祖宗回家时拴马喂马，因此放狗灯也有给祖宗看马之意。其他面灯则根据不同动物分别放在相应的位置，猪灯放在猪圈墙头，牛灯放在牛圈里，羊灯放在羊圈里，鸡灯摆在鸡窝上，意为"六畜兴旺"。鸟灯又称"燕子灯"，放在燕窝所对的墙脚下，因为燕子是吉祥鸟，依此象征来年好运。蛤蟆灯祈求麦子丰收，有句俗语说："蛤蟆呱呱，四十天吃饽饽"，说的是由蛤蟆的叫声可以得知麦收的时间，也有的说是将蛤蟆灯放在墙角，让它捉蚊子、臭虫、苍蝇等。兔子灯可放在院子的任何一个地方，人们常说"交上兔子运了"，期待兔子带给人们意外的好运。鱼灯放到葫芦瓢里，点燃后一并放进水缸里，寓意"年年有余"，来年有个好年景，还有莲花灯，也寓意连年有余。

新媳妇房里放寓意"早生贵子"的枣树灯和桂花灯；老人屋内放"寿"字灯；狮子灯送到庙里，以示庙堂的威严等等。屋外场院里、粮囤子跟前，常捏一个头戴草帽、肩扛叉耙或扬场锨的老汉，名曰"看场佬"，由家中的男孩捧着他送到场院中央，让他披衣蹲在地上守护庄稼，然后男孩围着他转三圈，边转边唱："看场佬，满地跑，打的粮食吃不了。看场佬，满地转，打的粮食吃不完。"

烟台东部的猴面灯十分有特色，当地称"猴子六子"，手艺好的妇女可捏成猴子抽烟、猴子食桃、猴子抱灯盏等多种造型，生动滑稽，活灵活现。渔船是胶东渔民出海捕鱼的伙伴，渔船上要点鱼灯、蟹灯、虾灯、龙灯祈求平安，船头要特别放保佑出海安全的乌龟灯。人们用十二生肖灯做起了小游戏，大家围坐在桌子边，每人将自己的属相灯放在面前，一起点燃面灯，谁的灯燃得时间长谁在新一年运势最旺。也有的

将生肖灯分别放在常住的房间里，让各自的属相保佑自己一年平安。另有禽畜面灯、灶台灯、水果灯、圆饼灯等各式各样，胶东地区正月十五除了做面灯，还要做大面鱼、盘长形的"富贵"、猪头、刺猬、猪、羊等，用来供奉神灵，表达人们对年年有余、五谷丰登、六畜兴旺的美好愿望，总之都是代表吉祥、丰收、来年好运之意的吉祥面灯。

元宵节的灯光能够消灾祛病，所以人们往往端着灯互相照照脸庞，照照屋内屋外各个角落，还有的地方等家人入睡后，女主人端着面灯逐个照照屁股，边照边念："豆面灯，豆面灯，照照腚眼不招虫"。想来，这也都是旧时生活条件不好时人们对于平安生存的强烈心愿，现在变成诉说过去的回忆和温馨的民俗了。

山东省平度市旧店镇正月十五举行灯祭，俗称"送灯"。有的在正月十三做灯，避开正月十四的日子，当地叫"趁三不趁四"；也有的说，正月十五当天做最好，只是时间太紧张。做灯的工具有剪子、菜刀、麦秸、铁勺、小勺等，都是家中信手拈来的日用物。豆面灯不仅要捏出动物造型，还要恰当地留出灯窝的位置，便于放蜡，捏好后的面灯上锅蒸熟后便可定型。在凉透后的面灯窝里倒入食用油或蜡烛油，点燃即可。

有些家中困难做不起豆面灯，或嫌麻烦不想做豆面灯，就用青萝卜做底座，直接在上面插蜡烛点燃。有的还为萝卜灯编了几句顺口溜："萝卜灯，青凌凌，点上灯来冷清清；孩儿孩儿你别嫌冷，吃口萝卜暖融融"；"萝卜灯，青凌凌，照得蝎子永无踪；照得蚂蚱不见影，耗子它也不打洞。"可见人们苦中求乐的祈愿。

面灯大都是黄豆面做成，俗称"豆面灯"，也有用黑面、地瓜面、玉米面或白面做成的。豆面灯也不完全用豆面做成，而是要混入一些白面，易于成形，一般豆面与麦面的比例是三比一。做面灯用的黄豆面必须磨细，面太粗面灯蒸熟后容易开裂，最好是当年新磨的豆面，面灯用来敬神，自然要用品质最好的原材料。以前加工黄豆用石碾子，磨碎后用罗子罗出细面。和面与做馒头一样，先在豆面里加温水和匀，水不能加太多，否则面太软，做出来的面灯易变形；也不能用凉水，凉水和的面在蒸熟凉透之后表面硬，易裂。面和好后就可以根据面灯的造型进行捏塑。

猴灯制作最为复杂，先将揉好的豆面拍成饼状，用刀轻轻地沿着面饼的边缘切出细条，然后将长短不一的细条三两一组，捏成花瓣状，便形成莲花形底座。再拿一块面搓成柱状，做猴子的身躯，圆柱上部捏出耳朵、鼻子、嘴，取两粒红小豆或芝麻做眼睛，再用牙签扎出鼻孔和嘴巴，用红色颜料在嘴部点染，猴头瞬间多了几分机灵，吐露着小舌头，探着脑袋盯着前方，真是活灵活现！依照这个办法再做一个小猴，放在大猴的前方，两猴依偎，一起栽在莲花座上。然后再做四个圆柱形的小灯盏，上方捏成敞口的盘形，端详好安放的位置，一般是放在猴头顶，然后用火柴棍横向穿过灯盏，将其与猴头固定在一起。为了使灯体与猴连在一起，要用豆面搓一根长条，在莲花座底部将几部分圈在一起，起固定作用。再搓一根稍粗的长条，从大猴的颈部套过去围住小猴并交叉在一起，长条两端交叉处要捏成手掌形，然后用剪子剪出手指，这是大猴的手臂，好似将小猴拥抱在怀里，同时又能起到连接和固定作用。手巧心细的主妇会继续给猴子打扮，为它捏上一顶礼帽戴上，用剪刀在手臂、腿部剪出齿牙，这样猴子便有了一排绒毛，好像风一吹便会随风抖动。

十二月份朝天灯可以摆放在任何地方，制作也比较简单。将豆面搓成圆柱形，在一端捏出盘口形灯窝，将灯窝边缘捏出十二个褶皱，每个褶代表一个月份，当年是闰年月就多捏一个；另一端用剪子剪成圆的平面作底，便于立起，这样朝天灯就做成了。朝天灯要做十二个，在上锅蒸之前，要在灯窝内各放一粒黄豆，面灯蒸熟后哪个灯窝中的黄豆爆开了，就预示着这个月有雨，否则就表示干旱，依此来预测来年十二个月的旱涝情况。

面灯做好以后上锅蒸，只要蒸到半熟即可，这样面灯比较牢固。面灯蒸好后在灯窝内放好灯芯，用于点燃。灯芯可以用火柴代替，用棉花缠绕火柴，插在灯窝即可；也有用山草棍儿做灯芯的，也是在外面缠绕棉花，这种芯子省钱、易得，但不易点燃。放好灯芯后要倒蜡烛，将蜡烛用刀子刮成片状放在铁勺内熔化，倒入灯窝，灌蜡时灯芯要沾满蜡油，这样便于点燃。

元宵点面灯的目的一为求平安，二在于祭祀，祭祀的最终目的还是求平安，所以一定要去祭祀的地方送灯。送灯大约在傍晚五六点，晚饭前。送灯讲究"先外后内""先祖后家"，就是说，要先到坟茔给祖先送灯，然后再回到家由大门逐次往里送，叫"灯祝"，有借灯祝福之意。当地人把到坟茔送灯叫做"给死去的人照着抓虱子"。当地的村民认为死去的人在另一个极为昏暗的世界，那里虱子多，正月十五送灯可以把那里的世界照亮，可使逝去的人抓到虱子。当地有这样一句话："灯朝天，立坟边，魂灵不逝虫不显，死人舒适，活人平安。"一般送到坟茔上的面灯都是朝天灯，而且灯不能太大，数量越多越好。墓碑前可放置瓜果形面灯。

坟茔上的灯燃尽，人们要将其带回；家中的燃尽，女主人要将它们回收。第二天，女人将面灯上的灰烬清洗干净，把面灯晾干，收起来保存好，谁能想到这些可爱生动的面灯还会变成二月二的盘中美食呢。二月二这天，人们将这些豆面灯碾成小碎块放在锅里和白菜、萝卜同炒，据说这可以沾到祖先的福气，吃了能保一年的平安，当地叫"吃福"。有的说二月二吃豆面灯可以预防疾病，能够沾到正月十五的福气，家庭平安。在物质条件极为有限的时候，人们想尽办法将物的作用发挥至最大，不仅要满足果腹、取暖等基本的生存需要，更要赋予事物以民俗功能，以满足人们的心理需求。

等一切都结束了，女人在睡前把各种灯收回放好，正月十六以前过完年家里就没有肉吃了。正月十五的面灯扔了可惜，大多数人都保留着。放在锅台上的面灯，炒菜时被小孩儿无意中碰到了锅里，大人捞出来不舍得扔，一尝油腻滑溜，比肉差不到哪里，于是就将豆面灯代替肉了。不过以前的面灯放的是食物油。一些地方二月二有"打灰积（或祭）"的习俗，是将正月十五做的几盏鸡灯、燕子灯、莲花灯在二月二点燃，人们这样念叨："二月二打灰积，三月三吊猴子（即打秋千），四月八割豆子……"所谓打灰积，就是在二月二傍晚时分，将锅底灰在院子中央撒成一个圈，在圈子里摆上供品，圈子南面摆上香炉，面灯摆在香炉边，剩下的面灯就放在窗户上或其他地方。

关于打灰积习俗当地流传着这样的传说。不知什么年代，有一个当兵的逃难到当地，有一个老婆婆收留了他，给他治伤、做饭直到痊愈。走的时候，当兵的告诉老人家，每天都在院子里用锅底灰撒一个圈，如果他的部队过来就不会侵扰她了。在兵荒马乱的年代，没有比平安更重要了，老人家照此办理，果然灵验。原来这个当兵的在部队里不是一般人，于是，老人家就将它告诉了女儿，女儿又告诉别人，一传十、十传百，当地因此而平安。因为当兵的走时正是二月二，当地人为了报答他，就在二月二这一天，摆供点香，加以祭奠。因为当时人穷，就用豆面捏成的鸡、羊、猪等代替真猪真羊，圈子象征供桌，因此打灰积的风俗一代一代流传了下来，面灯也因此与二月二打灰积连在了一起。有的说正月十六是"捞灯"的日子，其来历及民俗已很少有人知晓了。

各种面灯燃完后就可以吃饭，饭后男人到院子里烧纸。男人摆灯点灯之际，女人已将水饺煮熟，这时男人要洗手，女人捞出四个或六个水饺盛在碗里，用勺子多盛点汤，递给男人。女人不能代替，如果大人不在，可由小辈男性代替。男人接过水饺，用筷子戳着水饺，轻轻向地上洒水饺汤儿，并念叨"某某，给您点热汤儿，喝了暖暖身子吧，希望能保佑我们平安"之类的吉利词。

　　自二十世纪五十年代末以后，送灯习俗与其他习俗一同被废止，直到七十年代末才渐渐恢复了过去的一些老风俗，但许多习俗随着长者的逝去已从人们的记忆中消失了。现在送灯的地方少了，风俗也淡化了，会做灯的就更少了。年轻人只会捏一些简单的朝天灯，大多数人家直接在集市上买一些灯蜡摆放在家中和院子里。

　　西北地区在正月里有转灯场的活动，又叫转九曲、闹秧歌。转灯场时人山人海，灯火通明。陕西延川在灯场的附近，还要搭祭棚供奉天地神灵、孤魂野鬼，供桌上摆满了不同的供品，面馍酒菜一应俱全，还要摆放若干灯盏。灯盏如灯场的一样，用泥土捏成，村里的人可以随时烧纸烧香，添油供奉。转灯场上千百盏油灯按阵势摆放，亦是星汉灿烂，转灯场的人流成群结队来回穿行，而手提花灯的儿童三三两两，游来

荡去；高跷秧歌队伍人潮涌动，锣鼓喧天，鞭炮齐鸣；屋里屋外、原野村头到处灯火辉煌，灿若银河，这声色并茂的灯火海洋，历经千百年，在这片凝重浑厚的土地上向人们滚滚涌来，气势难挡。

　　正月里与火有关的祭祀活动还有正月初七的祭火神。山东曹县的桃源集花供是祭火神的一种特殊形式。在桃园集，过去家家户户都要摆花供，请神码子火神像。后来逐渐演变为全村共同筹办，由村里统一组织人员雕刻、捏塑、摆花供。桃源集镇上有七条街，每年一街轮台主持，主持街不办花供，只准备供桌、搭棚、扎彩。初六下午，各街带人员前去朝台，悬挂火神像，烧香，磕头。晚上，备好蜡烛、颜料、鞭炮以及制作花供的各种工具和材料，家家户户张灯结彩，人们各自施展自己的手艺，捏制各种各样的面花，供奉神灵，以保佑在新的一年里，能有好的收成。初七一大早，人们再行朝拜，还要请戏班子演唱以示庆贺，一般唱祭火神的"神戏"。吃过饭后，各家把自己精心制作，雕刻捏塑好的供品面花，如戏曲故事人物、神话故事人物、瓜果、花卉、动物等，摆放在供桌上。供桌的两旁绑上两根长竹竿，由四人或是八人、十人抬

着，由家族的长辈主持，列队送往供棚。供品是在供桌之上，被抬着游街串巷，供人们观赏，俗说"桃园花供走着看"。据老人们讲，过去还有大型花供如青牛、白马、黄龙等。艺人用草扎成骨架，用豆面塑成外形，再用棉花粘在上面，谓之白马。用草木灰染棉花粘上，即谓青牛，以祭天地鬼神。故有白马祭天、青龙祭地之说。黄龙也是先用草扎成骨架，糊上生豆面后，用西瓜籽贴在外层作鳞，用贝壳粉和槐米一起煮熟后，滤出渣滓，掺糖稀刷上，即成黄龙。用软面做成的戏曲人物造型多样、丰富生动，且富有神秘感。有刘、关、张桃园结义、寿星梅花鹿、穆桂英挂帅、孙悟空三打白骨精等。正月初七又是人日，烟台地区要包饺子，称"包小人"，谐音"保小人"，即保佑儿童健康成长；正月十七包饺子叫"保中人"；二十七则称"保老人"。不论是灯还是火，这些祭祀活动都是最美好的期盼，人们抓住正月的一切机会许下新年的希冀，盼望着生活越来越红火。

后记

　　人类追求尽善尽美的生活空间，是建立在与自然和谐共存的基础之上的，同时更不能丢掉几千年文明的成果。民艺资料的遗存在逐日减少，收集的难度愈来愈大，一些优秀的民艺品类在现代社会的发展中渐趋消亡。特别是随着人类生活方式的改变，我们身边的民间手工艺品、民间交通工具、纺织工具、生活用器、用具等在人们不自知的行为当中被丢弃和破坏。那些错落有致的村落布局，那些与身体相依的服装饰品，那些曾在中国土地上滚动了几千年的车轮，无不体现了中国人的传统生活方式，无不体现出中华民众的智慧经验。留住那些朴素的民艺，留住民族文化的传统，留住我们文化的精神之源。沿袭千百年的文明成果是中国文化软实力的代表，是探寻中华传统文化精神内涵的切入点，是认识乡村、振兴乡村的文化原动力。

　　在现代社会环境中，传统文化更需要融入我们的生活，我们需要通过这些传统技艺寻找并树立中华民族的自尊自信。回忆传统乡村生活、记录传统民间手工艺的目的不是故步自封，对民艺进行深入透彻的学理研究，最终目的不是将其束之高阁，使之成为悬置在半空中的自我观赏品。传统文化资源可以与现代社会沟通整合，服务于现代社会，融入现代的民族文化当中。我们所做的一切便在于，通过梳理、启发使民艺与现代社会的结合，让传统手工艺回归民众生活，在民艺与新的民众生活需求之间建立循环往复的友好关系。传统手工艺中的一些设计思想和巧妙元素在今天仍然具有借鉴意义，但是利用传统不是囿于传统，应将现代思想、现代技术、现代生活融合于传统造物艺术体系的创造开发之中，真正发掘民众现代生活所需，激发传统造物在民众生活中的内生动力。

中华文明之光始终照耀、温暖着我们的心灵。如今的我们具有宽广的国际视野，更有远大的胸怀和境界。今天，我们应该也有能力在对民艺发展抢救的同时适应时代的需求进行自我调整，能够置身于国际文化环境之中建立文化自信，能够在承传的基础上提炼出优秀的民族传统文化并使之融入现代文明之中。这是民艺参与构筑中国精神、中国价值、中国力量的所在。